曾棗莊・曾濤編

蘇詞彙評

文史哲出版社印行

國家圖書館出版品預行編目資料

蘇詞彙評 / 曾棗莊. 曾濤編 -- 初版. -- 臺北
市：文史哲, 民 87
面：公分
含索引
ISBN 957-549-138-6(精裝)

1. (宋) 蘇軾 - 作品集 - 評論 2. 詞 - 歷
史 - 宋 (960-1297)

852.4516 87005071

蘇 詞 彙 評

編著者：曾棗莊・曾濤
出版者：文史哲出版社
登記證字號：行政院新聞局版臺業字五三三七號
發行人：彭正雄
發行所：文史哲出版社
印刷者：文史哲出版社
臺北市羅斯福路一段七十二巷四號
郵政劃撥帳號：一六一八〇一七五
電話 886-2-23511028・傳眞 886-2-23965656
精裝實價新臺幣七〇〇元
中華民國八十七年五月初版

ISBN 957-549-138-6

前　言

以東坡詞爲代表的豪放詞，在北宋中葉的形成不是偶然的。它是當時國內階級矛盾和民族矛盾尖銳化的產物，是蘇軾少年得志，坎坷一生的產物，也是詞自中唐產生以來長期發展的產物。北宋中葉內外矛盾的激化，已不允許「奮厲有當世志」的蘇軾，像宋初太平宰相晏殊那樣雍容典雅，「一曲新詞酒一杯」了；也不可能再像潦倒放蕩的柳永那樣「偎紅倚翠」，「淺斟低唱」了。而蘇軾一生坎坷不平的複雜經歷，也爲他創作豪放詞提供了廣闊的生活基礎。但是，如果沒有詞自中唐以來的長期發展，蘇軾要創立豪放詞也是不可能的。

清人劉熙載說：「太白《憶秦娥》，聲情悲壯；晚唐五代，惟趨婉麗；至東坡始能復古。後世論詞者或轉以東坡爲變調，不知晚唐五代乃變調也。」（《藝概・詞曲概》）這話是頗有道理的。詞的發展經歷了三個階段，走了一個「之」字路，來了一個否定之否定。

詞在中唐初興的時候，因爲來自民間，雖然形式短小，還不成熟，但內容還比較廣泛，格調也較清新。其中有聲情悲壯的「傷別」，如傳說李白所作的《憶秦娥》；有輕松愉快的漁歌，如張志和的《漁歌子》；有雄渾曠遠的邊塞風光，如韋應物的《調笑令》；有情景交融的江南風光，如白居易的《憶江南》。這時的詞並非專寫兒女情長。

詞言情，詞爲艷科，是在晚唐，特別是五代，經過封建文人的所謂「提高」之後。這時，詞的內容越來越狹窄，幾乎到了專寫女人風姿的地步；格調越來越低下，充滿了寄情聲色的脂粉氣；語言越來越華艷，剪翠裁紅，鋪金綴玉，着重雕飾。晚唐的溫庭筠，五代的「花間詞」，就是這種詞風的代表，被稱爲婉約詞。一時間，它似乎成了詞的正宗。

宋初的詞基本上承襲了晚唐五代「綺麗香澤」，「綢繆婉轉」的風氣，直至蘇軾以前沒有根本轉變。但蘇軾以前的詞人也爲蘇軾創立豪放詞創造了條件。一是經過他們的努力，使詞這種形式日趨成熟，他們陸續創造了很多成功的詞調，使蘇軾能夠運用自如。二是他們中的一些人，對詞的題材、內容也作了一些開拓工作，如李煜以詞抒寫亡國的悲痛，范仲淹以詞抒寫蒼涼悲壯的邊塞生活。特別是柳永以詞抒寫個人的懷才不遇（如《鶴冲天》）、羈旅離情（如《雨霖霖》）和城市繁華（如《望海潮》），無論在內容上和形式上，都好像把婉約詞發展到了登峰造極的地步。

物極必反，蘇軾在前人成就的基礎上另辟蹊徑，創立了詞風迥然不同的豪放詞，把似乎「不可復加」的以柳永爲代表的婉約詞遠遠地抛到了後面。正如胡寅所說：柳永「掩衆製而盡其妙，好之者以爲不可復加；及眉山蘇軾，一洗香羅綺澤之態，擺脫綢繆婉轉之度，使人登高望遠，舉首高歌，而逸懷浩氣，超然乎塵垢之外。于是《花間》爲皁隸（奴僕），而柳氏爲輿臺（奴隸）矣。」（《酒邊集後序》）

蘇軾是自覺地要在柳詞之外別樹一幟。蘇門四學士之一的秦觀作《滿庭芳》詞，其中有「銷魂，當此際，香囊暗解，羅帶輕分。漫贏得青樓，薄幸名存」語。秦觀自會稽入京見蘇軾，蘇軾對秦觀表示不滿說：「不意別後，公卻學柳七作詞！」秦觀回答道：「某雖不學，亦不如是。」蘇軾反問道：「『銷魂，當此際』，非柳七語乎？」（《高齋詩話》）由此可見，蘇軾不願其門人寫柳永式的艷詞。

他在《與鮮于子駿書》中說：「近卻頗作小詞，雖無柳七郎風味，亦自是一家。呵呵，數日前，獵于郊外，所獲頗多。作得一闋，令東州壯士抵掌頓足而歌之，吹笛擊鼓以爲節，頗壯觀也。」這封信寫于熙寧八年密州任上，信中所說「作得一闋」即指著名的《江城子・密州出獵》，這是一首典型的豪放詞，是蘇軾本人豪放詞風形成的重要標志。李清照的《詞論》，強調詞「別是一家」，詞要寫得來與詩不同；蘇軾強調他的詞「自是一家」，寫得來與北宋前期把婉約詞發展到登峰造極的柳永不同。這「自是一家」顯然就是他在《答陳季常書》中所說的豪放一家。柳七郎的詞是寫給酒筵上的歌女唱的，蘇軾的詞卻是供「東州壯士抵掌頓足而歌之，吹笛擊鼓以爲節」。蘇軾在黃州作《哨遍》，「使家僮歌之，時相從于東坡，釋耒而和之，扣牛角而爲之節」，並感到「不亦樂乎」。這就難怪幕士說他的詞「須關西大漢」演唱，人以爲譏，他卻「爲之絕倒」。過去的詞多以婉麗爲美，他卻以自己的詞「頗壯觀」自豪。這封信無可置疑地證明蘇軾創作豪放詞並非偶爾心血來潮，而是相當自覺的；蘇、秦論詞的故事，即使是後人杜撰，但其觀點至少與這封並非杜撰的書信是一致的。

豪放詞與婉約詞有什麼不同？蘇軾有一趣事頗能說明這個問題。蘇軾曾問一位善歌的幕士：「我詞何如柳七（柳永）？」幕士回答說：「柳郎中詞，只合十七八女郎，執紅牙板，歌『楊柳岸，曉風殘月』；學士詞，須關西大漢，銅琵琶，鐵綽板，唱『大江東去』。」（俞文豹《吹劍錄》）蘇軾聽後，笑得前翻後仰。這位「善歌」的幕士，用非常形象的語言，道出了以柳永爲代表的婉約詞和以蘇軾爲代表的豪放詞的不同的特點，婉約詞香而軟，豪放詞粗而豪。

在蘇軾看來，詞就是「古人長短句詩」。（見蘇軾《與蔡景繁書》。其《答陳季常書》亦云：「又惠新詞，句句警拔，詩人之雄，非小詞也。」）無論贊頌或譏刺蘇詞的人都說蘇軾「以詩爲詞」：「退之以文爲詩，子瞻以詩爲詞」（陳師道（《後山詩話》）；「少游（秦觀）詩似小詞，先生（蘇軾）小詞似詩」（胡仔《苕溪漁隱叢話》前集卷四二引《王直方詩話》）；東坡詞「皆句讀不葺之詩耳」。（李清照《詞論》）所謂蘇軾「以詩爲詞」究竟是什麼意思呢？從內容方面看，主要是指蘇軾大大擴大了詞的題材。詩的內容幾乎是無所不包的，東坡詞的內容也幾乎是無所不包的。他以詞的形式記游詠物，懷古傷今，歌頌祖國的山川景物，描繪樸實的農村風光，抒發個人的豪情與苦悶，刻畫各階層的人物。在他的筆下，有「雄姿英發，羽扇綸巾」的豪傑（《念奴嬌·赤壁懷古》）；有「帕首腰刀」的「投筆將軍」（《南鄉子》「旌旆滿江湖」）；有「垂白杖藜抬醉眼」的老叟，也有「旋抹紅妝看使君，三三五五棘籬門，相排踏破蒨羅裙」的農村少女群像（《浣溪沙·

徐門石潭謝雨》)。蘇軾的詞確實做到了「無事不可入,無意不可言」。(劉熙載《藝概·詞曲概》)

歷代文人往往只以詩的形式來抒寫自己的理想,懷抱,志趣,而詞似乎是不能登這大雅之堂的。但蘇軾打破了「詩言志,詞言情」的傳統藩籬,到了他的手里,詞也可以言志了。他經常用詞抒寫他那激昂排宕、不可一世的氣概和壯志難酬、仕途多艱的煩惱,充滿了理想同現實的矛盾。蘇軾的《江城子·密州出獵》抒發了渴望馳騁疆場,爲國立功的豪情;《水調歌頭·丙辰中秋》抒發了「我欲乘風歸去,又恐瓊樓玉宇高處不勝寒」,即希望回到朝廷,又怕朝廷難處的矛盾心情;《念奴嬌·赤壁懷古》更充滿了美妙的理想同可悲的現實的矛盾。他希望像「千古風流人物」,三國時的「多少豪傑」,特別是像「公瑾當年」那樣,建立功名;但是,可悲的現實卻是「早生華髮」,一事無成,反被貶官黃州。全詞無論是狀景寫人,還是懷古傷今,都寫得來蒼涼悲壯,慷慨激昂,是豪放詞的代表作。

蘇軾在詞的發展史上的主要貢獻是創立了豪放詞,但他並不排斥婉約詞,在現存三百五十餘首東坡詞中,眞正堪稱豪放詞的並不多,東坡詞的絕大多數仍屬婉約詞。他在《答陳季常書》中說:「豪放太過,恐造物者不容人如此快活。」

蘇軾對柳永詞風是不滿的,決心另闢蹊徑。但蘇軾不滿柳詞,並非不滿婉約詞,而是不滿柳詞中的淫詞艷語。柳永也有一些格調較高的作品,蘇軾卻十分推崇。柳永的《八聲甘州》無疑是婉約詞的代表作,蘇軾認爲其中的「漸霜風淒緊,關河冷落,殘照當樓」等語,「不減唐人高處」。

蘇軾也不要求自己的門人走自己的路，蘇門四學士之一的秦觀，詞風就與蘇軾迥然不同，顯然是婉約詞的名家，秦觀的「多少蓬萊舊事，空回首、煙靄紛紛」就爲東坡所極賞，取其首句，稱秦觀爲「山抹微雲君」。秦觀去世時，蘇軾感慨道：「少游已矣，雖萬人何贖。」（《魏慶之詞話·秦少游》）由此可見，蘇軾並不因爲自己另創豪放詞，就貶低婉約詞。

相反，就藝術水平看，蘇軾不僅豪放詞寫得好，他的婉約詞也不亞于任何婉約詞人。王士禎評蘇軾《蝶戀花》（花褪殘紅青杏小」）說：「恐柳屯田緣情綺靡未必能過。孰謂彼但解『大江東去』耶？」（《花草蒙拾》）張炎認爲蘇軾《水龍吟》（「似花還似非花」）等詞，「周（邦彥）秦（觀）諸人所不能到。」（張炎《詞源》）陳廷焯也說：「東坡詞寓意高遠，運筆空靈，措語忠厚，其獨到處，美成（周邦彥）、白石（姜夔）亦不能到。」（《白雨齋詞話》）柳永、秦觀、周邦彥、姜夔均是南北宋婉約詞的名家，蘇軾某些以婉約見長的詞，不但不遜于他們，而且時有過之。

有些論者往往只看到蘇軾對豪放詞形成的巨大作用，而忽視了他對婉約詞發展的影響。其實，不僅辛棄疾等豪放派詞人深受蘇軾的影響，姜夔等婉約派詞人也深受蘇軾影響。在蘇軾以前詠物詞不多；蘇軾成功地創作了一些詠物詞，其後姜夔等人大量創作詠物詞，這與蘇軾的影響，顯然是分不開的。因此，無論就蘇軾婉約詞的數量、質量還是就它對後世的影響看，蘇軾對婉約詞的發展都不容忽視。

蘇軾對詞的革新除創立了豪放詞，發展了婉約詞以外，還在于他使詞擺脫了附屬于音樂的地位，使詞發展成爲獨立的抒情詩。

劉熙載的《藝概·詞曲概》指出：「樂歌，古以詩，近代以詞。如《關雎》、《鹿鳴》，皆聲出于言也，詞則言出于聲矣。故詞，聲學也。」這段話闡明了詩、詞與音樂的關係：古代以詩爲樂歌，唐宋則以詞爲樂歌；古代的樂歌是「聲出于言」，即按詞譜曲；唐宋的樂歌是「言出于聲」，即按譜塡詞；「故詞，聲學也」，詞是附屬于音樂的。

蘇軾作詞雖然也遵守詞律，但他又敢于不受詞律束縛。貶抑蘇詞的人常說它「不入腔」，「不協律」，是「句讀不葺之詩」。蘇軾自己也說：「平生不善唱曲，故間有不入腔處。」（胡仔《苕溪漁隱叢話》後集卷二六）所謂「不善唱曲」，並非不能唱曲。據晁以道說，哲宗紹聖初「與東坡別于汴上，東坡酒酣，自歌《陽關曲》」。（《歷代詩餘》卷一一五）這是講的「自歌」。蘇軾貶黃州期間，作《臨江僊·夜歸臨皋》，「與客大歌數過而散」。（《葉夢得《避暑錄話》）顯然，蘇軾是參與了「大歌」的。

所謂「間有不入腔處」，說明他的詞一般還是入腔的，只是偶爾不入腔。偶爾不入腔，並非因爲不懂音律所造成。相反，許多材料證明蘇軾是精通音律的。例如，太常博士沈遵作《醉翁操》，節奏疏宕，音指華暢，知琴者以爲絕倫；但有其聲而無其詞。歐陽修曾爲之作詞，可惜「與琴聲不合」。後來蘇軾爲《醉翁操》重新塡詞，音韵諧婉。鄭文焯說：「讀此詞，髯蘇之深于律可知。」（《東坡樂府箋》卷二）再如，蘇軾知定州，宴席間有人唱《戚氏》，「調美而詞不典」。蘇軾爲之重新填詞，「使歌妓再歌之，隨其聲填寫，歌竟篇就，才點定五六字而已」。（吳曾《能改齋漫錄》）這不僅說明蘇軾文思敏捷，而且也說明他精通音律。以上兩例都是倚聲填詞。

此外，蘇軾還常常改詞以就律。他在《哨遍》中說，陶淵明賦《歸去爲辭》，「有其詞而無其聲」，他就把陶詞「稍加檃括（改寫），使就聲律」。蘇軾還曾「取退之詩（指韓愈的《聽穎師彈琴》）稍加檃括，以就聲律。」（《東坡樂府箋》卷二《水調歌頭》「昵昵兒女語」）若不懂音律，就不可能改詞以就律。

蘇軾既通音律，爲什麼他的詞又「間有不入腔處」呢？這是因爲蘇軾歷來主張文貴自然，不願以聲律害意。正如陸游所說：「公非不能歌，但豪放，不喜剪裁以就聲律耳。」（《歷代詩餘》卷一一五）或如晁補之所說：「居士詞橫放傑出，自是曲中縛不住者。」（《苕溪漁隱叢話》後集卷三三）蘇軾的「不喜剪裁以就聲律」，在當時雖然遭到很多非議，連蘇門六君子之一的陳師道都說：「子瞻以詩爲詞，如教坊雷大使之舞，雖極天下之工，要非本色。」（《後山詩話》）但是，從詞的發展史看，卻使詞逐漸發展成爲一種獨立的新的抒情詩體。特別是在詞譜失傳之後，更只能走蘇軾之路，一直到現在仍爲詞家所採用。

正因爲蘇詞頗富創新，故爲歷代文學愛好者所喜愛。但從研究角度看，前人對蘇詞的研究遠遠落後于對蘇詩的研究。從宋代起，蘇詩就既有分類注（舊題王十朋《集百家注分類東坡先生詩》，又有編年注（施元之、顧景繁《注東坡先生詩》）。淸人更是評注蘇詩成風，如查愼行《補注東坡先生編年詩》、紀昀評《蘇文忠公詩集》、翁方綱《蘇詩補注》、馮應榴《蘇文忠詩合注》、王文誥《蘇文忠公詩編注集成》等等。而蘇詞注本，長期以來就只有傅幹《注坡詞》的鈔本傳世，而且鈔本也甚少，直至1993年巴蜀書社出版了劉尙榮整理的《傅幹注坡詞》，此書才易見。此外雖有南宋顧景繁的《補注東坡長短句》(見陳鵠《耆舊續聞》卷二)、元人孫鎮的《東坡樂府注》(見元遺山文集》卷三六《東坡樂府集選》引、黃虞稷《千堂書目》卷三二)，但均早已失傳。但近數十年來，對蘇詞的整理研究取得較多的成果，有龍榆生的《東坡樂府箋》、鄭向恆《東坡樂府校訂箋注》、唐玲玲《東坡樂府編年箋注》、薛瑞生《東坡詞編年箋證》。這些書的功夫是在爲蘇詞編年、箋注，重點不在收集蘇詞資料。而爲研究蘇詞，確實需要全面掌握前人對蘇詞的評論。本書目的，在于爲蘇詞研究者和蘇詞愛好者提供盡可能全的有關蘇詞的資料，以省大家的翻檢之勞。章學誠《文史通義》卷五《詩話》云：「詩話之源，本于鍾榮《詩品》。然考之經傳，如云：『爲此詩者，其知道乎？』又云：『未之思也，何遠之有？』此論詩而及事也。又如『吉甫作誦，穆如清風』，『其詩孔碩，其風肆好。』此論詩而及辭也。事有是非，辭有工拙，觸類旁通，啓發實多。」「論詩而及事」偏重于背景資料，「論詩而及辭」偏重于評論資料。二者對研讀詩、詞、文都是很重要的。故本書雖名之曰《蘇詞彙評》，但所收不限于評論資料，有關背景資料也一併收錄。有一則資料評及數首蘇詞者，短者在各首之下皆收。過長者，則涉及各篇之評語重收，所舉詞則僅收該篇。不作參見，以免讀者前後翻檢。有的資料，層層相因，後出而全無新意者不收。因蘇詞字數不多，故即使沒有資料的原作也一併收錄，以使讀者有一部完整的蘇詞。所收蘇詞原文文字，以《全宋詞》中的《蘇軾詞》爲準，編排則按詞牌略作調整。不涉及單篇而泛論蘇詞者，皆附于單篇作品之後，作爲附錄一，謂之《蘇詞總評》。蘇軾對詞的看法，想必對理解蘇詞亦很有用。故把蘇軾論詞的詩文及詩話、筆記中蘇軾論及他人詞的記載也予以收錄，作爲附錄二，謂之《東坡論詞》。因詞多數無題，詞序有的又頗長，詞牌又多重復，爲便檢索，故書末附《蘇詞首句索引》，作爲附錄三。本書目的雖在于盡可能全地彙總有關蘇詞的資料，但限于見聞，遺漏一定很多，容後續補。

本書我曾請本所的刁忠民先生審讀過，兩种索引是本所沈治宏先生爲我代作，本所的王蓉貴先生也爲此書排版付出了不少勞動，特此一並表示謝意。

目錄

前言……一

蘇詞篇評……一

水龍吟（古來雲海茫茫）……一

水龍吟（楚山修竹如雲）……二

水龍吟（似花還似非花）……六

水龍吟（小舟橫截春江）……一四

水龍吟（小溝東接長江）……一五

水龍吟（露寒煙冷蒹葭老）……一六

滿庭芳（歸去來兮，吾歸何處）……一六

滿庭芳（香靉雕盤）……一七

滿庭芳（蝸角虛名）……一八
滿庭芳（三十三年，今誰存者）……一九
滿庭芳（三十三年，飄流江海）……二〇
滿庭芳（歸去來兮，清溪無底）……二〇
水調歌頭（落日繡簾捲）……二三
水調歌頭（安石在東海）……二六
水調歌頭（明月幾時有）……二七
水調歌頭（昵昵兒女語）……三四
滿江紅（憂喜相尋）……三六
滿江紅（江漢西來）……三七
滿江紅（東武南城）……三八
滿江紅（清潁東流）……三九
滿江紅（天豈無情）……四〇
歸朝歡（我夢扁舟浮震澤）……四〇
念奴嬌（大江東去）……四一
念奴嬌（憑高眺遠）……五三

雨中花（今歲花時深院）……五四
雨中花（邃院重簾何處）……五五
雨中花慢（嫩臉羞娥）……五五
沁園春（孤館燈青）……五五
勸金船（無情流水多情客）……五七
一叢花（今年春淺臘侵年）……五七
木蘭花令（霜餘已失長淮闊）……五八
木蘭花令（知君仙骨無寒暑）……五八
木蘭花令（梧桐葉上三更雨）……六〇
木蘭花令（元宵似是歡遊好）……六〇
木蘭花令（經旬未識東君信）……六〇
木蘭花令（高平四面開雄壘）……六一
西江月（公子眼花亂發）……六一
西江月（小院朱闌幾曲）……六二
西江月（怪此花枝怨泣）……六三
西江月（聞道雙銜鳳帶）……六三

西江月（點點樓頭細雨）……六四
西江月（龍焙今年絕品）……六四
西江月（別夢已隨流水）……六五
西江月（世事一場大夢）……六五
西江月（莫歎平原落落）……六六
西江月（玉骨那愁瘴霧）……六六
西江月（照野瀰瀰淺浪）……七〇
西江月（三過平山堂下）……七一
西江月（昨夜扁舟京口）……七三
西江月（馬趁香微路遠）……七三
西江月（碧霧輕籠兩鳳）……七三
臨江仙（細馬遠馱雙侍女）……七四
臨江仙（詩句端來磨我鈍）……七五
臨江仙（我勸髯張歸去好）……七五
臨江仙（自古相從休務日）……七六
臨江仙（忘卻成都來十載）……七六

臨江仙（尊酒何人懷李白）……七七
臨江仙（九十日春都過了）……七七
臨江仙（四大從來都遍滿）……七七
臨江仙（一別都門三改火）……七八
臨江仙（多病休文都瘦損）……七八
臨江仙（夜飲東坡醒復醉）……七九
臨江仙（冬夜夜寒冰合井）……八〇
臨江仙（誰道東陽都瘦損）……八〇
臨江仙（昨夜渡江何處宿）……八一
漁家傲（千古龍蟠幷虎踞）……八一
漁家傲（送客歸來燈火盡）……八二
漁家傲（皎皎牽牛河漢女）……八二
漁家傲（一曲陽關情幾許）……八三
漁家傲（些小白鬚何用染）……八三
漁家傲（臨水縱橫回晚鞚）……八三
鷓鴣天（林斷山明竹隱牆）……八四

鷓鴣天（笑撚紅梅嚲翠翹）……八四
鷓鴣天（羅帶雙垂畫不成）……八五
少年遊（銀塘朱檻麴塵波）……八六
少年遊（去年相送）……八六
少年遊（玉肌鉛粉傲秋霜）……八七
定風波（兩兩輕紅半暈顋）……八八
定風波（莫聽穿林打葉聲）……八九
定風波（與客攜壺上翠微）……八九
定風波（莫怪鴛鴦繡帶長）……九〇
定風波（千古風流阮步兵）……九〇
定風波（雨洗娟娟嫩葉光）……九一
定風波（好睡慵開莫厭遲）……九一
定風波（月滿苕溪照夜堂）……九二
定風波（常羨人間琢玉郎）……九三
南鄉子（晚景落瓊杯）……九五
南鄉子（寒雀滿疏籬）……九五

南鄉子（不到謝公臺）……九五
南鄉子（霜降水痕收）……九六
南鄉子（回首亂山橫）……九八
南鄉子（冰雪透香肌）……九九
南鄉子（東武望餘杭）……一〇〇
南鄉子（涼簟碧紗廚）……一〇〇
南鄉子（裙帶石榴紅）……一〇一
南鄉子（旌旆滿江湖）……一〇一
南鄉子（天與化工知）……一〇一
南鄉子（寒玉細凝膚）……一〇二
南鄉子（悵望送春杯）……一〇二
南鄉子（何處倚闌干）……一〇三
南鄉子（未倦長卿遊）……一〇三
南鄉子（繡鞅玉鐶遊）……一〇三
南鄉子（千騎試春遊）……一〇四
南歌子（山與歌眉斂）……一〇四

南歌子（古岸開青葑）……一〇六
南歌子（雨暗初疑夜）……一〇六
南歌子（日出西山雨）……一〇七
南歌子（帶酒衝山雨）……一〇七
南歌子（日薄花房綻）……一〇七
南歌子（海上乘槎侶）……一〇八
南歌子（苒苒中秋過）……一〇八
南歌子（師唱誰家曲）……一〇九
南歌子（欲執河梁手）……一〇九
南歌子（山雨瀟瀟過）……一一〇
南歌子（紫陌尋春去）……一一〇
南歌子（衛霍元勳後）……一一一
南歌子（笑怕薔薇罥）……一一一
南歌子（寸恨誰云短）……一一二
南歌子（紺綰雙蟠髻）……一一二
南歌子（琥珀裝腰佩）……一一三

南歌子（見說東園好）……一一三
南歌子（雲鬢裁新綠）……一一四
好事近（紅粉莫悲啼）……一一四
好事近（湖上雨晴時）……一一五
好事近（煙外倚危樓）……一一五
鵲橋仙（緱山仙子）……一一五
鵲橋仙（乘槎歸去）……一一六
望江南（春已老）……一一六
望江南（春未老）……一一七
卜算子（蜀客到江南）……一一七
卜算子（缺月挂疏桐）……一一八
瑞鷓鴣（碧山影裏小紅旗）……一二七
瑞鷓鴣（城頭月落尙啼烏）……一二八
十拍子（白酒新開九醞）……一二八
清平樂（清淮濁汴）……一二九
昭君怨（誰作桓伊三弄）……一二九

戚氏（玉龜山）……一三〇
醉蓬萊（笑勞生一夢）……一三二
賀新郎（乳燕飛華屋）……一三三
洞仙歌（江南臘盡）……一三九
洞仙歌（冰肌玉骨）……一三九
八聲甘州（有情風）……一四七
三部樂（美人如月）……一四九
阮郎歸（綠槐高柳咽新蟬）……一五〇
阮郎歸（暗香浮動月黃昏）……一五〇
阮郎歸（一年三度過蘇臺）……一五一
阮郎歸（歌停檀板舞停鸞）……一五一
江神子（夢中了了醉中醒）……一五二
江神子（翠蛾羞黛怯人看）……一五三
江神子（鳳凰山下雨初晴）……一五三
江神子（老夫聊發少年狂）……一五五
江神子（天涯流落思無窮）……一五五

江神子（相逢不覺又初寒）……一五六
江神子（黃昏猶是雨纖纖）……一五七
江神子（玉人家在鳳凰山）……一五八
江神子（十年生死兩茫茫）……一五九
蝶戀花（花褪殘紅青杏小）……一五九
蝶戀花（一顆櫻桃樊素口）……一六二
蝶戀花（雨後春容清更麗）……一六二
蝶戀花（簌簌無風花自嚲）……一六三
蝶戀花（燈火錢塘三五夜）……一六三
蝶戀花（簾外東風交雨霰）……一六四
蝶戀花（自古漣漪佳絕地）……一六四
蝶戀花（雲水縈回溪上路）……一六五
蝶戀花（別酒勸君君一醉）……一六五
蝶戀花（泛泛東風初破五）……一六六
蝶戀花（春事闌珊芳草歇）……一六七
蝶戀花（記得畫屏初會遇）……一六八

蝶戀花（昨夜秋風來萬里）……一六八
蝶戀花（雨霰疏疏經潑火）……一六八
蝶戀花（蝶懶鶯慵春過半）……一六九
采桑子（多情多感仍多病）……一六九
千秋歲（淺霜侵綠）……一七〇
千秋歲（島邊天外）……一七〇
蘇幕遮（暑籠晴）……一七一
永遇樂（長憶別時）……一七一
永遇樂（明月如霜）……一七二
行香子（綺席纔終）……一七五
行香子（三入承明）……一七六
行香子（清夜無塵）……一七七
行香子（昨夜霜風）……一七八
行香子（攜手江村）……一七八
行香子（一葉舟輕）……一七九
行香子（北望平川）……一八〇

菩薩蠻（繡簾高捲傾城出）…………一八一
菩薩蠻（碧紗微露纖纖玉）…………一八二
菩薩蠻（秋風湖上蕭蕭雨）…………一八二
菩薩蠻（玉童西迓浮丘伯）…………一八三
菩薩蠻（天憐豪俊腰金晚）…………一八三
菩薩蠻（娟娟缺月西南落）…………一八四
菩薩蠻（玉笙不受朱脣暖）…………一八五
菩薩蠻（畫檐初挂彎彎月）…………一八五
菩薩蠻（風迴仙馭雲開扇）…………一八六
菩薩蠻（城隅靜女何人見）…………一八六
菩薩蠻（買田陽羨吾將老）…………一八六
菩薩蠻（落花閒院春衫薄）…………一八七
菩薩蠻（火雲凝汗揮珠顆）…………一八八
菩薩蠻（嶠南江淺紅梅小）…………一八八
菩薩蠻（翠鬟斜幔雲垂耳）…………一八八
菩薩蠻（柳庭風靜人眠晝）…………一八九

菩薩蠻（井桐雙照新妝冷）……一八九
菩薩蠻（雪花飛暖融香頰）……一八九
菩薩蠻（娟娟侵鬢妝痕淺）……一九〇
菩薩蠻（塗香莫惜蓮承步）……一九一
菩薩蠻（玉鐶墜耳黃金飾）……一九一
菩薩蠻（溼雲不動溪橋冷）……一九二
生查子（三度別君來）……一九二
翻香令（金鑪猶暖麝煤殘）……一九三
烏夜啼（莫怪歸心甚速）……一九三
虞美人（定場賀老今何在）……一九三
虞美人（歸心正似三春草）……一九四
虞美人（湖山信是東南美）……一九四
虞美人（波聲拍枕長淮曉）……一九五
虞美人（持杯遙勸天邊月）……一九六
虞美人（冰肌自是生來瘦）……一九七
虞美人（深深庭院清明過）……一九七

河滿子（見說岷峨悽愴）……一九八
哨遍（爲米折腰）……一九八
哨遍（睡起畫堂）……二〇二
點絳脣（我輩情鍾）……二〇四
點絳脣（不用悲秋）……二〇四
點絳脣（莫唱陽關）……二〇五
點絳脣（醉漾輕舟）……二〇五
點絳脣（月轉烏啼）……二〇六
點絳脣（閒倚胡牀）……二〇七
點絳脣（紅杏飄香）……二〇七
殢人嬌（滿院桃花）……二〇八
殢人嬌（白髮蒼顏）……二〇九
殢人嬌（別駕來時）……二〇九
訴衷情（錢塘風景古來奇）……二一〇
訴衷情（海棠珠綴一重重）……二一〇
訴衷情（小蓮初上琵琶弦）……二一一

更漏子（水涵空）……二一一
更漏子（柳絲長）……二一二
更漏子（春夜闌）……二一二
華清引（平時十月幸蘭湯）……二一三
桃源憶故人（華胥夢斷人何處）……二一三
醉落魄（醉醒醒醉）……二一三
醉落魄（分攜如昨）……二一四
醉落魄（蒼頭華髮）……二一四
醉落魄（輕雲微月）……二一五
謁金門（秋帷裏）……二一五
謁金門（秋池閣）……二一五
謁金門（今夜雨）……二一六
如夢令（水垢何曾相受）……二一六
如夢令（自淨方能淨彼）……二一七
如夢令（爲向東坡傳語）……二一七
如夢令（手種堂前桃李）……二一八

如夢令（城上層樓疊巘）……二一八
如夢令（曾宴桃源深洞）……二一八
陽關曲（暮雲收盡溢清寒）……二一八
陽關曲（受降城下紫髯郎）……二二二
陽關曲（濟南春好雪初晴）……二二二
減字木蘭花（鄭莊好客）……二二四
減字木蘭花（雲鬢傾倒）……二二五
減字木蘭花（閩溪珍獻）……二二六
減字木蘭花（賢哉令尹）……二二六
減字木蘭花（玉觴無味）……二二七
減字木蘭花（春光亭下）……二二七
減字木蘭花（惟熊佳夢）……二二七
減字木蘭花（曉來風細）……二二八
減字木蘭花（天台舊路）……二二九
減字木蘭花（雙龍對起）……二二九
減字木蘭花（琵琶絕藝）……二三〇

減字木蘭花（春牛春杖）……………………二三〇
減字木蘭花（雲容皓白）……………………二三一
減字木蘭花（玉房金蕊）……………………二三一
減字木蘭花（春庭月午）……………………二三一
減字木蘭花（天然宅院）……………………二三三
減字木蘭花（神閒意定）……………………二三四
減字木蘭花（銀箏旋品）……………………二三四
減字木蘭花（柔和性氣）……………………二三四
減字木蘭花（鶯初解語）……………………二三五
減字木蘭花（江南遊女）……………………二三五
減字木蘭花（嬌多媚煞）……………………二三五
減字木蘭花（雙鬟綠墜）……………………二三六
減字木蘭花（天眞雅麗）……………………二三六
減字木蘭花（空牀響琢）……………………二三七
減字木蘭花（回風落景）……………………二三八
減字木蘭花（海南奇寶）……………………二三八

減字木蘭花（憑誰妙筆）……二三九
浣溪沙（風捲珠簾自上鉤）……二四〇
浣溪沙（山下蘭芽短浸溪）……二四〇
浣溪沙（西塞山邊白鷺飛）……二四二
浣溪沙（覆塊青青麥未蘇）……二四三
浣溪沙（醉夢醺醺曉未蘇）……二四四
浣溪沙（雪裏餐氈例姓蘇）……二四五
浣溪沙（半夜銀山上積蘇）……二四五
浣溪沙（萬頃風濤不記蘇）……二四五
浣溪沙（珠檜絲杉冷欲霜）……二四六
浣溪沙（霜鬢眞堪插拒霜）……二四六
浣溪沙（傳粉郎君又粉奴）……二四六
浣溪沙（菊暗荷枯一夜霜）……二四七
浣溪沙（雪頷霜髯不自驚）……二四七
浣溪沙（料峭東風翠幕驚）……二四八
浣溪沙（照日深紅暖見魚）……二四八

浣溪沙（旋抹紅妝看使君）……二四九
浣溪沙（麻葉層層檾葉光）……二四九
浣溪沙（簌簌衣巾落棗花）……二四九
浣溪沙（軟草平莎過雨新）……二五〇
浣溪沙（道字嬌訛苦未成）……二五〇
浣溪沙（縹緲危樓紫翠間）……二五一
浣溪沙（桃李溪邊駐畫輪）……二五二
浣溪沙（四面垂楊十里荷）……二五二
浣溪沙（一別姑蘇已四年）……二五二
浣溪沙（惟見眉間一點黃）……二五三
浣溪沙（長記鳴琴子賤堂）……二五三
浣溪沙（風壓輕雲貼水飛）……二五三
浣溪沙（羅襪空飛洛浦塵）……二五四
浣溪沙（白雪清詞出坐間）……二五五
浣溪沙（細雨斜風作曉寒）……二五五
浣溪沙（門外東風雪灑裾）……二五六

浣溪沙（慚愧今年二麥豐）……二五六
浣溪沙（芍藥櫻桃兩鬬新）……二五六
浣溪沙（學畫鴉兒正妙年）……二五七
浣溪沙（一夢江湖費五年）……二五七
浣溪沙（輕汗微微透碧紈）……二五八
浣溪沙（徐邈能中酒聖賢）……二五八
浣溪沙（傾蓋相逢勝白頭）……二五九
浣溪沙（炙手無人傍屋頭）……二五九
浣溪沙（畫隼橫江喜再遊）……二五九
浣溪沙（入袂輕風不破塵）……二六〇
浣溪沙（幾共查梨到雪霜）……二六〇
浣溪沙（山色橫侵蘸暈霞）……二六〇
浣溪沙（縹緲紅妝照淺溪）……二六一
浣溪沙（陽羨姑蘇已買田）……二六一
浣溪沙（花滿銀塘水漫流）……二六一
雙荷葉（雙溪月）……二六二

皁羅特髻（采菱拾翠）……二六三
調笑令（漁父）……二六四
調笑令（歸雁）……二六四
荷華媚（霞苞電荷碧）……二六四
青玉案（三年枕上吳中路）……二六五
江城子（前瞻馬耳九仙山）……二六六
江城子（墨雲拖雨過西樓）……二六六
江城子（膩紅勻臉襯檀脣）……二六七
一斛珠（洛城春晚）……二六七
天仙子（走馬探花花發未）……二六八
畫堂春（柳花飛處麥搖波）……二六八
占春芳（紅杏了）……二六九
浪淘沙（昨日出東城）……二六九
祝英臺近（挂輕帆）……二七〇
漁父（漁父飲）……二七〇
漁父（漁父醉）……二七〇

漁父（漁父醒）……二七一
漁父（漁父笑）……二七一
醉翁操（琅然）……二七一
奉安神宗皇帝御容赴景靈宮導引歌詞（帝城父老）……二七四
迎奉神宗皇帝御容赴西京會聖宮應天禪院奉安導引歌詞（經文緯武）……二七五
瑤池燕（飛花成陣）……二七五
踏青遊（口火初晴）……二七六
踏莎行（山秀芙蓉）……二七七
踏莎行（這個秃奴）……二七七
清平調引（陌上花開蝴蝶飛）……二七八
清平調引（陌上山花無數開）……二七八
清平調引（生前富貴草頭露）……二七九

附錄

蘇詞總評……二八〇

東坡論詞……三一六
引用書目索引……三二二
蘇詞首句索引……三三七

蘇詞篇評

水龍吟

昔謝自然欲過海求師蓬萊，至海中，或謂自然：「蓬萊隔弱水三十萬里，不可到。天台有司馬子微，身居赤城，名在絳闕，可往從之。」自然乃還，受道于子微，白日仙去。子微著《坐忘論》七篇，《樞》一篇，年百餘，將終，謂弟子曰：「吾居玉峰，東望蓬萊，嘗有真靈降焉。今爲東海青童所召。」乃蟬蛻而去。其後李太白作《大鵬賦》云：「嘗見子微于江陵，謂余有仙風道骨，可與神游八極之表。」元豐七年冬，余過臨淮，而湛然先生梁公在焉。童顏清澈，如二三十許人，然人亦有自少見之者。善吹鐵笛，嘹然有穿雲裂石之聲。乃作《水龍吟》一首，記子微、太白之事，倚其聲而歌之。

古來雲海茫茫，道山絳闕知何處。人間自有，赤城居士，龍蟠鳳舉。清淨無爲，坐忘遺照，八篇奇語。向玉霄東望，蓬萊晻靄，有雲駕、驂風馭。　行盡九州四海，笑紛紛、落花飛絮。臨江一見，謫仙風采，無言心許。八表神遊，浩然相對，酒酣箕踞。待垂天賦就，騎鯨路穩，約相將去。

邵博《邵氏聞見後錄》卷一六：又序「昔謝自然欲過海求師，或謂蓬萊隔弱水三萬里，不可到。天台有司馬子微，身居赤城，名在絳闕，可往從之。自然可，還受道于子微，白日仙去。」按子微以開元十五年死于王屋山，自然生于大曆五年，至貞元十年仙去，是子微死四十三年，自然始生。乃云「自然受道于子微」，亦誤矣。「東坡信天下後世者，寧有誤邪？」予應之曰：「東坡累誤千百，尚信天下後世也。」童子曰：「有是言，凡學者之誤亦許矣。」予曰：「爾非東坡，奈何？」

水龍吟

詠笛材。時太守閭丘公顯已致仕，居姑蘇。後房懿卿者甚有才色，因賦此詞。

楚山修竹如雲，異材秀出千林表。龍鬚半翦，鳳膺微漲，玉肌勻繞。木落淮南，雨晴雲夢，月明風嫋。自中郎不見，桓伊去後，知孤負、秋多少。　聞道嶺南太守，後堂深、綠珠嬌小。綺窗學弄，《梁州》初遍，《霓裳》未了。嚼徵含宮，泛商流羽，一聲雲杪。爲使君洗盡，蠻風瘴雨，作《霜天曉》。

《孔氏談苑》：朝士趙昶有兩婢善吹笛，知滕州日，以丹砝遺子瞻，子瞻以蕲笛報之，并有一曲，其詞甚美，云：「木落淮南，雨晴雲夢，日斜風裊。」又云：「自桓伊不見，中郎去後，知孤負秋多少。」斷章云：「爲君洗盡，蠻風瘴雨，作《霜天曉》。」昶曰：「子瞻罵我矣。」昶，南雄州人，意謂子瞻以蠻風譏之。

胡仔《苕溪漁隱叢話》後集卷二六：苕溪漁隱曰：《後山詩話》謂「退之以文爲詩，子瞻以詩爲詞，如教坊雷大使之舞，雖極天下之工，要非本色。」余謂後山之言過矣，子瞻佳詞最多，「楚山修竹如雲，異材秀出千林表」（詠笛詞）；（略）凡此十餘詞，皆絕去筆墨畦徑間，直造古人不到處，眞可使人一唱而三歎。若謂以詩爲詞，是大不然。子瞻自言「平生不善唱曲，故有不入腔處」，非盡如此。後山乃比之教坊司雷大使舞，是何每況愈下？蓋其謬耳。

傅藻《東坡紀年錄》：（熙寧八年乙卯）贈晦之吹篴侍兒，作《水龍吟》。

龔明之《中吳紀聞》卷五：閭丘孝終字公顯，東坡謫黃州時，公爲太守，與之往來甚密，未幾，掛其冠而歸，與諸名人爲九老之會。東坡過蘇必見之，今蘇集有詩詞二篇，皆爲公作也。公後房有懿卿者，頗具才色，詩詞俱及之。東坡嘗云：「蘇州有二丘，不到虎邱，即到閭丘。」

曾敏行《獨醒雜志》卷三：東坡《水龍吟》笛詞，高雲翔云：「後之箋釋者，獨謂「楚山修竹如雲」，是蘄州出笛竹；至「異林秀出千林表」之語，不知是東坡叙取材法也。凡竹，林生，後長者必過前竹，其不能過者，多死。一林內特一竹可材，或伐取數十百竿，錯亂終不可識。蔡邕仰視柯亭屋椽得奇材，不待如此求之，而邕後無至鑒，獨有此法可求耳。」

張端義《貴耳集》卷下：東坡《水龍吟》笛詞，八字謚。「楚山修竹如雲，異材秀出千林表」，此笛之質也；「龍鬚半翦，鳳膺微漲，玉肌勻繞」，此笛之狀也；「木落淮南，雨晴雲夢，月明風嫋」，此笛之時也；「自中郎不見，將軍去後，知辜負秋多少」，此笛之事也；「聞道嶺南太守，後堂深，綠珠嬌小」，此笛之人也；「綺窗學弄，《涼州》初試，《霓裳》未了」，此笛之曲也；「嚼徵含宮，泛商流羽，一聲雲杪」，此笛之音也；「爲使君洗盡蠻煙瘴雨，作《霜天曉》」，此笛之功也。五音已用其四，乏一「角」字，「霜天曉」歇後一「角」字。

《拙軒詞話·李詩蘇詞》：李義山《錦瑟》詩云：「錦瑟無端五十弦（略）。」讀此詩俱不曉。蘇文忠公云：「此出《古今樂志》。錦瑟之爲器也，其弦五十，其柱如之。其聲也，適怨清和。考李詩「莊生曉夢迷蝴蝶」，適也。「望帝春心託杜鵑」，怨也。「滄海月明珠有淚」，清也。「藍田日暖玉生煙」，和也。」孫仲益爲錫山費茂和說蘇文忠公《水龍吟》，曲盡詠笛之妙。其詞曰：「楚山修竹如雲，異材秀出千林表」，笛之地也。「龍鬚半剪，鳳膺微漲，綠肌勻繞」，笛之材也。「木落淮南，雨晴雲夢，月明風裊」，笛之時也。「自中郎不見，桓伊去後，知辜負，秋多少」，笛之怨也。「聞道嶺南太守，後堂深，綠珠嬌小」，笛之人也。綺窗學弄，《梁州》初遍，《霓裳》未老」，笛之曲也。「嚼徵含宮，泛商流羽，一聲雲杪」，笛之聲也。「爲使君洗盡，蠻煙瘴雨，作《霜天曉》」，笛之功也。予恐仲益用蘇文忠讀《錦瑟》詩，以釋《水龍吟》耳。

張炎《詞源》卷下《雜論》：東坡詞如《水龍吟》詠楊花，詠聞笛，又如《過秦樓》、《洞仙歌》、《卜算子》等作，皆清麗舒徐，高出人表。

黃昇《唐宋諸賢絕妙詞選》卷二：太守閭丘公顯致仕，居姑蘇，公飲其家，出後房佐酒。有懿卿者，善吹笛，公因賦此以贈（略）。

《草堂詩餘》卷五楊愼評：結在嶺南太守上，妙。

又沈際飛評：笛製取良幹，首存一節，間留纖枝翦而束之，節以下若膺處則微漲，而全體皆須白淨，「龍鬚」三句善狀。五十餘字堪與《馬賦》并傳，修語清遠，馬似不逮。用許多故事，不爲事用。結嶺南太守上，妙。

《類編草堂詩餘》卷四李星垣評：玉骨冰心，千秋絕調，「霜天曉」隱角字，與上徵宮商羽合。

楊愼《詞品》卷三《東坡詠吹笛》：嶺南太守閭邱公顯致仕，居姑蘇，東坡每過必留連。坡嘗言，過姑蘇不游虎邱，不謁閭邱，乃二欠事。其重之如此。一日出其後房佐酒，有懿卿者，善吹笛，坡作《水龍吟》贈之，「楚山修竹如雲」是也。詞見《草堂詩餘》，而不知其事，故著之。

沈雄《古今詞話·詞辨》上卷《水龍吟》：《鶴林玉露》曰：閭丘太守致仕居姑蘇，東坡過之，必流連信宿。常自言，不游虎邱，不謁閭丘，乃二欠事。一日，出後房善吹笛者名懿卿佐酒，東坡作《水龍吟》，詠笛材以遺之。

先著、程洪《詞潔輯評》卷五：非無字面蕪累處，然豐骨畢竟超凡。玉田云「清麗舒徐」，未敢輕議也也。

王文誥《蘇文忠公詩編注集成總案》卷一一：（熙寧七年甲寅五月）贈懿卿，作《水龍吟》。按：傅藻《東坡紀年錄》繫此詞于熙寧八年，誤，當以《總案》爲是。

黃氏《蓼園詞評・水龍吟（楚山修竹如雲）》：石崇妾綠珠，善笛。

水龍吟　次韻章質夫楊花詞

似花還似非花，也無人惜從教墜。拋家傍路，思量卻是，無情有思。縈損柔腸，困酣嬌眼，欲開還閉。夢隨風萬里，尋郎去處，又還被、鶯呼起。　不恨此花飛盡，恨西園、落紅難綴。曉來雨過，遺蹤何在，一池萍碎。春色三分，二分塵土，一分流水。細看來，不是楊花，點點是離人淚。

章楶《水龍吟》：燕忙鶯懶花殘，正堤上，柳花飄墜。輕飛點畫青林，誰道全無才思。閒趁遊絲，靜臨深院，日長門閉。傍珠簾散漫，垂垂欲下，依前被，風扶起。　蘭帳玉人睡覺，怪春衣、雪霑瓊綴。繡牀旋滿，香毬無數，纔圓卻碎。時見蜂兒，仰粘輕粉，魚吹池水。望章臺路杳，金鞍遊蕩，有盈盈淚。

蘇軾《與章質夫》（《蘇軾文集》卷五五）：承喩慎靜以處憂患，非心愛我之深，何以及此，謹置之座右也。柳花詞妙絕，使來者何以措詞。本不敢繼作，又思公正柳花飛時出巡按，坐想四子，閉門愁斷，故寫其意，次韻一首寄去，亦告不以示人也。

楊湜《古今詞話·毛稚黃論詞》：又《水龍吟》「細看來不是楊花，點點是離人淚」，調則當是「點」字斷句，意則當是「花」字斷句。文自爲文，歌自爲歌，然歌不礙文，文不礙歌，是坡公雄才自放處。他家間亦有之，亦詞家一法。

朱弁《曲洧舊聞》卷五：章質夫作《水龍吟》詠楊花，其命意用事，清灑可喜。東坡和之，若豪放不入律呂，徐而視之，聲韻諧婉，便覺質夫詞有織繡工夫。晁叔用云：「東坡如毛嬙西施，淨洗卻面，與天下婦人鬭好，質夫豈可比耶？」

姚寬《西溪叢語》卷下：楊柳二種，楊樹葉短，柳樹葉長。花初發時，黃蕊。子爲飛絮，今絮中有小青子，着水泥沙灘上，即生小青芽，乃柳之苗也。東坡謂絮化爲浮萍，誤矣。

《魏慶之詞話·章質夫》：章質夫詠楊花詞，東坡和之。晁叔用以爲東坡如毛嬙西施，淨洗卻面，與天下婦人鬭好，質夫豈可比，是則然矣。余以爲質夫詞中，所謂「傍珠簾散漫，垂垂欲下，依前被，風扶起」，亦可謂曲盡楊花妙處。東坡所和雖高，恐未能及。詩人議論不公如此耳。

曾季貍《艇齋詩話》：東坡《和章質夫楊花詞》云：「思量卻是，無情有思。」用老杜「落絮遊絲亦有情」也。「夢隨萬里，尋郎去處，依前被鶯呼起」，即唐人詩云「打起黃鶯兒，莫教枝上啼。幾回驚妾夢，不得到遼西」。「細看來，不是楊花，點點是離人淚」，即唐人詩云「時人有酒送張八，惟我無酒送張八。君有陌上梅花紅，盡是離人眼中血」。皆奪胎換骨手。

張炎《詞源》卷下《句法》：詞中句法，要平妥精粹，一曲之中，安能句句高妙，只要拍搭襯副得去，于好發揮筆力處，極要用功，不可輕易放過，讀之使人擊節可也。如東坡楊花詞云：「似花還似非花，也無人惜從教墜。」又云：「春色三分，二分塵土，一分流水。」（略）此皆平易中有句法。

又卷下《雜論》：詞不宜強和人韻，若倡者之曲韻寬平，庶可賡歌；倘韻險又爲人所先，則必牽強賡和，句意安能融貫？徒費苦思，未見有全章妥溜者。東坡次韻章質夫楊花《水龍吟》韻，機鋒相摩，起句便合讓東坡出一頭地，後片愈出愈奇，眞是壓倒古今。我輩倘遇險韻，不若祖其元韻，隨意換易，或易韻答之，是亦古人「三不和」之說。

又：東坡詞如《水龍吟》詠楊花、詠聞笛，又如《過秦樓》、《洞仙歌》、《卜算子》等作，皆清麗舒徐，高出人表。

《草堂詩餘》正集卷五楊愼評：坡公詞瀟灑出塵，勝質夫千倍。

又沈際飛評：此詞更進柳妙處一塵矣。讀他文字，精靈尙在文字裏面，坡老只見精靈，不見文字。

《草堂詩餘》別集卷一沈際飛評：葉道卿《賀聖朝．留別》（滿斟綠醑留君住）：東坡有二分塵土，一分流水之句，各道得我輩心死。

宋濂《跋東坡寄章質夫詩後》（《宋學士文集》卷二三）：質夫乃高州刺史、檢校太傅、西北面行營仔鈞諸孫。非惟立功邊徼，爲國家保障，至于辭章，亦非人所易及。嘗詠柳花，撰《水龍吟》寄子瞻，子瞻歎其妙絕，來者無以措辭，則其尊尙爲何如。所以善謔者，特出于相愛之至情耳，非若後人流連狎褻而不知止者也。論二公者當以濂言爲不誣。子瞻之書此詩，年已五十又二，實元祐二年丁卯，故其老氣尤森然云。

王世貞《藝苑卮言》：至詠楊花《水龍詠慢》，又進柳妙處一塵矣。

沈謙《塡詞雜說．東坡楊花詞直是言情》：東坡「似花還似非花」一篇，幽怨纏綿，直是言情，非復賦物。

先著、程洪《詞潔輯評》卷五：《水龍吟》末後十三字，多作五四四，此作七六，有何不可？近見論譜者於「細看來不是」及「楊花點點」下分句，以就五四四之印板死格，遂令坡公絕妙好詞不成文理。起句入魔，「非花」矣而又「似」，不成句也。「拋家旁路」四字欠雅。「綴」字趁韻，「曉來」以下，眞是化工神品。

李調元《雨村詞話》卷一《春色三分》：宋初葉淸臣字道卿，有《賀聖朝》詞云：「三分春色二分愁，更一分風雨。」東坡《水龍吟》演爲長句云：「春色三分，二分塵土，一分流水。」神意更遠。

許昂霄《詞綜偶評・宋詞》：與原作均是絕唱，不容妄爲軒輊。（思量卻似，無情有思）貫下文六句。（「曉來雨過」三句）公自注云：「舊說楊花入水爲浮萍，驗之信然。」

又：（張炎「楊花點點是春心，替風前萬花吹淚」）較坡公「點點是離人淚」，更覺纖新。

鄧廷楨《雙硯齋詞話・東坡詞高華》：東坡以龍驤不羈之才，樹松檜特立之操，故其詞清剛雋上，囊括羣英。（略）和章質夫楊花《水龍吟》之「曉來雨過，遺踪何在，半池萍碎。春色三分，二分塵土，一分流水」，（略）皆能簸之揉之，高華沉痛，遂爲石帚導師。譬之慧能肇啓南宗，實傳黃梅衣鉢矣。

徐釚《詞苑叢談》卷四：資政殿大學士章楶字質夫，以功名顯，詩詞尤見稱于世，嘗作《水龍吟》詠楊花，東坡與之帖云：「柳花詞妙絕，使來者何以措手。」

況周頤《蕙風詞話續編》卷一《黃雪舟水龍吟》：黃雪舟詞，清麗芊綿，頗似北宋名作。唯傳作無多，殊爲憾事。其《水龍吟》云：「柔腸一寸，七分是恨，三分是淚。」蓋仿東坡「春色三分，二分塵土，一分流水」之句。所不逮者，以刻鏤稍著痕迹耳。其歇拍：「待問春、怎把千紅，換得一池綠水。」亦從「二分流水」句引伸而出。

吳衡照《蓮子居詞話》卷一《詞品篤論》：楊升庵《詞品》云：「詞人語意所到，間有參差，或兩句作一句，或一句作兩句。惟妙於歌者，上下縱横取協。」此是篤論，如曲子家之有活板眼也。東坡「小喬初嫁了，雄姿英發」，「細看來不是楊花，點點是離人淚」等處，皆當以此說通之。若契舟膠柱，徐虹亭所謂髯翁命宮磨蝎，身後又硬受此差排矣。

劉熙載《藝概》卷四：鄰人之笛，懷舊者感之；斜谷之鈴，溺愛者悲之。東坡《水龍吟·和章質夫詠楊花》云「細看來不是楊花，點點是離人淚」，亦同此意。

又：東坡《水龍吟》起云：「似花還似非花。」此句可作全詞評語，蓋不離不即也。時有舉史梅溪《雙雙燕·詠燕》、姜白石《齊天樂·賦蟋蟀》令作評語者，亦曰：「似花還似非花。」《蓼園詞選》：首四句是寫花形態，「縈損」以下六句，是寫見楊花之人之情緒。二闋用議論，情景交融，筆墨入化，有神無迹矣。

李佳《左庵詞話》卷上《東坡詞》：東坡詞如《水龍吟·詠楊花》、《水調歌頭·丙辰中秋作》，皆極清新。

又卷下《翻東坡詞》：東坡詞：「春色三分，二分塵土，一分流水。」葉清臣詞：「三分春色二分愁，更一分風雨。」蒙亦有句云：「十分春色，欣賞三分，二分懊惱，五分抛擲。」用意不同而同。

鄒祇謨《遠志齋詞衷·詞不宜和韻》：張玉田謂詞不宜和韻（略）。其餘名手多喜爲此，如和坡公楊花諸闋，各出新意，篇篇可誦。

陳廷焯《白雨齋詞話》卷一《東坡詞別有天地》：詞至東坡，一洗綺羅香澤之態，寄慨無端，別有天地。（略）《水龍吟》諸篇，尤爲絕搆。

鄭文綽《大鶴山人詞話》：煞拍畫龍點睛，此亦詞中一格。

王闓運《湘綺樓評詞》：「是離人淚」，「是」原作「似」；「欲開還殢」，「殢」原作「閉」。章韻本是「閉」，牽就韻耳，殊不成語，故改之。

王國維《人間詞話·東坡和楊花似原唱》：東坡《水龍吟》詠楊花，和韻而似原唱。章質夫詞，原唱而似和韻。才之不可強也如是。

又《白石詠梅無一語道着》：詠物之詞，自以東坡《水龍吟》爲最工，邦彥《雙雙燕》次之。白石《暗香》、《疏影》格調雖高，然無一語道着，視古人「江邊一樹垂垂發」等句何如耶？

蔡嵩雲《柯亭詞話·詠物詞貴有寓意》：詠物詞貴有寓意，方合比興之義。寄託最宜含蓄，運典尤忌呆詮，須具手揮五弦、目送飛鴻之妙，方合。如東坡《水龍吟》詠楊花而寫離情。

又《水龍吟句法》：塡詞，一調有一調之體例，一調有一調之氣象，即一調有一調之作法。《水龍吟》本非難調，亦無難句。惟前後遍中四字組成之六排句，太整太板，不易討好。詞中遇此等句法，須于整中寓散，板中求活。換言之，即各句下字時，須將實字虛字動字靜字，分別錯綜組成，以盡其變。前言字法須講侔色揣稱，此其一端也。細玩東坡「似花還似非花」一首，稼軒「楚天千里清秋」一首，于此前後六排句，手法何等靈變。又此調二二組成之四字句太多，故講究作法者，末尾四字句，多用一三句法，亦無非取其變化之意。詞之句法，故不嫌變化多方也。東坡之「是離人淚」，稼軒之「搵英雄淚」，即其一例。

陳菲石《宋詞舉》：東坡詞如天馬行空，其用意、用筆及取神遺貌，最不可及。此詞詠楊花耳，許多話又被質夫說過。觀其起句「似花還似非花」，從空處着想，卻覺其他之花借用不得。楊花未辭樹前，無可玩賞，無人愛惜，及其飄墜，始動人情感。「也無人惜從教墜」七字，實與上句同一天生妙文。以下便從「墜」字說入。「拋家傍路」是「墜」。「思量卻是，無情有思」，由無情說到有情，「墜」後思量，又爲「也無人惜」下一轉語。「縈損」八字，楊花之動人處，將「有思」二字坐實。「欲開還閉」，又寫「墜」時情態，爲「有思」之由。「夢隨風萬里」四句，再以楊花神魂申說情思，而飛去飛還、忽起忽落之致，雖描寫入微，卻極渾化，此他人所不能也。前遍楊花正面說完，故過遍即說「開盡」。先以「不恨此花開盡」作一曲筆，而「恨落紅難綴」，又以襯筆作轉筆。以下轉入楊花去路。「曉來」三句，用「柳花入水，經宿化萍」故實，着「遺踪何在」一語，便令人黯然魂斷。「春色」三句，承化萍說。沾泥入水，歸途無定，而溷入泥土者較多。意既補足，語亦名雋超脫，爲千古絕唱。特由一氣卷舒，町畦化盡，故仍有渾灝之象，否則作算博士語，一挑半剔，非傷薄，即傷纖。東坡此等處，即不許人捧心也。「細看來」以下，以翻爲收，更進一層說法。「離人」之「淚」，近承「流水」，遙應「尋郎」，于法極密，而意亦悠悠不盡。張炎曰：「後段愈出愈奇，壓倒今古。」晁叔用曰：「毛嬙、西施，淨洗卻面與天下婦人鬬好。」愚謂此固東坡妙處，然統觀全篇，格律精細，固不容豪放者藉口；而緊着題融化不澀，亦詠物之正法眼藏。誰謂才大者不受羈勒哉！

水龍吟

閭丘大夫孝直公顯嘗守黃州，作棲霞樓，爲郡中勝絕。元豐五年，余謫居於黃，正月十七日，夢扁舟渡江，中流回望，樓中歌樂雜作。舟中人言公顯方會客也。覺而異之，乃作此詞。公顯時已致仕在蘇州。

小舟橫截春江，卧看翠壁紅樓起。雲間笑語，使君高會，佳人半醉。危柱哀絃，豔歌餘響，繞雲縈水。念故人老大，風流未減，獨回首，煙波裏。　推枕惘然不見，但空江、月明千里。五湖聞道，扁舟歸去，仍攜西子。雲夢南州，武昌南岸，昔遊應記。料多情夢裏，端來見我，也參差是。

鄭文焯《大鶴山人詞話》：突兀而起，仙乎仙乎。「翠壁」句奇嶄，不露雕琢痕。上闋全寫夢境，空靈中雜以淒麗。過片始言情，有滄波浩渺之致，眞高格也。「雲夢」二句，妙能寫閒中情景，煞拍不說夢，偏說夢來見我，正是詞筆高渾，不猶人處。

姚寬《西溪詩話》卷上：《吳越春秋》云：「吳國西子被殺。」杜牧之詩云：「西子下姑蘇，一舸逐鴟夷。」東坡詞云：「五湖間道，扁舟歸去，仍攜西子。」予問王性之，性之云：「西子自下姑蘇，一舸自逐范蠡，遂爲兩義。不可云范蠡將西子去也。」

傅藻《東坡紀年錄》：（元豐五年壬戌）正月（略）十七日，夢扁舟渡江，中流回望，棲霞樓中歌樂雜作，舟中人言公顯方會客，覺而異之，乃作《水龍吟》。

葉申薌《本事詞》卷上：閭邱，蓋子瞻之舊交，居蘇州日，子瞻每過之，必爲留連數日。且嘗言：過姑蘇，不游虎邱，不謁閭邱是二欠事，其傾倒可知矣。

王文誥《蘇文忠公詩編注集成總案》卷二一：（元豐五年壬戌正月）十七日夢扁舟渡江，中流回望，棲霞樓中歌樂雜作，舟人言閭邱公顯方會客。覺而異之，作《水龍吟》詞。

水龍吟

小溝東接長江，柳堤葦岸連雲際。煙村瀟灑，人閒一鬨，漁樵早市。永晝端居，寸陰虛度，了成何事。但絲蓴玉藕，珠秔錦鯉，相留戀，又經歲。　因念浮丘舊侶，慣瑤池，羽觴沈醉。青鸞歌舞，銖衣搖曳，壺中天地。飄墮人間，步虛聲斷，露寒風細。抱素琴，獨向銀蟾影裏，此懷難寄。

鄭文綽《大鶴山人詞話》：有聲畫，無聲詩，胥在其中。

水龍吟

露寒煙冷蒹葭老，天外征鴻寥唳。銀河秋晚，長門燈悄，一聲初至。應念瀟湘，岸遙人靜，水多菰米。□望極平田，徘徊欲下，依前被，風驚起。　須信衡陽萬里，有誰家，錦書遙寄。萬重雲外，斜行橫陣，纔疏又綴。仙掌月明，石頭城下，影搖寒水。念征衣未擣，佳人拂杵，有盈盈淚。

滿庭芳

元豐七年四月一日，余將去黃移汝，留別雪堂鄰里二三君子。會李仲覽自江東來別，遂書以遺之。

歸去來兮，吾歸何處，萬里家在岷峨。百年強半，來日苦無多。坐見黃州再潤，兒童盡、楚語吳歌。山中友，鷄豚社酒，相勸老東坡。　云何，當此去，人生底事，來往如梭。待閒看，秋風洛水清波。好在堂前細柳，應念我，莫翦柔柯。仍傳語，江南父老，時與曬漁蓑。

傅藻《東坡紀年錄》：（元豐七年甲子）四月一日，將自黄移汝，留别雪堂鄰里，作《滿庭芳》。

李調元《雨村詞話》卷一《⿰日煞》：陳同甫亮《彩鳳飛》詞云：「一一舊時香案，⿰日煞經慣。」⿰日煞宜作煞，音⿰日煞，忒煞也。⿰日煞則爲日曬字，東坡詞「時與⿰日煞漁蓑」（《全宋詞》作「曬」）是也。

王文誥《蘇文忠公詩編注集成總案》卷二三：（元豐七年甲子）四月一日將自黄移汝，留别雪堂鄰里二三君子，作《滿庭芳》詞。會李仲覽自江東來别，遂書以遺之。

滿庭芳

香靉雕盤，寒生冰筯，畫堂别是風光。主人情重，開宴出紅妝。膩玉圓搓素頸，藕絲嫩，新織仙裳。雙歌罷，虛檐轉月，餘韻尚悠颺。　人間，何處有，司空見慣，應謂尋常。坐中有狂客，惱亂愁腸。報道金釵墜也，十指露、春筍纖長。親曾見，全勝宋玉，想像賦《高唐》。

費袞《梁谿漫志》：程子山敦厚舍人跋東坡《滿庭芳》詞云：「予聞之蘇仲虎云：一日，有傳此詞以爲先生作。東坡笑曰：『吾文章肯以藻繪一香篆槃乎？』然觀其間，如『畫堂別是風光』及『十指露』之語，誠非先生肯云。」子山之說，固人所共曉。

賀裳《皺水軒詞筌·陸務觀點鐵》：陸務觀《王忠州席上作》曰：「欲歸時司空笑問，微近處丞相嗔狂。」笑啼不敢之致，描勒殆盡。較東坡「司空見慣，應謂尋常。座中有狂客，惱亂柔腸」，豈惟出藍，幾于點鐵矣。升庵以爲不減少游，此幾于以樂令方伯仁也。

滿庭芳

蝸角虛名，蠅頭微利，算來著甚乾忙。事皆前定，誰弱又誰強？且趁閒身未老，儘放我，些子疏狂。百年裏，渾教是醉，三萬六千場。　思量，能幾許，憂愁風雨，一半相妨。又何須，抵死說短論長。幸對淸風皓月，苔茵展、雲幕高張。江南好，千鍾美酒，一曲《滿庭芳》。

《能改齋漫錄》卷二《兀兀陶陶詞》：豫章云：「『醉醉醒醒』一曲，乃《醉落魄》也。其詞云（略）。此詞亦有佳句，而多斧鑿痕，又語高下不甚入律。或傳是東坡語，非也。與『蝸角虛名』、『解下癡條』之曲相似，疑是王仲父作。

《蘇詩紀事》卷上：東坡《滿庭芳》詞，碑刻遍傳海內，使競進之徒讀之可以解體，恬淡之徒讀之可以娛生。達人之言，讀之使人心懷暢然。

《草堂詩餘》卷四楊慎評：先生此詞在喚醒世上夢人，故不作一深語。

滿庭芳

有王長官者，棄官三十三年，黃人謂之王先生。因送陳慥來過余，因賦此。

三十三年，今誰存者，算只君與長江。凜然蒼檜，霜幹苦難雙。聞道司州古縣，雲溪上、竹塢松窗。江南岸，不因送子，寧肯過吾邦？　攕攕，疏雨過，風林舞破，煙蓋雲幢。願持此邀君，一飲空缸。居士先生老矣，眞夢裏，相對殘釭。歌舞斷，行人未起，船鼓已逄逄。

鄭文焯《大鶴山人詞話》：健句入詞，更奇峰鬱起，此境匪稼軒所能夢到。不事雕鑿，字字蒼寒，如空巖霜榦，天風吹墮頗黎地上，鏗然作碎玉聲。

王文誥《蘇文忠公詩編注集成總案》卷二二：（元豐六年癸亥五月）作《滿庭芳》詞。

滿庭芳

三十三年，飄流江海，萬里煙浪雲帆。故人驚怪，憔悴老青衫。我自疏狂異趣，君何事、奔走塵凡？流年盡，窮途坐守，船尾凍相銜。　巉巉，淮浦外，層樓翠壁，古寺空巖。步攜手林間，笑挽攙攙。莫上孤峰盡處，縈望眼、雲海相攙。家何在，因君問我，歸步繞松杉。

楊繪《時賢本事曲子集》：子瞻始與劉仲達往來於眉山，後相逢於泗上，久留郡中，游南山話舊而作。

王文誥《蘇文忠公詩編注集成總案》卷二四：（元豐七年甲子十二月）公少與劉仲達善，忽相遇于泗上，乃同至都梁山中話舊，作《滿庭芳》詞。

滿庭芳

余謫居黃州五年，將赴臨汝，作《滿庭芳》一篇別黃人。既至南都，蒙恩放歸陽羨，復作一篇歸去來兮，清溪無底，上有千仞嵯峨。畫樓東畔，天遠夕陽多。老去君恩未報，空回首，彈鋏悲歌。船頭轉，長風萬里，歸馬駐平坡。　無何，何處有，銀漢盡處，天女停梭。問何事人間，久戲風波。顧謂同來稚子，應爛汝，腰下長柯。青衫破，群仙笑我，千縷挂煙蓑。

傅藻《東坡紀年錄》：（元豐八年乙丑）二月，（略）蒙恩放歸陽羨，復作《滿庭芳》。

朱冠卿《宜興續編圖經四事》（卞永譽《書畫匯考》卷一）：黄土去縣五十五里，東坡與單秀才步田至焉。地主以酒見餉，謂坡曰：「此紅友也。」坡言：「此人知有紅友而不知有黄封，眞快活人也。」邑人舊傳此帖，今亡。　東坡初買田黄土村，田主有曹姓者，已鬻而造訟，有司已察而斥之。東坡移牒，以田歸之。　邑人慕容輝嗜酒好吟，不務進取，家于城南。所居有雙楠，並植如蓋，東坡訪之，目爲雙楠居士。王平甫亦寄以詩。

周必大《書東坡宜興事》（《廬陵周益國文忠公集·省齋文稿》卷一九）：《滿庭芳》詞作於元豐八年初許自便之時，公雖以五月再到常州，尋赴登州守，未必再至陽羨也。軍中謂壯士馳駿馬下峻坂爲注坡，其云「船頭轉，長風萬里，歸馬注平坡」，蓋喻歸興之快如此。印本誤以「注」爲「駐」。今邑中大族邵氏園臨水，有天遠堂，最爲奇觀，取名於此詞云。

曾從龍《跋滿庭芳詞》（卞永譽《書畫匯考》卷一）：坡老墨跡，三尺童子亦知敬之重之，不待贅語。惟其處羈困流落之餘，而泰然不以窮達得喪累其心，此坡老之所以深可敬重者，予故表而出之。壬戌季夏中澣，清源曾從龍君錫書。

莊夏《跋滿庭芳詞》（卞永譽《書畫匯考》卷一）：謝太傅東山之志始末不渝，逼於委寄，悵然自失。李文正公辭榮鼎軸，便欲爲洛中九老之會，竟以事奪。蘇文忠公亦欲買田陽羨，種橘荊溪，南歸及門，齎志以沒。士大夫出爲時用，雖致位通顯，皆有歸營菟裘之心。然係縻於君恩，推葺於私愛，獲遂其初志者幾人？余蒙同官董掾出示先世所藏《楚頌帖》，三復而有感焉，敬書其末。嘉定辛未閏月七日，溫陵莊夏子體書于江寧館。

趙孟頫《跋滿庭芳詞》（卞永譽《書畫匯考》卷一）：東坡公欲買園種橘於荊溪之上，然志竟不遂。豈造物者尚有所靳耶？而《楚頌》一帖，傳之後世，爲不朽，則又非造物者所能靳也。孟頫題。

劉熙載《藝概》卷四：詞以不犯本位爲高。東坡《滿庭芳》「老去君恩未報，空回首彈鋏悲歌」，語誠慷慨，然不若《水調歌頭》「我欲乘風歸去，又恐瓊樓玉宇，高處不勝寒」，尤覺空靈蘊藉。

馮煦《蒿庵論詞・論蘇軾詞》：興化劉氏熙載，所著劉熙載《藝概》，於詞多洞微之言，而論東坡尤爲深至。（略）又云：「詞以不犯本位爲高，東坡《滿庭芳》『老去君恩未報，空回首，彈鋏悲歌』，語誠慷慨，然不若《水調歌頭》『我欲乘風歸去，又恐瓊樓玉宇，高處不勝寒』，尤覺空靈蘊藉。」觀此可以得東坡矣。

王文誥《蘇文忠公詩編注集成總案》卷二五：（元豐八年乙丑正月）告下，仍以檢校尚書、水部員外郎、汝州團練副使、不得簽書公事、常州居住，再作《滿庭芳》詞。

水調歌頭　快哉亭作

落日繡簾捲，亭下水連空。知君爲我新作，窗戶溼青紅。長記平山堂上，攲枕江南煙雨，渺渺沒孤鴻。認得醉翁語，山色有無中。　一千頃，都鏡淨，倒碧峰。忽然浪起，掀舞一葉白頭翁。堪笑蘭臺公子，未解莊生天籟，剛道有雌雄。一點浩然氣，千里快哉風。

惠洪《跋東坡平山堂詞》（《石門文字禪》卷二七）：東坡登平山堂，懷醉翁，作此詞。張嘉甫謂予曰：「時紅粧成輪，名士堵立，看其落筆。置筆目送萬里，殆欲仙去爾。」余衰退，得觀此於祐上座處，便覺煙雨孤鴻在目中矣。

方勺《泊宅編》卷六：「山色有無中」，王維詩也。歐公平山堂詞用此一句，東坡愛之，作《水調歌頭》，乃云：「認取醉翁語，山色有無中。」

《魏慶之詞話》：歐陽永叔送劉貢父守維揚，作長短句云：「平山欄檻倚晴空，山色有無中。」平山堂望江左諸山甚近，或以爲永叔短視，故云。東坡笑之，因賦快哉亭道其事云：「長記平山堂上，欹枕江南煙雨，杳杳沒孤鴻。認得醉翁語，山色有無中。」蓋山色有無，非煙雨不能然也。

曾季貍《艇齋詩話》：東坡平山堂詞云：「認取醉翁語，山色有無中。」然「山色有無中」，本王維詩：「江流天地外，山色有無中。」

胡仔《苕溪漁隱叢話》後集卷二六：苕溪漁隱曰：《後山詩話》謂「退之以文爲詩，子瞻以詩爲詞，如教坊雷大使之舞，雖極天下之工，要非本色。」余謂後山之言過矣，子瞻佳詞最多，「落日繡簾捲，亭下水連空」（快哉亭詞）；（略）凡此十餘詞，皆絕去筆墨畦徑間，直造古人不到處，眞可使人一唱而三歎。若謂以詩爲詞，是大不然。子瞻自言「平生不善唱曲，故有不入腔處」，非盡如此。後山乃比之教坊司雷大使舞，是何每況愈下？蓋其謬耳。

《能改齋漫錄》卷七《事實》：東坡《水調歌頭》云（略）。「認得醉翁語，山色有無中」，蓋歐陽文忠長短句云：「平山欄檻倚晴空，山色有無中。」東坡蓋指此也。然王摩詰《漢江臨汎》詩已嘗云：「江流天地外，山色有無中。」歐實用此，而東坡偶忘之耶？

陸游《老學庵筆記》卷六：「水流天地外，山色有無中」，王維詩也。權德輿《晚渡揚子江》詩云：「遠岫有無中，片帆煙水上」已是用維語。歐陽公長短句云：「平山闌檻倚晴空，山色有無中。」詩人至此蓋三用矣。然公但以此句施于平山堂爲宜，初不自謂工也。東坡先生乃云「記取醉翁語，山色有無中」，則似謂歐陽公創爲此句，何哉？

傅藻《東坡紀年錄》：（元豐六年癸亥）是年快哉亭作《水調歌頭》贈張偓佺。

《草堂詩餘》正集卷四楊愼評：結句雄奇，無人敢道。

黃氏《蓼園詞評・水調歌頭（落日繡簾捲）》：前闋從「快」字之意入，次闋起三語，承上闋寫景。「忽然」二句一跌，以頓出末二句來。結處一振，「快」字之意方足。

沈雄《古今詞話・詞辨》上卷《朝中措》：《藝苑雌黃》曰：歐陽公送劉貢父守揚州，爲《朝中措》詞云：「平山欄檻倚晴空，山色有無中。手種堂前楊柳，別來幾度春風。文章太守，揮毫萬字，一飲千鍾。行樂直須年少，尊前看取衰翁。」平山堂望江左諸山甚近，或以公短視，故云。東坡笑之，因賦快哉亭《水調歌頭》以道其事，有云：「嘗記平山堂上，攲枕江南煙雨，杳杳沒孤鴻。認取醉翁語，山色有無中。」蓋指煙雨而然也。

又《詞品卷下・語病》：《藝苑雌黃》曰：歐陽公：「平山闌檻俯晴空，山色有無中。」東坡賦《水調歌頭》記其事：「長記平山堂上，攲枕江南風雨」，蓋以「山色有無」，非煙雨不能然也。然以「平山闌檻俯晴空」爲起句，已成語病，恐蘇公不能爲之諱也，則是以歐陽公爲短視者爲是。「俯」一作「倚」。

王奕淸《歷代詩話》卷四《歐陽修平山堂》：「山色有無中」，歐陽公詠平山堂句也。或謂平山堂望江南諸山甚近，公短視故耳。東坡爲公解嘲，乃賦快哉亭詞云：「記得平山堂上（略）。」蓋「山色有無」，非煙雨不能也。然公詞起句是「平山闌檻倚晴空」，安得煙雨？恐東坡終不能爲公解矣。

又《歷代詩話》卷六二《有無中》：按平山堂望江左諸山甚近，或以歐公爲短視，故有此句。東坡笑之，因賦《快哉亭》云：「長記平山堂上，欹枕江南，煙雨杳杳沒孤鴻。認得醉翁語，山色有無中。」蓋永叔用摩詰語以致誚，而東坡猶且笑之。惟正甫用作《春陰》詩，可免短視之誚。

王文誥《蘇文忠公詩編注集成總案》卷二二：(元豐六年癸亥六月)張夢得營新居于江上，築亭，公榜曰「快哉亭」，作《水調歌頭》詞。

鄭文綽《大鶴山人詞話》：此等句法，使作者稍稍矜才使氣，便入粗豪一派，妙能寫景中人，用生出無限情思。

水調歌頭

余去歲在東武，作《水調歌頭》以寄子由。今年子由相從彭門百餘日，過中秋而去，作此曲以別余。以其語過悲，乃爲和之。其意以不早退爲戒，以退而相從之樂爲慰云耳。

安石在東海，從事鬢驚秋。中年親友難別，絲竹緩離愁。一旦功成名遂，準擬東還海道，扶病入西州。雅志困軒冕，遺恨寄滄洲。　歲云暮，須早計，要褐裘。故鄉歸去千里，佳處輒遲留。我醉歌時君和，醉倒須君扶我，惟酒可忘憂。一任劉玄德，相對卧高樓。

蘇轍《水調歌頭》（徐州中秋）：離別一何久，七度過中秋。去年東武今夕，明月不勝愁。豈意彭城山下，同泛清河古汴，船上載涼州。鼓吹助清賞，鴻雁起汀洲。　坐中客，翠羽帔，紫綺裘。素娥無賴西去，曾不爲人留。今夜清尊對客，明夜孤帆水驛，依舊照離憂。但恐同王粲，相對永登樓。

傅藻《東坡紀年錄》：（熙寧十年丁巳）子由過中秋而别，作《水調歌頭》。

王文誥《蘇文忠公詩編注集成》卷一五：（熙寧十年丁巳八月）十五日同子由泛舟呂洪，作《水調歌頭》送别。

水調歌頭

丙辰中秋，歡飲達旦，大醉，作此篇，兼懷子由

明月幾時有，把酒問青天。不知天上宮闕，今夕是何年。我欲乘風歸去，又恐瓊樓玉宇，高處不勝寒。起舞弄清影，何似在人間！　轉朱閣，低綺戶，照無眠。不應有恨，何事長向别時

圓。人有悲歡離合，月有陰晴圓缺，此事古難全。但願人長久，千里共嬋娟。

《鐵圍山叢談》卷三：歌者袁綯，乃天寶之李龜年也。宣和間供奉九重，嘗爲吾言：東坡公昔與客游金山，適中秋夕，天宇四垂，一碧無際，加江流澒湧，俄月色如畫，遂共登金山頂之妙高臺，命綯歌其《水調歌頭》曰：「明月幾時有，把酒問青天。」歌罷，坡爲起舞，而顧問曰：「此便是神仙矣。」吾謂文章人物，誠千載一時，後世安所得乎？

袁文《甕牖閑評》卷五：蘇東坡在黃州，有詞云：「我欲乘風歸去，又恐瓊樓玉宇，高處不勝寒。」惟高處曠闊則易於生寒耳，故黃州城上築一堂，以高寒名之，其名極佳。今士大夫書問中，往往多用高寒二字，雖云本之東坡，然既非高處，二字亦難兼也。

胡仔《苕溪漁隱叢話》前集卷五九《長短句》：先君嘗云：坡詞「低綺戶」，當云「窺綺戶」。二字既改，其詞益佳。

又後集卷二六《東坡一》：苕溪漁隱曰：《後山詩話》謂「退之以文爲詩，子瞻以詩爲詞，如教坊雷大使之舞，雖極天下之工，要非本色。」余謂後山之言過矣，子瞻佳詞最多，「明月幾時有，把酒問青天」（中秋詞）；（略）凡此十餘詞，皆絶去筆墨畦徑間，直造古人不到處，眞可使人一唱而三歎。若謂以詩爲詞，是大不然。子瞻自言「平生不善唱曲，故有不入腔處」，非盡如此。後山乃比之教坊司雷大使舞，是何每況愈下？蓋其謬耳。

又後集卷三九《長短句》：苕溪漁隱曰：中秋詞自東坡《水調歌頭》一出，餘詞盡廢。

張炎《詞源》卷下：詞以意趣爲主，要不蹈襲前人語意。如東坡中秋《水調歌頭》云：「明月幾時有（略）。」

趙彥衛《雲麓漫鈔》卷四：《水調歌頭》版行者末云：「但願人長久。」眞跡云「但得人長久」。以此知前輩文章爲後人妄改亦多矣。

傅藻《東坡紀年錄》：（熙寧九年丙辰）中秋，歡飲達旦，作《水調歌頭》。

李冶《敬齋古今黈》卷八：東坡《水調歌頭》：「我欲乘風歸去，只恐瓊樓玉宇，高處不勝寒。起舞弄清影，何似在人間。」一時詞手，多用此句。如魯直云：「我欲穿花尋路，直入白雲深處，浩氣展虹霓。祇恐花深處，紅露濕人衣。」蓋效東坡語也。近世閑閑老人亦云：「我欲騎鯨歸去，只恐神仙官府，嫌我醉時眞。笑拍群仙手，幾度夢中身。」

陳元靚《歲時廣記》卷三一引《復雅歌詞》：是詞乃東坡居士以丙辰中秋，歡飲達旦，大醉，作《水調歌頭》兼懷子由，時丙辰熙寧九年也。元豐七年，都下傳唱此詞。神宗問內侍外面新行小詞，內侍錄此進呈。讀至「又恐瓊樓玉宇，高處不勝寒」，上曰：「蘇軾終是愛君。」乃命量移汝州。

《類編草堂詩餘》卷三李星垣評：深情遠韻與赤壁桂棹之歌同意。

《草堂詩餘》卷四楊愼評：此等詞翩翩羽化而仙，豈是煙火人道得隻字。中秋詞，古今絕唱。

先著、程洪《詞潔輯評》卷三：凡興象高，即不爲字面礙。此詞前半，自是天仙化人之筆。惟後「悲歡離合」、「陰晴圓缺」等字，苛求者未免指此爲累。然再三讀去，摶捖運動，何損其佳？少陵《詠懷古跡》詩云：「支離東北風塵際，漂泊西南天地間。」未嘗以天地、西南、東北等字窒塞，有傷是詩之妙。詩家最上一乘，固有以神行者矣，於詞何獨不然？題爲中秋對月懷子由，宜其懷抱俯仰，浩落如是。錄坡公詞若並汰此作，是無眉目矣。亦恐詞家疆宇狹隘，後來用者，惟墮入纖穠一隊，不可以救藥也。後村二調亦極力能出脫者，取爲此公嗣響，可以不孤。

沈雄《古今詞話·詞品》上卷《藏韻》：沈雄曰：「《水調歌頭》間有藏韻者。東坡明月詞「我欲乘風歸去，惟恐瓊樓玉宇」、後段「人有悲歡離合，月有陰晴圓缺」，謂之偶然暗合則可，若以多者證之，則問之箋體家，未曾立法于嚴也。

又《詞辨上卷·蘇軾東坡詞》：《堯山堂外紀》曰：東坡備歷危險，中秋作《水調歌頭》以懷子由。神宗讀至「惟恐瓊樓玉宇，高處不勝寒」，乃歎曰：「蘇軾終是愛君。」量移汝州。

又《詞辨下卷·水調歌頭》：《詞統》曰：「明月幾時有」一詞，畫家大斧皴，書家劈窠體也。後有海璚子一詞，「一葉飛何處，天地起西風」爲起句，「鐵笛一聲曉，喚起五湖龍」爲卒章，此豈胸中有煙火，筆下有纖塵者所能彷彿其一二耶？且讀此老《孄翁賦》，冰紈火布，錯列交陳，直令饞眼爲醉。　沈雄曰：東坡中秋詞，前段第三句作六字句，後段「不應有恨，何事長向別時圓」，又似四字七字句，《詞品》所謂語意參差也。稼軒席上作「何人爲我楚舞，聽我楚歌聲」與

「人間萬事，毫髮常重泰山輕」類是。餘俱整肅，能使神宗讀至「惟恐瓊樓玉宇，高處不勝寒」，歎曰：「蘇軾終是愛君。」但前後六字句，「我欲乘風歸去」二句，「人有悲歡離合」二句，似有暗韻相叶，餘人失之。然每觀張于湖《觀雨》、辛稼軒《觀雪》、楊止濟《登樓》、無名氏《望月》，固不如東坡之作，陳西麓所以品其爲萬古一清風也。

王文誥《蘇文忠公詩編注集成》卷一四：（熙寧九年丙辰八月十五日）是夜歡飲達旦，兼懷子由，作《水調歌頭》詞。

黃氏《蓼園詞評・水調歌頭（明月幾時有）》：東坡自序云：「丙辰中秋，歡飲達旦，大醉，作此篇，兼懷子由。」按通首只是詠月耳。首闋，是見月思君，言天上宮闕，高不勝寒，但仿佛神魂歸去，幾不知身在人間也。次闋，言月何不照人歡洽，何似有恨，偏于人離索之時而圓乎？復又自解，人有離合，月有圓缺，皆是常事，惟望長久共嬋娟耳。纏綿惋惻之思，愈轉愈曲，愈曲愈深。忠愛之思，令人玩味不盡。

張惠言《詞選》卷一：忠愛之言，惻然動人。神宗讀「瓊樓玉宇，高處不勝寒」之句，以爲「終是愛君」。

馮煦《蒿庵論詞・論蘇軾詞》：又云：「詞以不犯本位爲高，東坡《滿庭芳》『老去君恩未報，空回首，彈鋏悲歌』，語誠慷慨，然不若《水調歌頭》『我欲乘風歸去，又恐瓊樓玉宇，高處不勝寒』，尤覺空靈蘊藉。」觀此可以得東坡矣。

陳廷焯《白雨齋詞話》卷一《東坡詞別有天地》：詞至東坡，一洗綺羅香澤之態，寄慨無端，別有天地。《水調歌頭》（略）尤爲絕搆。

又卷六《比與興之別》：所謂興者，意在筆先，神餘言外，極虛極活，極沉極鬱，若遠若近，可喻不可喻，反覆纏綿，都歸忠厚。求之兩宋，如東坡《水調歌頭》（略）等篇，亦庶乎近之矣。

端木埰《續詞選批注》：「宇」與「去」，「缺」與「合」均是一韻。坡公此調凡五首，他作亦不拘。然學者終以用韻爲好，較整鍊也。

李佳《左庵詞話》卷上《東坡詞》：東坡詞如《水龍吟·詠楊花》，《水調歌頭·丙辰中秋作》，皆極清新。

又卷下《東坡水調歌頭》：東坡《水調歌頭》：「明月幾時有（略）。」此老不特興會高騫，直覺有仙氣縹緲于毫端。

江順詒《詞學集成》卷一引徐鼒《水雲樓詞序》：詩餘之作，蓋亦樂府之遺。孤臣孽子，勞人思婦，籲閶闔而不聰，繼以歌哭；懼正容之莫悟，矢以曼音。其體卑，其思苦，其寄託幽隱，其節奏嘽緩。故爲之者，必中句中矩，端如貫珠；宜宮宜商，較之纍黍。太白、飛卿，實導先路；南唐、兩宋，蔚爲巨觀。玉宇高寒，子瞻將其忠愛；斜陽煙柳，壽皇識爲怨悱。

劉熙載《藝概》卷四：《水調歌頭》「我欲乘風歸去，又恐瓊樓玉宇，高處有勝寒」，尤覺空靈蘊藉。

張德瀛《詞徵》卷一《詞叶短韻》：蘇子瞻《水調歌頭》前闋云：「我欲乘風歸去，又恐瓊樓玉宇。」後闋云：「月有陰晴圓缺，人有悲歡離合。」宇、去、缺、合，均叶短韻，人皆以爲偶合。然檢韓無咎詞賦此調云：「放目蒼崖萬仞，雲護曉霜成陣。」仞、陣是韻。後闋云：「落日平原西望，鼓角秋深悲壯。」望、壯是韻。蔡伯堅詞賦此調云：「燈火春城咫尺，曉夢梅花消息。」尺、息是韻。後闋云：「翠竹江村月上，但要綸巾鶴氅。」上、氅是韻。乃知《水調歌頭》實有此一體也。

王闓運《湘綺樓評詞》：通篇妥貼，亦恰到好處。（略）大開大合之筆，亦他人所不能。才子才子，勝詩文字多矣。

汪光鏞《棕窗雜記》：《湘綺樓詞選》三卷，湘潭王壬秋闓運纂。于古人詞多所纂改。如（略）蘇子瞻之「不應有恨，何事長向別時圓」，謂「與下二『有』字犯」，改「有」作「惹」，不及「有恨」渾成。

又評張孝祥《念奴嬌》（洞庭青草）：飄飄有淩雲之氣，覺東坡《水調》有塵心。

鄭文綽《大鶴山人詞話》：發耑從太白仙心脫化，頓成奇逸之筆。湘騎誦此詞，以爲「此難全」韻，可當「三語椽」，自來未經人道。

陸以謙《詞林紀事序》：竊惟詞源于詩，詩源于《三百篇》。三百篇無非事者，故孔子以爲可以興、可以觀、可以群、可以怨，且推諸事父事君之重。後代詩人，或僅以工聲偶，務綺靡。降而倚聲，則直以爲弄月嘲風，供淺斟低唱以娛心而已。試取宋、金、元詞考之，不盡然也。其事關倫紀者正多。如東坡水調歌頭「瓊樓玉宇，高處不勝寒」，神宗以爲蘇軾終是愛君。

金應珪《詞選後序》：樂府既衰，塡詞斯作。三唐引其緒，五季暢其支，兩宋名公，尤工此體，莫不飛聲尊俎之上，引節絲管之間。然乃瓊樓玉宇，天子識其忠言；斜陽煙柳，壽皇指爲怨曲。造口之壁，比之詩史；太學之詠，傳其主文。舉此一隅，合諸四始，途歸所會，斷可識矣。

王國維《人間詞話》卷下：長調自以周、柳、蘇、辛爲最工，美成《浪淘沙慢》二詞，精壯頓挫，已開北曲之先聲。若屯田之《八聲甘州》，東坡之《水調歌頭》，則佇興之作，格高千古，不能以常調論也。

陳菲石《聲執・夾協》：一詞之中，平仄韻互見，謂之夾協。《水調歌頭》東坡「明月幾時有」一首，前後遍五六兩句，另換仄韻自協，宋元人或仿之。

水調歌頭

歐陽文忠公嘗問余：琴詩何者最善？答以退之《聽穎師琴》最善。公曰：「此詩最奇麗，然非聽琴，乃聽琵琶也。」余深然之。建安章質夫家善琵琶者，乞爲歌詞。余久不作，特取退之之詞，稍加檃括，使就聲律以遺之云。

昵昵兒女語，燈火夜微明。恩冤爾汝來去，彈指淚和聲。忽變軒昂勇士，一鼓塡然作氣，千里不留行。回首暮雲遠，飛絮攪靑冥。衆禽裏，眞彩鳳，獨不鳴。躋攀寸步千險，一落百尋輕。煩子指間風雨，置我腸中冰炭，起坐不能平。推手從歸去，無淚與君傾。

韓愈《聽穎師彈琴》：昵昵兒女語，恩怨相爾汝。劃然變軒昂，勇士赴敵場。浮雲柳絮無根蒂，天地闊遠隨盡揚。喧啾百鳥群，忽見孤鳳凰。躋攀分寸不可上，失勢一落千丈強。嗟予有兩耳，未肯聽絲篁。自聞穎師彈，起坐在一旁。推手遽止之，濕衣淚滂滂。穎師爾誠能，無以冰炭置我腸。

蘇軾《與朱康叔》（《蘇軾文集》卷五九）：章質夫求琵琶歌詞，不敢不呈。

胡仔《苕溪漁隱叢話》後集卷一〇《韓退之》：《古今詩話》云：「『昵昵兒女語（略）。』曲名《水調歌頭》，東坡居士聽琵琶而作也。舊都野人曰：此詞句外取意，無一字染着，後學卒未到其閫域。反覆味之，見居士之文採竊處：『昵昵兒女語』，取白樂天『小絃切切如私語』意；『忽變軒昂勇士，一鼓塡然作氣，千里不留行』，便是『銀瓶乍破水漿迸，鐵騎突出刀槍鳴』；『攜手從歸去，無淚與君傾』，則又翻『江州司馬靑衫濕』公案也。子瞻凡爲文，非徒虛語。『寸步千險，一落百尋輕』之句，皆自喩耳。後人吟詠，患思而不得，既得之，爲題意纏縛，不解點化者多矣。」苕溪漁隱曰：東坡嘗因章質夫家善琵琶者乞歌詞，亦取退之《聽穎師琴》詩，稍加檃括，使就聲律，爲《水調歌頭》以遺之。其自序云：「歐公謂退之此詩最奇麗，然非聽琴，乃聽琵琶耳。余深然之。」

舊都野人乃謂此詞自外取意，無一字染着。彼蓋不曾讀退之詩，妄爲此言也。又謂居士之文採竊處，取白樂天《琵琶行》意，此尤可絕倒也。

劉克莊《跋東坡潁師聽琴水調及山谷帖》（《後村先生大全集》卷一〇二）：檃括他人之作，當如漢王晨入信、耳軍，奪其旗鼓，蓋其作略氣魄，固已陵暴之矣，坡公此詞是也。他人勉強爲之，氣盡力竭，在此則指麾呼喚不來，在彼則頡頏偃蹇不受令，勿作可矣。坡詞前云：「彈指淚縱橫。」後云：「無淚與君傾。」或以爲複。余曰：前句雍門之哭也，後句昭文之不鼓也。結也，非複也。

沈雄《古今詞話·詞辨》下卷《水調歌頭》：《古今詞譜》曰：此不與艷詞同科者，仄韻即《花犯念奴》。琵琶詞，東坡所製。公舊序云：「歐陽公嘗問余琴詩（略）。」

王文誥《蘇文忠公詩編注集成總案》卷二八：（元祐二年丁卯四月）聽章楶家琵琶，作《水調歌頭》詞。誥案：此詞無年月可考，據《續資治通鑑長編》，元祐二年正月，章楶爲吏部郎中。四月出知越州。時楶正在京也，因附載于此。

滿江紅

憂喜相尋，風雨過，一江春綠。巫峽夢，至今空有，亂山屏簇。何似伯鸞攜德耀，簞瓢未足清歡足。漸粲然，光彩照階庭，生蘭玉。　幽夢裏，傳心曲。腸斷處，憑他續。文君婿知否，笑君卑辱。君不見《周南》歌《漢廣》，天教夫子休喬木。便相將，左手抱琴書，雲間宿。

楊元素《時賢本事曲子集》：董毅夫名鉞，自梓漕得罪歸鄱陽，遇東坡於齊安，怪其豐暇自得。曰：「吾再娶柳氏，三日而去官，吾固不戚戚，而憂柳氏不能忘懷於進退也。已而欣然同憂患，如處富貴，吾是以益安焉。」乃令家僮歌其所作《滿江紅》，東坡嗟歎之，次其韻（略）。

邵博《邵氏聞見後錄》卷一九：東坡為董毅夫作長短句，「文君婿知否？笑君卑辱」，奇語也。「文君婿」猶「虞姬婿」云，今刻本者不知，有自改「文君細知否」，可笑耳。

王文誥《蘇文忠公詩編注集成總案》卷二一：（元豐五年壬戌三月）和董鉞《滿江紅》詞。誥案：董義夫因朱壽昌納交于公，不一年以病沒，見本集《與蔡景繁書》中。至公與蔡、朱書及《滿江紅》詞叙，均作義夫，獨《哨遍》詞叙作毅夫，義略可通毅，似兩用之者。今為一之，庶無歧出耳。

滿江紅

江漢西來，高樓下，蒲萄深碧。猶自帶，岷峨雲浪，錦江春色。君是南山遺愛守，我為劍外思歸客。對此間、風物豈無情，殷勤說。《江表傳》，君休讀。狂處士，眞堪惜。空洲對鸚鵡，葦花蕭瑟。不獨笑書生爭底事，曹公黃祖俱飄忽。願使君，還賦謫仙詩，追黃鶴。

滿江紅　東武會流杯亭

東武南城，新堤固，漣漪初溢。隱隱遍，長林高阜，卧紅堆碧。枝上殘花吹盡也，與君更向江頭覓。問向前，猶有幾多春，三之一。　官裏事，何時畢？風雨外，無多日。相將泛曲水，滿城爭出。君不見蘭亭修禊事，當時坐上皆豪逸。到如今，修竹滿山陰，空陳跡。

楊湜《古今詞話》：東坡自禁城出守東武，適值霖潦經月，黃河決流，漂溺鉅野，及於彭城。東坡命力士持畚鍤，具薪芻，萬人紛紛，增塞城之敗壞者。至暮水勢益洶，東坡登城野宿，愈加督責，人意乃定，城不沒者一板。不然，則東武之人盡爲魚鱉矣。坡復用僧應言之策，鑿清冷口積水入於古廢河，又東北入於海。水既退，坡具利害屢請於朝，築長堤十餘里以拒水勢，復建黃樓以厭之。堤成，水循故道，分流城中。上巳日，命從事樂成之。有一妓前曰：「自古上巳舊詞多矣，未有樂新堤而奏雅曲者，願得一闋歌公之前。」坡寫《滿江紅》曰（略）。俾妓歌之，坐席歡甚。

胡仔《苕溪漁隱叢話》後集卷二六：苕溪漁隱曰：《後山詩話》謂「退之以文爲詩，子瞻以詩爲詞，如教坊雷大使之舞，雖極天下之工，要非本色。」余謂後山之言過矣，子瞻佳詞最多，「東武城南，新堤固，漣漪初溢」（宴流杯亭詞）；（略）凡此十餘詞，皆絕去筆墨畦徑間，直造古人不到處，眞可使人一唱而三歎。若謂以詩爲詞，是大不然。子瞻自言「平生不善唱曲，故有不入腔處」，非盡如此。後山乃比之教坊司雷大使舞，是何每況愈下？蓋其謬耳。

《拙軒詞話·詩文詞用君不見三字》：凡作文須是有綱目，如「君不見」三字，蘇文忠公《滿江紅》、辛待制《摸魚兒》用之。

傅藻《東坡紀年錄》：（熙寧九年丙辰）上巳日，流觴於南禪小亭，作《滿江紅》。

王文誥《蘇文忠公詩編注集成總案》卷一四：（熙寧九年丙辰）三月三日流觴于南禪小亭，作《滿江紅》詞。

滿江紅 懷子由作

清潁東流，愁目斷，孤帆明滅。宦游處，青山白浪，萬重千疊。孤負當年林下意，對牀夜雨聽蕭瑟。恨此生，長向別離中，添華髮。一尊酒，黃河側。無限事，從頭說。相看恍如昨，許多年月。衣上舊痕餘苦淚，眉間喜氣添黃色。便與君，池上覓殘春，花如雪。

王文誥《蘇文忠公詩編注集成總案》卷三四：（元祐七年壬申二月）遂罷（知潁州）任，趙令時餞飲湖上，舟中對月，並和令時送陳傳道詩，有懷子由，作《滿江紅》詞。

滿江紅　正月十三日送文安國還朝

天豈無情，天也解，多情留客。春向暖，朝來底事，尚飄輕雪。君過春來紆組綬，我應歸去耽泉石。恐異時，杯酒忽相思，雲山隔。　浮世事，俱難必。人縱健，頭應白。何辭更一醉，此歡難覓。欲向佳人訴離恨，淚珠先已凝雙睫。但莫遣，新燕卻來時，音書絕。

歸朝歡

我夢扁舟浮震澤，雪浪搖空千頃白。覺來滿眼是廬山，倚天無數開青壁。此生長接淅，與君同是江南客。夢中遊，覺來清賞，同作飛梭擲。　明日西風還挂席，唱我新詞淚霑臆。靈均去後楚山空，澧陽蘭芷無顏色。君才如夢得，武陵更在西南極。《竹枝詞》，莫搖新唱，誰謂古今隔。

蘇軾《昔在九江與蘇伯固唱和其略曰我夢扁舟浮震澤雪浪橫空千頃白覺來滿眼是廬山倚天無

數開青壁蓋實夢也昨日又夢伯固手持乳香嬰兒示予覺而思之豈復與伯固相見於此耶今得來書知已在南華相待數日矣感歎不已故先寄此詩》（《蘇軾詩集》卷四四）：扁舟震澤定何時，滿眼廬山覺又非。春草池塘惠連夢，上林鴻雁子卿歸。水香知是曹溪口，眼淨同看古佛衣。不向南華結香火，此生何處是眞依。

曾季貍《艇齋詩話》：東坡詞中《歸朝歡·和蘇伯固》者，爲送伯固往澧陽。故用靈均、夢得等事。今詞中但云「和伯固」，而不言往澧陽也。

王文誥《蘇文忠公詩編注集成總案》卷三八：（紹聖元年甲戌）達九江，與蘇堅泣別，作《歸朝歡》詞。

念奴嬌　赤壁懷古

大江東去，浪淘盡，千古風流人物。故壘西邊，人道是、三國周郎赤壁。亂石穿空，驚濤拍岸，捲起千堆雪。江山如畫，一時多少豪傑。　遙想公瑾當年，小喬初嫁了，雄姿英發。羽扇綸巾、談笑間，強虜灰飛煙滅。故國神遊，多情應笑，我早生華髮。人間如夢，一尊還酹江月。

葛立方《韻語陽秋》卷一三：黃州亦有赤壁，但非周瑜所戰之地。東坡嘗作賦曰：「西望夏口，東望武昌，非孟德之困于周郎者乎？」蓋亦疑之矣。故作長短句云：「人道是周郎赤壁。」謂之「人道是」，則心知其非矣。

《邵氏聞見後錄》卷一九：東坡赤壁詞「灰飛煙滅」，《圓覺經》中佛語也。

《容齋續筆》卷八《詩詞改字》：向巨原云：元不伐家有魯直所書東坡《念奴嬌》，與今人歌不同者數處。如「浪淘盡」爲「浪深沉」，「周郎赤壁」爲「孫吳赤壁」，「亂石穿空」爲「崩雲」，「驚濤拍岸」爲「掠岸」，「多情應笑我早生華髮」爲「多情應是笑我生華髮」，「人生如夢」爲「如寄」。不知此本今何在也。

曾季貍《艇齋詩話》：東坡大江東去詞，其中云「人道是三國周郎赤壁」，陳無己見之，言不必道「三國」，東坡改云「當日」。今印本兩出，不知東坡已改之矣。

胡仔《苕溪漁隱叢話》前集卷五九《長短句》：東坡大江東去赤壁詞，語意高妙，眞古今絕唱。近時有人和此詞，題于郵亭壁間，不著其名，語雖粗豪，亦氣概可喜。今漫筆之。詞曰：「炎精中否（略）。」

又後集卷二六：苕溪漁隱曰：《後山詩話》謂「退之以文爲詩，子瞻以詩爲詞，如教坊雷大使之舞，雖極天下之工，要非本色。」余謂後山之言過矣，子瞻佳詞最多，其間傑出者如「大江東去，浪淘盡千古風流人物」（赤壁詞），（略）凡此十餘詞，皆絕去筆墨畦徑間，直造古人不到處，眞可使人一唱而三歎。若謂以詩爲詞，是大不然。子瞻自言「平生不善唱曲，故有不入腔處」，非盡如此。後山乃比之教坊司雷大使舞，是何每況愈下？蓋其謬耳。

俞文豹《吹劍錄》：大江東去詞，三「江」、三「人」、二「國」、二「生」、二「故」、二「如」、二「千」字，以東坡則可，他人固不可。然語意到處，他字不可代，雖重無害也。今人看文字，未論其大體如何，先且指點重字。

《吹劍續錄》（《說郛》卷二四引——）：東坡在玉堂，有幕士善謳，因問「我詞比柳詞何如」，對曰：「柳郎中詞只好十七八女孩兒，執紅牙拍板唱『楊柳岸，曉風殘月』。學士詞須關西大漢，執鐵板唱『大江東去。』」公爲之絕倒。

張端義《貴耳集》卷下：李季章云：「蘇東坡作文，愛用佛書中語，如《赤壁懷古》詞所云：「羽扇綸巾，談笑間，檣櫓灰飛煙滅。」所謂「灰盡煙滅」四字，乃《圓覺經》中語，云「火出木燼，灰飛煙滅」也。

傅藻《東坡紀年錄》：（元豐五年壬戌）既望，泛舟於赤壁之下作《赤壁賦》，又懷古，作《念奴嬌》。

《拙軒詞話·葉蘇二公詞》：蘇文忠《赤壁賦》不盡語，裁成「大江東去」詞，過處云：「人道是三國周郎赤壁。」赤壁有五處：嘉魚、漢川、漢陽、江夏、黃州。周瑜以火敗操在烏林，《後漢書》、《水經》載已詳細。陸三山《入蜀記》載韓子蒼云：「此地能令阿瞞走。」則直指爲公瑾之赤壁。又黃人謂赤壁曰赤鼻，後人取詞中「酹江月」三字名之。（略）二公之名俱不朽，識者何不深考焉。

王惲《黑漆弩》（游金山寺并序）（秋澗集卷七六）：予曰：東坡作《念奴》曲，後人愛之，易其名曰《酹江月》。其誰曰不然？

元好問《題閑閑書赤壁賦後》：夏口之戰，古今喜稱道之。東坡赤壁詞殆戲以周郎自況也。詞纔百餘字，而江山人物，無復餘蘊，宜其爲樂府絕唱。

《草堂詩餘》卷四楊慎評：古今詞多脂軟纖媚取勝，獨東坡此詞感慨悲壯，雄偉高卓，詞中之史也。「銅將軍」、「鐵拍板」唱公此詞，雖優人謔語，亦足狀其雄卓奇偉處。

王世貞《山谷書東坡大江東去帖》（弇州四部稿卷一三）：銅將軍，鐵綽板，唱大江東去，固也。然其詞跌宕感慨，有王處仲撾鼓意氣，傍若無人。魯直書莽莽，亦足相發磊塊。時閱之，以當阮公數斗酒。

又《藝苑卮言·東坡詠楊花詞》：昔人謂銅將軍、鐵綽板唱蘇學士「大江東去」，十八九歲好女子唱柳屯田「楊柳外曉風殘月」，爲詞家三昧。然學士此詞，亦自雄壯，感慨千古。果令銅將軍于大江奏之，必能使江波鼎沸。

又引《詞苑》：「大江東去，浪淘盡，千古風流人物」，壯語也。（略）其詞濃與淡之間也。

俞彥《爰園詞話·柳詞之所本》：子瞻詞無一語著人間煙火，此自大羅天上一種，不必與少游、易安輩較量體裁也。其豪放亦止「大江東去」一詞，何物袁綯，妄加品隲，後代奉爲美談，似欲以概子瞻生平。不知萬頃波濤，來自萬里，呑天浴日，古豪傑英爽都在，使屯田此際操觚，果可以「楊柳岸曉風殘月」命句否。且柳詞亦只此佳句，餘皆未稱。而亦有本，祖魏承班《漁歌子》「窗外曉風殘月」，第改二字、增一字耳。

毛奇齡《西河詞話》卷一：詞名多取詩句之佳者，如《夏雲峰》則取「夏雲多奇峰」句，《黃鶯兒》則取「打起黃鶯兒」句是也。獨《酹江月》、《大江東去》則因東坡《念奴嬌》詞內有「大江東去」、「一樽還酹江月」二句，遂易是名。夫以詞中句而反易詞名，則詞亦偉矣。

王又華《古今詞論》：東坡「大江東去」詞，「故壘西邊，人道是三國周郎赤壁」，論調則當于「邊」字讀斷，論意則當于「道」字讀斷。「小喬初嫁了，雄姿英發」，論調則「了」字當屬下句，論意則「了」字當屬上句。「多情應笑我，早生華髮」，「我」字亦然。（略）文自爲文，歌自爲歌，然歌不礙文，文不礙歌，是坡公雄才自放處。他家間亦有之，亦詞家之一法。

沈謙《塡詞雜說》：詞不在大小淺深，貴于移情。「曉風殘月」、「大江東去」，體制雖殊，讀之若身歷其境，惝恍迷離，不能自主，文之至也。

徐釚《詞苑叢談》卷一：尤晦庵曰：「詞名斷宜從舊。其更名者，乃摘前人詞中句爲之，如東坡《念奴嬌》赤壁詞，首云「大江東去」，末云「一樽還酹江月」。今人竟改《念奴嬌》爲《大江東去》，又名《酹江月》，又名《赤壁詞》，如此則有一詞即有一名，千百不能盡矣。後人訛「大江東」爲「大江乘」，更可笑。舉一以例其餘。

沈雄《古今詞話·詞話》上卷《柳詞有來處》：江尙質曰：「東坡《酹江月》，爲千古絕唱。耆卿《雨霖霖》，惟是『今宵酒醒何處，楊柳岸曉風殘月』，東坡喜而嘲之。」沈天雨曰：「求其來處，魏承班『簾外曉鶯殘月』，秦少游『酒醒處，殘陽亂鴉』，豈盡是登溷語？」余則爲耆卿反脣曰：「大江東去，浪淘盡千古風流人物」，死尸狼藉，臭穢何堪，不更甚于袁綯之一哂乎？

又《詞品上卷·詳韻》引趙千門曰：入聲最難牽合，頒韻分爲四韻，今人亦別立五韻，亦就宋詞中較其大略以爲區別耳。今檢音詞如去矜者十之七，彼此牽混者什之三，即如物、部等字押于昔詞絕少，其僅見者，東坡《念奴嬌》與雪、滅、髮、傑等同押。

又《詞辨下卷·念奴嬌》：蘇長公以「大江東去」爲首句，名《大江東》，《嘯餘譜》中有訛爲《大江乘》者。以「一樽還酹江月」爲卒章，名《酹江月》。中有公瑾、小喬事，名《赤壁謠》。

許寶善《自怡軒詞選凡例》：如東坡「大江東去」一闋，群謂其不入調，至欲改之，何異裁割摩詰雪裏芭蕉，徒然可笑。東坡何等天分？且能自製新腔，非不知聲律者。白石、玉田諸名公，從無異議，而千百年後之人，偏欲譏其疵謬，正昌黎所云「蚍蜉撼大樹」、工部所謂「前賢畏後生」也。

《詞潔發凡》引毛奇齡語：詞本無韻，故宋人不製韻，任意取押，雖與詩韻相通不遠，然要是無限度者。（略）若蘇長公赤壁懷古《念奴嬌》調，其云「千古風流人物」，「人道是，三國周郎赤壁」，「捲起千堆雪」，「雄姿英發」，「一樽還酹江月」，（略）展轉雜通，無有定紀。

先著、程洪《詞潔輯評》卷四：坡公才高思敏，有韻之言多緣手而就，不暇琢磨。此詞膾炙千古，點檢將來，不無字句小疵，然不失爲大家。《詞綜》從《容齋隨筆》改本，以「周郎」、「公瑾」傷重，「浪聲沉」較「淘盡」爲雅。予謂「浪淘」字雖粗，然「聲沉」之下不能接「千古風流人物」六字。蓋此句之意全屬「盡」字，不在「淘」、「沉」二字分別。至於赤壁之役，應屬周郎，「孫吳」二字反失之泛。惟「了」字上下皆不屬，應是湊字。「談笑」句甚率，其他句法伸縮，前人已經備論。此仍從舊本，正欲其瑕瑜不掩，無失此公本來面目耳。

李調元《雨村詞話序》：北宋自東坡「大江東去」，秦七、黃九踵起，周美成、晏叔原、柳屯田、賀方回繼之，轉相矜尚，曲調愈多，派衍愈別。

尤侗《三十二芙蓉詞序》（《西堂雜俎》二集卷二）：世人論詞，輒舉蘇、柳兩家。然大蘇「瓊樓玉宇高處不勝寒」，神宗歎爲愛君；而柳七「曉風殘月」有登溷之譏，至「太液波翻」，忤旨抵地而罷。何遭遇之懸殊耶？予謂二子立身各有本末，即詞亦雅俗各別。東坡「柳綿」之句，可入女郎紅牙；使屯田賦《赤壁》，必不能製將軍鐵板之聲也。

又《延露詞序》（《松桂堂全集》附《延露詞》卷首）：詩何以餘哉？「大江東去」，鼓角橫吹之餘也。

焦循《雕菰樓詞話·詞調緩急》：詞調愈平熟，則其音急，愈生拗，則其音緩。急則繁，其聲易淫，緩則庶乎雅耳。如蘇長公之「大江東去」及吳夢窗、史梅溪等調，往往用長句。同一調而句或可斷若此，亦可斷若彼者，皆不可斷。而其音以緩爲頓挫，字字可頓挫而實不必斷。倚聲者易于爲平熟調，而艱于爲生拗調。明乎緩急之理，而何生拗之有。

許昂霄《詞綜偶評·宋詞》：一起眞如太原公子裼裘而來。若「亂石」數語，則人人知其工矣。（一時多少豪傑）應上生下。（「故國神遊」二句）自叙。（一尊還酹江月）仍收歸赤壁。　又：（文天祥）《念奴嬌》用東坡原韻。又：（薩都刺）《百字令》用東坡原韻。

孫光淮《片玉山房詞話·無名氏和東坡念奴嬌》：南渡時，有無名氏和東坡《念奴嬌》詞云：「炎精中否，歎人才委靡，都無英物。胡虜長驅三犯闕，誰作長城堅壁。萬國奔騰，兩宮幽恨，此恨何時雪。草廬三顧，豈無高卧賢傑。　天意眷我中興，吾皇神武，踵曾孫周發。河海封疆俱效順，狂虜何煩灰滅。翠羽南巡，叩閽無路，徒有衝冠髮。孤忠耿耿，劍鋩冷浸秋月。」慷慨激昂，不減岳武穆《滿江紅》詞也。

又《茂林九日登高詞》：詞以蘊蓄纏綿、波折俏麗爲工，故以南宋爲詞宗。然如東坡之「大江東去」、忠武之「怒髮衝冠」，令人增長意氣，似乎兩宗不可偏廢。是在各人筆致相近，不必勉強定學石帚、耆卿也。今人談詞家，動以蘇、辛爲不足學，抑知檀板紅牙不可無銅琵鐵撥，各得其宜，始爲持平之論。

馮金伯《詞苑萃編》卷六《品藻四·趙秉文和東坡赤壁詞》引《詞苑萃談》云：趙閒閒名秉文，金正大間人。善書法，有辭藻。嘗見擘窠書自作和東坡赤壁詞，雄壯震動，有渴驥怒猊之勢。

元好問爲之題跋，而詞亦壯偉不羈。視「大江東去」，信在伯仲間，可謂詞翰兩絕者。詞曰：「清光一片，問蒼茫桂影，其中何物。一葉輕舟波萬頃，四顧粘天無壁。叩枻長歌，姮娥欲下，萬里揮冰雪。京塵十丈，可能容此人傑。　回首赤壁磯邊，騎鯨人去，幾度山花發。淡淡長空千古夢，祇有歸鴻明滅。三山安在，玉簫吹斷明月。」

又卷一一《紀事·黃庭堅念奴嬌》引胡仔《苕溪漁隱叢話》：山谷云：「八月十七日與諸生步自永安城，入張寬夫園待月，以金荷葉酌客，客有孫叔敏善長笛，連作數曲。諸生曰：『今日之會樂矣，不可以無述。』因作此曲記之，文不加點，或以爲可繼東坡赤壁之歌云。」

又卷二一《辨證·蘇詞與柳詞》引《詞苑》：蘇東坡「大江東去」有銅將軍鐵綽板之譏，柳七「曉風殘月」謂可令十七八女郎按紅牙檀板歌之，此袁綯語也。後人遂奉爲美談。然僕謂東坡詞自有橫槊氣概，固是英雄本色。柳纖艷處，亦麗以淫耳。況「楊柳外」句，又本魏承班《漁歌子》「窗外曉鶯殘月」，祇改二字、增一字，焉得獨擅千古？

又《詞綜本赤壁詞》引朱竹垞語：東坡赤壁詞「浪聲沉」，他本作「浪淘盡」，與調未協。「孫吳」作「周郎」，犯下「公謹」字。「崩雲」作「穿雲」，「掠岸」作「拍岸」，又「多情應是笑我生華髮」，作「多情應笑我早生華髮」，益非。今從《容齋隨筆》所載黃魯直手書本更正。至于「小喬初嫁」宜句絕，「了」字屬下句乃合。

王文誥《蘇文忠公詩編注集成總案》卷二一：（元豐四年辛酉九月）赤壁懷古，作《念奴嬌》

詞。

吳衡照《蓮子居詞話》卷一《詞品篤論》：楊升庵《詞品》云：「詞人語意所到，間有參差，或兩句作一句，或一句作兩句。惟妙於歌者，上下縱橫取協。」此是篤論，如曲子家之有活板眼也。東坡「小喬初嫁了，雄姿英發」，「細看來不是楊花，點點是離人淚」等處，皆當以此說通之。若契舟膠柱，徐虹亭所謂髯翁命宮磨蝎，身後又硬受此差排矣。

鄧廷楨《雙硯齋詞話·東坡詞高華》：東坡以龍驤不羈之才，樹松檜特立之操，故其詞清剛雋上，囊括羣英。院吏云：學士詞須關西大漢，銅琶鐵板，高唱「大江東去」。語雖近謔，實爲知音。

丁紹儀《聽秋聲館詞話》卷一三：東坡詞赤壁懷古《念奴嬌》詞，盛傳千古，而平仄句調都不合格，《詞綜》詳加辨證。從《容齋隨筆》所載山谷手書本，（略）較他本「浪聲沉」作「浪淘盡」，「崩雲」作「穿空」，「掠岸」作「拍岸」，雅俗迥殊，不僅「孫吳」作「周郎」，重下「公瑾」而已。惟「談笑處」作「談笑間」，「人生」作「人間」尚誤。至「小喬初嫁」句，謂「了」字屬下乃合。考宋人詞後段第二三句，作上五下四者甚多，仄韻《念奴嬌》本不止一體，似不必比而同之。萬氏《詞律》仍從坊本，以此詞爲別格，殊謬。

陸鎣《雨華盦詞話·坡公赤壁詞存舊爲佳》：坡公才大，詞多豪放，不肯翦裁就範，故其不協律處甚多，然又何傷其爲佳叶。而《詞綜》論其《赤壁懷古》，「浪淘盡」當作「浪聲沉」，余以爲毫釐千里矣。知詞者，請再三誦之自見也。夫起句是赤壁，接以「浪淘盡」三字，便入懷古，使

「千古風流人物」直躍出來。若「浪聲沉」，則與下句不相貫串矣。至于「小喬初嫁了」，「了」字屬下，更不成語。「多情應笑」作「多情應是」，亦未妥，不如存其舊爲佳也。

黄氏《蓼園詞評・念奴嬌（大江東去）》：題是懷古，意謂自己消磨壯心殆盡也。開口「大江東去」二句，歎浪淘人物，是自己與周郎俱在内也。「故壘」句至次闋「灰飛煙滅」句，俱就赤壁寫周郎之事。「故國」三句，是就周郎拍到自己。「人生似夢」二句，總結以應起二句。總而言之，題是赤壁，心實爲己而發。周郎是賓，自己是主。借賓定主，寓主于賓。是主是賓，離奇變幻，細思方得其主意處。不可但誦其詞，而不知其命意所在也。

又《南鄉子（霜降水痕收）》：沈際飛曰：（略）東坡升沉去住，一生莫定，故開口說夢。如云「人間如夢」，「世事一場大夢」，「未轉頭時皆夢」，「古今如夢，何曾夢覺」，「君臣一夢，今古虛名」，屢讀之，胸中鄙吝，自然消去。

李佳《左庵詞話》卷上《東坡詞》：最愛其《念奴嬌・赤壁懷古》云：「大江東去（略）。」淋漓悲壯，擊碎唾壺，洵爲千古絶唱。

又卷下《金粟香筆記》：《金粟香筆記》輯錄前後用東坡《念奴嬌・赤壁懷古》元韻，不下數十闋，間有佳作。然較之蘇詞，終無出其右者。足見邯鄲學步，萬不及前人之工。和韻詩不必作，和韻詞尤不必強作。

謝章鋌《賭棋山莊詞話》卷四《詞調出入》：東坡《念奴嬌》（「大江東去」闋）、《水龍吟》

（「似花又似非花」闋）、稼軒《摸魚兒（「更能消幾番風雨」闋）、《永遇樂》（《如此江山」闋）等篇，其句法連屬處，按之律譜，率多參差。即謹嚴雅飭如白石，亦時有出入。若《齊天樂》（詠蟋蟀闋）末句可見，細校之不止一二數也。蓋詞人筆興所至，不能不變化。

陳廷焯《白雨齋詞話》卷二《吳彥高人月圓》：陶九成云：「近世所謂大曲，蘇小小《蝶戀花》、蘇東坡《念奴嬌》、晏叔原《鷓鴣天》、柳耆卿《雨零鈴》、辛稼軒《摸魚兒（子）》、吳彥高《春草碧》、蔡伯堅《石州慢》、張子野《天仙子》、朱淑眞《生查子》、鄧千江《望海潮》。」按：其中惟稼軒《摸魚兒（子）》一篇，爲古今傑作。叔原《鷓鴣天》，爲艷體中極致，餘亦泛泛，不知當時何以並重如此。

張德瀛《詞徵》卷一《和韻詞》：晁無咎《摸魚兒》、蘇子瞻《酹江月》、姜堯章《暗香》、《疏影》，此數詞，後人和韻最夥。

又卷五《陳翼論蘇詞》：宋牧仲謂宋詩多沈僿，近少陵；元詩多輕揚，近太白。然詞之沈僿，無過子瞻。長樂陳翼論其詞云：「歌赤壁之詞使人抵掌激昂，而有擊楫中流之心。」（略）可謂知言。

又《赤壁訛傳》：曹操入荆州，孫權遣周瑜與劉先主併力拒操，遇于赤壁，操軍敗走，蓋鄂州蒲圻縣地。《水經》：湘水從南來注之。酈注謂江水右逕赤壁山北，周瑜與黃蓋詐魏武大軍處所，即此地也。蘇文忠《赤壁懷古》詞，在黃州作。黃之赤壁，又名赤壁磯，非周瑜所戰之地。公詞云：「故壘西邊，人道是、三國周郎赤壁。」當日訛傳既久，故隱約其辭耳。顧起元《赤壁考》，謂漢陽、漢川、黃州、嘉魚、江夏皆有赤壁。屬嘉魚者，宋謝枋得猶于石崖見赤壁二字云。又《蘇詞用武侯文》：蘇文忠赤壁懷古詞「亂石排空，驚濤拍岸」，蓋用諸葛武侯《黃陵廟記》語。

沈祥龍《論詞隨筆·詞重發端》：詩重發端，惟詞亦然，長調尤重。有單起之調，貴突兀籠罩，如東坡「大江東去」是。有對起之調，貴從容整鍊，如少游「山抹微雲，天黏衰草」是。

王闓運《湘綺樓評詞》：通首出韻，然自是豪語，不必以格律求之。「與」舊作「了」，「嫁了」是嫁與他人也，故改之。

陳菲石《聲執·詞之結構》：有如黃河東來，雖微遇波折，仍一瀉千里者，如東坡赤壁之《念奴嬌》，稼軒北固亭之《永遇樂》。

念奴嬌　中秋

憑高眺遠，見長空萬里，雲無留跡。桂魄飛來光射處，冷浸一天秋碧。玉宇瓊樓，乘鸞來去，人在清涼國。江山如畫，望中煙樹歷歷。　我醉拍手狂歌，舉杯邀月，對影成三客。起舞徘徊風露下，今夕不知何夕。便欲乘風，翻然歸去，何用騎鵬翼。水晶宮裏，一聲吹斷橫笛。

《草堂詩餘》卷四楊愼評：東坡中秋詞，《水調歌頭》第一，此詞第二。

王文誥《蘇文忠公詩編注集成總案》卷二一：（元豐五年壬戌）八月十五日，作《念奴嬌》詞。

雨中花

今歲花時深院，盡日東風，蕩颺茶煙。但有綠苔芳草，柳絮榆錢。聞道城西，長廊古寺，甲第名園。有國豔帶酒，天香染袂，爲我留連。　清明過了，殘紅無處，對此淚灑尊前。秋向晚，一枝何事，向我依然。高會聊追短景，清商不假餘妍。不如留取，十分春態，付與明年。

傅藻《東坡紀年錄》：（熙寧八年乙卯）以旱蝗齋素，方春，牡丹盛開，不獲賞。九月，忽開一朵，雨中特置酒，作《雨中花》。

劉熙載《藝概》卷四：詞有尙風，有尙骨。歐公《朝中錯》云：「手種堂前楊柳，別來幾度春風。」東坡《雨中花慢》云：「高會聊追短景，清商不假餘妍。」孰風孰骨可辨。

王文誥《蘇文忠公詩編注集成總案》卷一三：（熙寧八年乙卯）方春時，城西牡丹盛開，公以旱蝗齋素，不獲臨賞。九月忽開一朵，雨中置酒會客，作《雨中花慢》詞。

雨中花慢

邃院重簾何處，惹得多情，愁對風光。睡起酒闌花謝，蝶亂蜂忙。今夜何人，吹笙北嶺，待月西廂。空悵望處，一株紅杏，斜倚低牆。　羞顏易變，傍人見覺，到處被著猜防。誰信道，些兒恩愛，無限淒涼。好事若無間阻，幽歡卻是尋常。一般滋味，就中香美，除是偷嘗。

雨中花慢

嫩臉羞娥，因甚化作行雲，卻返巫陽。但有寒燈孤枕，皓月空牀。長記當初，乍諧雲雨，便學鸞凰。又豈料，正好三春桃李，一夜風霜。　丹青口畫，無言無笑，看了漫結愁腸。襟袖上，猶存殘黛，漸減餘香。一自醉中忘了，奈何酒後思量。算應負你，枕前珠淚，萬點千行。

沁園春

孤館燈青，野店雞號，旅枕夢殘。漸月華收練，晨霜耿耿，雲山摛錦，朝露溥溥。世路無窮，勞生有限，似此區區長鮮歡。微吟罷，憑征鞍無語，往事千端。　當時共客長安，似二陸初來俱少年。有筆頭千字，胸中萬卷，致君堯舜，此事何難。用舍由時，行藏在我，袖手何妨閒處看。身長健，但優游卒歲，且鬬尊前。

元好問《東坡樂府集選序》（《元遺山文集》卷三六）：絳人孫安常注坡詞，（略）其所是正，亦無慮數十百處，坡詞遂爲完本，不可謂無功。然尚有可論者，如（略）就中「野店雞號」一篇，極害義理，不知誰所作。世人誤爲東坡，而小說家又以神宗之言實之，云神宗聞此詞不能平，乃貶坡黃州，且言教蘇某閒處袖手，看朕與王安石治天下。安常不能辨，復收之集中。如「當時共客長安，似二陸初來俱妙年。有胸中萬卷，筆頭千字，致君堯舜，此事何難？用舍由時，行藏在我，袖手何妨閒處看」之句，其鄙俚淺近，叫呼衒鬻，殆市駔之雄，醉飽而後發之。雖魯直家婢僕且羞道，而謂東坡作者，誤矣。

王文誥《蘇文忠公詩編注集成總案》卷一〇（熙寧七年甲寅十月）密州道上早行，有懷子由，作《沁園春》詞。誥案：公時由海州赴密，不復繞道至齊，一視子由，故其詞如此耳。

勸金船 和元素韻，自撰腔命名

無情流水多情客，勸我如曾識。杯行到手休辭卻，這公道難得。曲水池上，小字更書年月。還對茂林修竹，似永和節。　纖纖素手如霜雪，笑把秋花插。尊前莫怪歌聲咽，又還是輕別。此去翺翔，遍賞玉堂金闕。欲問再來何歲，應有華髮。

傅藻《東坡紀年錄》：（熙寧七年甲寅）和元素《勸金船》。

王文誥《蘇文忠公詩編注集成總案》卷一二：（熙寧七年甲寅九月）楊繪餞別于中和堂，作《勸金船》詞。

焦循《雕菰樓詞話·唐宋人詞用韻》：毛大可稱詞本無韻，是也。（略）蘇軾《勸金船》用客（陌）、識（職）、月（月）、卻（藥）、節（屑）、插（洽）。

一叢花

今年春淺臘侵年，冰雪破春妍。東風有信無人見，露微意，柳際花邊。寒夜縱長，孤衾易暖，鐘鼓漸清圓。朝來初日半含山，樓閣淡疏煙。遊人便作尋芳計，小桃杏，應已爭先。衰病少情，疏慵自放，惟愛日高眠。

木蘭花令

霜餘已失長淮闊，空聽潺潺清潁咽。佳人猶唱醉翁詞，四十三年如電抹。　草頭秋露流珠滑，三五盈盈還二八。與余同是識翁人，惟有西湖波底月。

《草堂詩餘》續集卷下天羽居士評：古崛。按東坡嘗與弟別潁州西湖，又有別泪滴清潁之句。一片性靈，絕去筆墨畦逕。

木蘭花令　次馬中玉韻

知君仙骨無寒暑，千載相逢猶旦暮。故將別語惱佳人，要看梨花枝上雨。　落花已逐迴風去，花本無心鶯自訴。明朝歸路下塘西，不見鶯啼花落處。

王明清《玉照新志》卷一：東坡先生知杭州，馬中玉成爲浙漕。東坡被召赴闕，中玉席間作詞曰：「來時吴會猶殘暑，去日武林春已暮。欲知遺愛感人深，灑淚多於江上雨。歡情未舉眉先聚，別酒多斟君莫訴。從今寧忍看西湖，抬眼盡成腸斷處。」東坡和之，所謂「明朝歸路下塘西，不見鶯啼花落處」是也。中玉，忠肅亮之子，仲甫猶子也。

周紫芝《竹坡詩話》卷二：白樂天《長恨歌》云：「玉容寂寞泪闌干，梨花一枝春帶雨。」人皆喜其工，而不知其氣韻之近俗也。東坡作送人小詞云：「故將別語調佳人，要看梨花枝上雨。」雖用樂天語，而別有一種風味，非點鐵成黄金手，不能爲此也。

馬位《秋窗隨筆》：東坡《祭柳子玉文》：「郊寒島瘦，元輕白俗。」彦周謂其論道之語。然東坡詩鎔化樂天語及用樂天事甚多，如「故將別語調佳人，要看梨花枝上雨」（略）之類。雖作此論，終不免踐樂天之迹。

薛雪《一瓢詩話》：白香山「玉容寂寞淚闌干，梨花一枝花上雨」，有喜其工，有詆其俗。東坡小詞「故將別語惱侍人，要看梨花枝上語」，人謂其用香山語，點鐵成金。殊不然也，香山冠冕，東坡太尖，夫人婢子，各有態度。

安磐《頤山詩話》：白樂天「玉顔寂寞淚闌干，梨花一枝春帶雨。」東坡送人小詞云：「故將別語調佳人，要看梨花枝上雨。」韓待制戲爲詩曰：「昔日緹縈亦如許，盡道生男不如女。河陽滿縣皆春風，忍使梨花偏帶雨。」妓持此詩投縣令，其父乃得釋。二詩皆出于樂天，而新奇流動，尤可喜也。

木蘭花令　宿造口聞夜雨，寄子由、才叔

梧桐葉上三更雨，驚破夢魂無覓處。夜涼枕簟已知秋，更聽寒蛩促機杼。　夢中歷歷來時路，猶在江亭醉歌舞。尊前必有問君人，爲道別來心與緒。

木蘭花令

元宵似是歡遊好，何況公庭民訟少。萬家遊賞上春臺，十里神仙迷海島。　平原不似高陽傲，促席雍容陪語笑。坐中有客最多情，不惜玉山拚醉倒。

木蘭花令

經旬未識東君信，一夕薰風來解慍。紅綃衣薄麥秋寒，綠綺韻低梅雨潤。　瓜頭綠染山光嫩，弄色金桃新傅粉。日高慵捲水晶簾，猶帶春醪紅玉困。

木蘭花令

高平四面開雄壘，三月風光初覺媚。園中桃李使君家，城上亭臺遊客醉。　歌翻楊柳金尊沸，飲散憑闌無限意。雲深不見玉關遙，草細山重殘照裏。

西江月　眞覺賞瑞香

公子眼花亂發，老夫鼻觀先通。領巾飄下瑞香風，驚起謫仙春夢。　后土祠中玉蕊，蓬萊殿後鞓紅。此花清絕更纖穠，把酒何人心動。

《復齋漫錄》：廬山瑞香花，古所未有，亦不產他處。張祠部圖之，強名佳客，以「瑞」爲「睡」焉。其詩曰：「曾向廬山睡裏聞，香風占斷世間春。窺花莫撲枝頭蝶，驚覺南柯半夢人。」余觀東坡《西江月》詞，其一云：「領巾飄下瑞香風，驚起謫仙春夢。」（略）東坡詞意，亦與張祠部相類，但能蘊藉耳。

西江月　坐客見和，復次韻

小院朱闌幾曲，重城畫鼓三通。更看微月轉光風，歸去香雲入夢。　翠袖爭浮大白，皁羅半插斜紅。燈花零落酒花穠，妙語一時飛動。

《詞苑萃編》卷二三《餘編·蘇軾詠瑞香》：《復齋漫錄》云：廬山瑞香花，古所未有，亦不產他處。天聖中，始稱傳。東坡諸公繼有詩詠，豈靈草蘇芳，俟時乃出，故記序篇什，悉作瑞字。訥禪師云：「山中瑞采一朝出，天下名香獨見知。」張祠部圖之，強名佳客，以瑞爲睡焉。其詩曰：「曾向廬山睡裏閒，香風占斷世間春。竊花莫撲枝頭蝶，驚覺南柯半夢人。」余觀元祐群公集，並無詠瑞香花詩，惟東坡《次韻曹子方龍山眞覺院瑞香花》云：「幽香結淺紫（略）。」又有《西江月》詞二首，其一云：「領巾飄下瑞香風，驚起謫仙春夢。」（略）東坡詞意，亦與張祠部詩意相類，但能含蓄耳。

《雨村詞話》卷二《鞓紅》：陸放翁《桃園憶故人》詞云：「一朵鞓紅凝露。」東坡《西江月》詞云：「蓬萊殿後鞓紅。」鞓紅乃牡丹名。鞓音汀，帶革也。無名氏有《鞓紅詞》，《西廂》「角帶傲黃鞓」。宋待制服紅鞓犀帶，蓋以花色如帶鞓之紅耳。今所繫亦曰鞓帶，而字書音爲丁，誤。

王文誥《蘇文忠公詩編注集成總案》卷三三：（元祐六年辛未三月）和曹輔龍山眞覺院瑞香花》詩，再作《西江月》詞。

西江月　再用前韻戲曹子方

怪此花枝怨泣，託君詩句名通。憑將草木記吳風，繼取相如雲夢。　點筆袖霑醉墨，謗花面有慚紅。知君卻是爲情穠，怕見此花撩動。

西江月

聞道雙銜鳳帶，不妨單著鮫綃。夜香知與阿誰燒，悵望水沈煙裊。　雲鬢風前綠卷，玉顏醉裏紅潮。莫教空度可憐宵，月與佳人共僚。

《草堂詩餘》續集卷上天羽居士評：兩段下句，從耽悅。「可憐宵」三字佳。

西江月 重九

點點樓頭細雨，重重江外平湖。當年戲馬會東徐，今日淒涼南浦。　莫恨黃花未吐，且教紅粉相扶。酒闌不必看茱萸，俯仰人間今古。

《草堂詩餘》卷一楊愼評：（末二句）翻杜老案，便自超達。

沈雄《古今詞話·詞辨》上卷《西江月》：《古今詞譜》曰：調始于歐陽炯《中呂宮曲》，以隔韻叶者。後則漸濫而無紀矣，惟東坡重陽詞近之。歐陽詞云：「月映長江秋水（略）。」東坡詞云：「點點樓前細雨（略）。」恐又是平仄一韻，然已合調耳。

西江月 茶詞

龍焙今年絕品，谷簾自古珍泉。雪芽雙井散神仙，苗裔來從北苑。　湯發雲腴釅白，琖浮花乳輕圓，人間誰敢更爭妍，鬭取紅窗粉面。

西江月

別夢已隨流水，淚巾猶裛香泉。相如依舊是臞仙，人在瑤臺閬苑。　花霧縈風縹緲，歌珠滴水清圓。蛾眉新作十分妍，走馬歸來便面。

西江月

世事一場大夢，人生幾度秋涼。夜來風葉已鳴廊，看取眉頭鬢上。　酒賤常愁客少，月明多被雲妨。中秋誰與共孤光，把琖凄然北望。

楊湜《古今詞話》：東坡在黃州，中秋夜對月獨酌，作《西江月》詞曰（略）。坡以讒言謫居黃州，鬱鬱不得志，凡賦詩綴詞必寫其所懷。然一日不負朝廷，其懷君之心，末句可見矣。

胡仔《苕溪漁隱叢話》後集卷三九：（引楊湜《古今詞話》略）苕溪漁隱曰：《聚蘭集》載此詞，注曰「寄子由」，故後句云「中秋誰與共孤光，把酒凄涼北望」，則兄弟之情見於句意之間矣。疑是在錢塘作，時子由爲睢陽幕客，若《詞話》所云，則非也。

黃氏《蓼園詞評·南鄉子（霜降水痕收）》：沈際飛曰：（略）東坡升沉去住，一生莫定，故開口說夢。如云「人間如夢」，「世事一場大夢」，「未轉頭時皆夢」，「古今如夢，何曾夢覺」，「君臣一夢，今古虛名」，屢讀之，胸中鄙吝，自然消去。

西江月　送錢待制

莫歎平原落落，且應去魯遲遲。與君各記少年時，須信人生如寄。　白髮千莖相送，深杯百罰休辭，拍浮何用酒爲池，我已爲君德醉。

西江月　梅花

玉骨那愁瘴霧，冰姿自有仙風。海仙時遣探芳叢，倒挂綠毛么鳳。　素面翻嫌粉涴，洗妝不褪脣紅。高情已逐曉雲空，不與梨花同夢。

《冷齋夜話》卷一〇：嶺外梅花與中國異，其花幾類桃花之色，而脣紅香著。東坡詞曰（略）。

陳鵠《耆舊續聞》卷二引陸辰州子逸語：某嘗於晁以道家見東坡眞蹟，晁氏云：東坡有妾名曰朝雲、榴花，朝雲死於嶺外，東坡嘗作《西江月》一闋，寓意於梅，所謂『高情已逐曉雲空』是也。

胡仔《苕溪漁隱叢話》前集卷四一《東坡四》：《冷齋夜話》云：「東坡在惠州，作梅詞云：『玉骨那愁瘴霧。（略）』時侍兒朝雲新亡，其寓意爲朝雲作也。」苕溪漁隱曰：《王直方詩話》載晁以道云：「說之初見東坡梅詞，便知道此老須過海，只爲古今人不曾道到此，須罰教去。」此言鄙俚，近于忌人之長，幸人之禍，直方無識，載之詩話，寧不畏人之譏誚乎？《高齋詩話》云：「『高情已逐曉雲空，不與梨花同夢』。後見王昌齡《梅花》詩云：『落落寞寞路不分，夢中喚作梨花雲。』方知東坡引用此詩也。」

又後集卷二六：苕溪漁隱曰：《後山詩話》謂「退之以文爲詩，子瞻以詩爲詞，如教坊雷大使之舞，雖極天下之工，要非本色。」余謂後山之言過矣，子瞻佳詞最多，「玉骨那愁瘴霧，冰肌自有仙風」（詠梅詞）；（略）凡此十餘詞，皆絕去筆墨畦徑間，直造古人不到處，眞可使人一唱而三歎。若謂以詩爲詞，是大不然。子瞻自言「平生不善唱曲，故有不入腔處」，非盡如此。後山乃比之教坊司雷大使舞，是何每況愈下？蓋其謬耳。

王楙《野客叢書》卷六：東坡在惠州有梅詞《西江月》，末云：「高情已逐曉雲空，不與梨花同夢。」蓋悼朝雲而作。苕溪漁隱曰：「《王直方詩話》載晁以道云：『說之初見東坡此詞，便知道此老須過海，只爲古今人不曾道到此，須罰教去。』此言鄙俚，近於忌人之長，幸人之禍。」且謂直方無識，載之詩話，寧不畏人之譏乎。僕謂晁以道此言非忌人之長，幸人之禍也，蓋以坡公道人所不能到之妙，奪天地造化之巧，故有謫罰之語。直方所載，當有所自，而漁隱至以無識譏之，是不思之過也。《高齋詩話》載王昌齡《梅》詩云：「落落寞寞路不分，夢中喚作梨花雲。」坡蓋用此事也。夢雲又有榴花一事，柳子厚《海石榴》詩曰：「月寒空階曙，幽夢綵雲生。」

袁文《甕牖閑評》卷五：「靄靄迷春態（略）。」此秦少游爲朝雲作《南歌子》詞也。「玉骨那愁瘴霧（略）。」此蘇東坡爲朝雲作《西江月》詞也。余謂此二詞皆朝雲死後作，其間言語亦可見。而《藝苑雌黃》乃云：「《南歌子》者，東坡令朝雲就少游乞之；《西江月》者，東坡作之以贈焉。」恐非也。莊季裕《鷄肋編》曰：「東坡謫惠州作梅詞云云。廣南有綠丹觜禽，其大如雀，狀類鸚鵡，棲集皆倒懸于枝上，土人呼爲「倒掛子」，而梅花葉四周皆紅，故有『洗妝』之句。二事皆北人所未知者。」

《芥隱筆記・東坡丁江月》：東坡梅詞「不與梨花同夢」，蓋用王建《夢中梨花雲》詩，時侍兒朝雲新亡，其寓意爲朝雲作。

王若虛《滹南詩話》卷二：《王直方詩話》稱晁以道見東坡梅詞云：「便知此老須過海，只爲古今人不曾道到此，須罰教去。」苕溪漁隱曰：「此言鄙俚，近于忌人之長，幸人之禍，直方無識，寧不畏人之譏誚乎。」慵夫曰：「此詞意屬朝雲也，以道之言特戲云爾，蓋世俗所謂放不過者，豈有他意哉。苕溪譏直方之無識，而不知己之不通也。」

《詩話總龜》前集》卷三九《詼諧門》引《王直方詩話》：以道云：「初見東坡詞云『素面常嫌粉涴，洗粧不退唇紅』，便知此老須過海。」余問何耶？以道云：「只爲古今人不曾道此，須罰教遠去。」

《草堂詩餘》卷一楊愼評：古今梅花詞，此爲第一。

王世貞《藝苑卮言》引《詞苑》：「杏花疏影裏，吹笛到天明」，又「高情已逐曉雲空，不與梨花同夢」，爽語也。其詞濃與淡之間也。

沈雄《古今詞話・詞辨》上卷《蘇軾東坡詞》：《太平樂府》曰：東坡貶惠州歸，晁以道見公「海山時遣探芳叢，倒掛綠毛么鳳」，便道，此老須得過海，只爲古今人不能道及，應罰教去。

又《詞品上卷・用字》：么鳳，惠州梅花上珍禽，名倒掛子，似綠毛鳳而小，其矢亦香，俗人蓄之帳中，東坡《西江月》云「倒掛綠毛么鳳」是也。

馮金伯《詞苑萃編》卷一一《紀事・蘇軾西江月》：朝雲者，姓王氏，錢塘人，名倡也。蘇子瞻宦錢塘，絕愛幸之，納爲侍妾。朝雲初不識字，旣事子瞻，遂學書，粗有楷法。又學佛，亦通大義。子瞻貶惠州，家伎皆散去，獨朝雲依依嶺外，子瞻甚憐之。贈之詩云：「不似楊枝別樂天（略）。」未幾，朝雲病且死，誦《金剛經》四句偈而絕，葬惠州棲禪寺松下。子瞻作詠梅《西江月》以悼之云：「玉骨那愁瘴霧（略）。」

王文誥《蘇文忠公詩編注集成總案》卷四〇：（紹聖三年丙子）十月梅開，作《西江月》詞。

西江月

春夜蘄水中過酒家飲，酒醉，乘月至一溪橋上，解鞍曲肱少休。及覺已曉，亂山葱蘢，不謂塵世也。書此詞橋柱。

照野瀰瀰淺浪，横空曖曖微霄。障泥未解玉驄驕，我欲醉眠芳草。　可惜一溪明月，莫教踏破瓊瑤。解鞍欹枕綠楊橋，杜宇一聲春曉。

《蘇詩紀事》卷上：是詞調爲《西江月》，小令凡二體，並雙調。是其第一體，後段尤妙。

《詞品》卷一《歐蘇詞用選語》：蘇公詞「照野瀰瀰淺浪，横空曖曖微霄」，乃用陶淵明「山滌餘靄，宇曖微霄」之語也。塡詞雖于文爲末，而非自選詩樂府來，亦不能入妙。

沈雄《古今詞話·詞品》上卷《用語》：楊愼曰：詞于文章爲末藝，非自選詩樂府來，必不能入妙。東坡之「照野瀰瀰淺浪，横空曖曖微霄」，用陶潛「山滌餘靄，宇曖微霄」語也。易安之「清露晨流，新桐初引」，全用《世說》。

又《句法》：「杜宇一聲春曉」，東坡《西江月》句，及覺亂山葱蘢，不謂人世也。

又《詞辨上卷·西江月》：花庵詞客曰：「照野瀰瀰淺浪，橫空曖曖微霄」，東坡用陶語「山滌餘靄，宇曖微霄」也。公以春夜行蘄水中，過酒家醉飲，乘月一至溪橋，曲肱少寐，及覺已曉，亂山葱蘢，不謂人世也。黃九疑公有突兀之句，故小叙及之。

張宗橚《詞林紀事》卷五引王阮亭語：吾友楊菊廬比鄰，因此詞，于玉臺山作春曉亭，一時名士多爲賦之，亦佳話也。

王文誥《蘇文忠公詩編注集成總案》卷二一：（元豐五年壬戌三月）夜過酒家，飲酒醉，月上，策馬至溪橋，解鞍曲肱少休。及覺，亂山葱蘢，不謂人世也。題《西江月》詞于橋柱上。

西江月 平山堂

三過平山堂下，半生彈指聲中。十年不見老仙翁，壁上龍蛇飛動。　欲弔文章太守，仍歌楊柳春風。休言萬事轉頭空，未轉頭時皆夢。

《蘇詩紀事》卷上：歐文忠守維揚日，于城西建平山堂，頗暢游觀之勝。劉原甫出守揚州，文忠餞之，作《西江月》詞。後東坡亦守是邦，登平山堂，戲而和之云：「三過平山堂下（略）。」是詩與前體同，達人之言。

王士禎《花草蒙拾》：平山堂，一坏土耳，亦無片石可語。然以歐、蘇詞，遂令地重。因念此地，稚圭、永叔、原父、子瞻諸公，皆曾作守，令人惶汗。僕向與諸子游宴紅橋，酒間小有酬唱，江南江北頗流傳之，過揚州者，多問紅橋矣。

黃氏《蓼園詞評・南鄉子（霜降水痕收）》：沈際飛曰：（略）東坡升沉去住，一生莫定，故開口說夢。如云「人間如夢」，「世事一場大夢」，「未轉頭時皆夢」，「古今如夢，何曾夢覺」，「君臣一夢，今古虛名」，屢讀之，胸中鄙吝，自然消去。

黃氏《蓼園詞評・朝中措（平山欄檻倚晴空）》：後東坡亦守是邦，登平山堂，有感而賦《西江月》一闋云：「三過平山堂下（略）。」末句感慨之意，見於言外。

張宗橚《詞林紀事》引樓敬思語：結二語，喚醒聰明人不少。

陳廷焯《白雨齋詞話》卷六《東坡西江月》：東坡《西江月》云：「休言萬事轉頭空，未轉頭時皆夢。」追進一層，喚醒癡愚不少。

王文誥《蘇文忠公詩編注集成總案》卷一八：（元豐二年己未四月）過揚州，訪鮮于侁，同張大亨游平山堂，作《西江月》詞。

張德瀛《詞徵》卷五《歐公柳詞》：歐陽公在維揚時，建平山堂，葉少蘊謂其壯麗，爲淮南第一。文忠于堂前植柳一株，因謂之歐公柳，故公詞有「手種堂前楊柳」之句。蘇文忠詞云：「欲弔文章太守，仍歌楊柳春風。」張方叔詞云：「平山老柳，寄多少勝遊，春愁詩瘦。」蓋指此也。

西江月　送別

昨夜扁舟京口，今朝馬首長安。舊官何物與新官，只有湖山公案。　此景百年幾變，箇中下語千難。使君才氣卷波瀾，與把新詩判斷。

西江月　詠梅

馬趁香微路遠，沙籠月淡煙斜。渡波清澈映妍華，倒綠枝寒鳳挂。　挂鳳寒枝綠倒，華妍映徹清波。渡斜煙淡月籠沙，遠路微香趁馬。

西江月　佳人

碧霧輕籠兩鳳，寒煙淡拂雙鴉。爲誰流睇不歸家，錯認門前過馬。　有意偷回笑眼，無言強整衣紗。劉郎一見武陵花，從此春心蕩也。

臨江仙

龍丘子自洛之蜀，載二侍女，戎裝駿馬。至溪山佳處輒留，見者以爲異人。後十年，築室黄岡之北，號靜安居士。作此記之。

細馬遠馱雙侍女，青巾玉帶紅韡。溪山好處便爲家。誰知巴峽路，卻見洛城花。　面旋落英飛玉蕊，人間春日初斜。十年不見紫雲車。龍丘新洞府，鉛鼎養丹砂。

胡仔《苕溪漁隱叢話》後集卷三九《長短句》：龍丘子即陳季常也。秦太虛寄之以詩亦云：「侍童雙擢玉，鬢髮光可照。駿馬錦障泥，相隨窮海嶠。暮年更折節，學佛得心要。羇馬放阿樊，幅巾對沉燎。」《西清詩話》云：「季常自以爲飽禪學，妻柳頗悍忌，季常畏之。故東坡因詩戲之，有『忽聞河東獅子吼，拄杖落手心茫然』之句。觀此，則知季常載二侍女以遠游，及暮年甘于枯寂，蓋有所制而然，亦可憫笑也。」

《雨村詞話》卷一《馱》：毛文錫《西溪子》云：「嬌妓舞衫香暖，不覺到斜暉，馬馱歸。」東坡《臨江仙》云：「細馬遠馱雙侍女。」「馱」字本此。

葉申薌《本事詞》卷上：龍邱子自洛之蜀，載二侍女，戎裝駿馬，每至溪山佳處，輒作數日留，見者疑爲異人。後十年，築室黃岡，獨居習道，自號爲靜庵居士。子瞻因作《臨江仙》紀之云：「細馬遠馱雙侍女（略）。」龍邱子，陳季常也，即公他詩所謂「忽聞河東獅子吼，拄杖落手心茫然」是耳。想其載姬侍而遠遊，亦非無故歟。

王文誥《蘇文忠公詩編注集成總案》卷二〇：（元豐三年庚申正月）二十五日，將赴岐亭，山上有白馬青蓋疾馳來迎者，則岐下故人陳慥季常也。相從至其家，所謂靜庵者，環堵蕭然，而妻子奴婢有自得之意。公聳然異之，爲留五日，（略）並贈《臨江仙》詞。

臨江仙　贈送

詩句端來磨我鈍，鈍錐不解生鋩。歡顏爲我解冰霜。酒闌清夢覺，春草滿池塘。應念雪堂坡下老，昔年共採芸香。功成名遂早還鄉。回車來過我，喬木擁千章。

臨江仙　辛未離杭至潤，別張弼秉道

俎豆庚我勸髯張歸去好，從來自己忘情。塵心消盡道心平。江南與塞北，何處不堪行。

桑眞過矣，憑君說與南榮。願聞吳越報豐登。君王如有問，結襪賴王生。

王文誥《蘇文忠公詩編注集成總案》卷三三：（元祐六年辛未四月）別張弼作《臨江仙》詞。

臨江仙　冬日即事

自古相從休務日，何妨低唱微吟。天垂雲重作春陰。坐中人半醉，簾外雪將深。　聞道分司狂御史，紫雲無路追尋。淒風寒雨是駸駸。問囚長損氣，見鶴忽驚心。

臨江仙　送王緘

忘卻成都來十載，因君未免思量。憑將清淚灑江陽。故山知好在，孤客自悲涼。　坐上別愁君未見，歸來欲斷無腸。殷勤且更盡離觴。此身如傳舍，何處是吾鄉。

王若虛《滹南詩話》卷二：東坡送王緘詞云：「坐上別愁君未見，歸來欲斷無腸。」此未別時語也，而言「歸來」則不順矣。「欲斷無腸」，亦恐難道。

臨江仙

尊酒何人懷李白，草堂遙指江東。珠簾十里捲香風。花開又花謝，離恨幾千重。　輕舸渡江連夜到，一時驚笑衰容。語音猶自帶吳儂。夜闌對酒處，依舊夢魂中。

臨江仙

九十日春都過了，貪忙何處追遊。三分春色一分愁。雨翻楡莢陣，風轉柳花毬。　閬苑先生須自責，蟠桃動是千秋。不知人世苦厭求。東皇不拘束，肯爲使君留。

臨江仙　風水洞作

四大從來都遍滿，此間風水何疑。故應爲我發新詩。幽花香澗谷，寒藻舞淪漪。　借與玉川生兩腋，天仙未必相思。還憑流水送人歸。層巔餘落日，草露已霑衣。

傅藻《東坡紀年錄》：（熙寧六年癸丑）八月望，觀潮作詩，又再游風水洞，作詩並《臨江仙》詞。

王文誥《蘇文忠公詩編注集成總案》卷一〇：（熙寧六年癸丑八月）再游風水洞，作《臨江仙》詞。

臨江仙

一別都門三改火，天涯踏盡紅塵。依然一笑作春溫。無波眞古井，有節是秋筠。　惆悵孤帆連夜發，送行淡月微雲。尊前不用翠眉顰。人生如逆旅，我亦是行人。

臨江仙　疾愈登望湖樓，贈項長官

多病休文都瘦損，不堪金帶垂腰。望湖樓上暗香飄。和風春弄袖，明月夜聞簫。　酒醒夢回清漏永，隱牀無限更潮。佳人不見董嬌饒。徘徊花上月，空度可憐宵。

周必大《二老堂詩話》：杜工部詩屢及銀章，歐陽文忠公詩數言金帶，此亦常事。後來士大夫多以不仕爲曠達，又因前輩偶謂「老覺腰金重，慵便枕玉涼」爲未是富貴，小說遂云「永叔這條金帶，幾道著」。余謂近世邁往凌雲，視官職如韁鎖，誰如東坡？然（略）《望湖樓》詞云：「不堪金帶垂腰。」豈害其爲達耶？

王文誥《蘇文忠公詩編注集成總案》卷三二：（元祐五年庚午二月）病起，登望湖樓，贈項長官，作《臨江仙》詞。

臨江仙

夜飲東坡醒復醉，歸來髣弔三更。家童鼻息已雷鳴。敲門都不應，倚杖聽江聲。　長恨此身非我有，何時忘卻營營。夜闌風靜縠紋平。小舟從此逝，江海寄餘生。

《避暑錄話》卷上：子瞻在黃州病赤眼，踰月不出，或疑有他疾，過客遂傳以爲死矣。有語范景仁於許昌者，景仁絕不置疑，即舉袂大慟，召子弟具金帛，遣人賙其家。子弟徐言：「此傳聞未審，當先書以問其安否，得實，弔恤之未晚。」乃走僕以往。子瞻發書大笑。故後量移汝州，謝表有云：「疾病連年，人皆相傳爲已死。」未幾，復與數客飲江上，夜歸，江面際天，風露浩然，有當其意，乃作歌辭，所謂「夜蘭風靜縠紋平，小舟從此逝，江海寄餘生」者，與客大歌數過而散。

翌日，喧傳子瞻夜作此辭，掛冠服江邊，拏舟長嘯去矣。郡守徐君猷聞之，驚且懼，以爲州失罪人，急命駕往謁，則子瞻鼻鼾如雷，猶未興也。然此語卒傳至京師，雖裕陵亦聞而疑之。

王文誥《蘇文忠公詩編注集成總案》卷二一：（元豐五年壬戌九月）雪堂夜飲，醉歸臨皋，作《臨江仙》詞。

臨江仙

冬夜夜寒冰合井，畫堂明月侵幃。青缸明滅照悲啼。青缸挑欲盡，粉淚裹還垂。　未盡一尊先掩淚，歌聲半帶清悲。情聲兩盡莫相違。欲知腸斷處，梁上暗塵飛。

臨江仙　贈王友道

誰道東陽都瘦損，凝然點漆精神。瑤林終自隔風塵。試看披鶴氅，仍是謫仙人。　省可清言揮玉麈，眞須保器全眞。風流何似道家純。不應同蜀客，惟愛卓文君。

臨江仙

昨夜渡江何處宿，望中疑是秦淮。月明誰起笛中哀。多情王謝女，相逐過江來。　雲雨未成還又散，思量好事難諧。憑陵急槳兩相催。想伊歸去後，應似我情懷。

漁家傲

金陵賞心亭送王勝之龍圖。王守金陵，視事一日移南郡。

千古龍蟠幷虎踞，從公一弔興亡處。渺渺斜風吹細雨。芳草渡，江南父老留公住。　公駕飛車淩彩霧，紅鸞驂乘青鸞馭。卻訝此洲名白鷺。非吾侶，翩然欲下還飛去。

趙令畤《侯鯖錄》卷八：東坡自黃移汝，過金陵，見舒王。適陳和叔作守，多同飲會。一日，遊蔣山，和叔被召將行，舒王顧江山曰：「子瞻可作歌。」坡醉中書云（略）。和叔到任，數日而去。舒王笑曰：「白鷺者得無意乎？」

王文誥《蘇文忠公詩編注集成總案》卷二四：（元豐七年甲子八月）與王益柔游蔣山，復登賞心亭，送益柔移守南都，作《漁家傲》詞。

漁家傲　送台守江郎中

送客歸來燈火盡，西樓淡月涼生暈。明日潮來無定準。潮來穩，舟橫渡口重城近。　江水似知孤客恨，南風爲解佳人慍。莫學時流輕久困，頻寄問，錢塘江上須忠信。

王文誥《蘇文忠公詩編注集成總案》卷三二：（元祐五年庚午五月）送江公著赴台州，作《漁家傲》詞。

漁家傲　七夕

皎皎牽牛河漢女，盈盈臨水無由語。望斷碧雲空日暮。無尋處，夢回芳草生春浦。　鳥散餘花紛似雨，汀洲蘋老香風度。明月多情來照戶。但攬取，清光長送人歸去。

漁家傲　送張元唐省親秦州

一曲陽關情幾許，知君欲向秦川去。白馬皁貂留不住。回首處，孤城不見天霖霧。　到日長安花似雨，故關楊柳初飛絮。漸見靴刀迎夾路。誰得似，風流膝上王文度。

漁家傲　贈曹光州

些小白鬚何用染，幾人得見星星點。作郡浮光雖似箭，君莫厭，也應勝我三年貶。　我欲自嗟還不敢，向來三郡寧非忝。婚嫁事稀年冉冉，知有漸，千鈞重擔從頭減。

王文誥《蘇文忠公詩編注集成總案》卷二一：（元豐五年壬戌六月）又爲《漁家傲》，使煥寄其父九章。

漁家傲

臨水縱橫回晚鞚，歸來轉覺情懷動。梅笛煙中聞幾弄，秋陰重，西山雪淡雲凝凍。　美酒一杯誰與共，尊前舞雪狂歌送。腰跨金魚旌旆擁，將何用，只堪妝點浮生夢。

鷓鴣天

林斷山明竹隱牆，亂蟬衰草小池塘。翻空白鳥時時見，照水紅蕖細細香。　村舍外，古城旁，杖藜徐步轉斜陽。殷勤昨夜三更雨，又得浮生一日涼。

鄭文焯《大鶴山人詞話》：此詞從陶詩中得來，逾覺清異，較「浮生半日閒」句，自是詩詞異調。論者每謂坡公以詩筆入詞，豈審音知言者？

鷓鴣天

陳公密出侍兒素娘，歌紫玉簫曲，勸老人酒。老人飲盡，因爲賦此詞。

笑撚紅梅嚲翠翹，揚州十里最妖饒。夜來綺席親曾見，撮得精神滴滴嬌。　嬌後眼，舞時腰，劉郎幾度欲魂消。明朝酒醒知何處，腸斷雲間紫玉簫。

《草堂詩餘》續集卷上天羽居士評：李益、韓偓輩絶句。

王若虛《滹南詩話》卷二：贈陳公密侍兒云：「夜來倚席親曾見」。此本即席賦，而下「夜來」字卻是隔一日。

葉申薌《本事詞》卷上《蘇軾贈妓詞》：坡公喜于吟詠，詞集中亦多歌席酬贈之作。（略）又贈陳公密侍姬素娘能歌紫玉簫者，則有《鷓鴣天》云：「笑撚紅梅嚲翠翹」云。

王文誥《蘇文忠公詩編注集成總案》卷四四：（元符三年庚辰十二月）陳公密出素娥佐酒，爲賦《鷓鴣天》詞。

鷓鴣天　佳人

羅帶雙垂畫不成，殢人嬌態最輕盈。酥胸斜抱天邊月，玉手輕彈水面冰。　無限事，許多情，四絃絲竹苦丁寧。饒君撥盡相思調，待聽梧桐葉落聲。

《草堂詩餘》續集卷上天羽居士評：（畫不成）三字精。　仙染與俗墨異。　意外意，琵琶箏笛聽之，形躁而志越，故彈得相思一半，有人腸斷，何况撥盡。

少年遊 端午贈徐守黃猷

銀塘朱檻麴塵波，圓綠卷新荷。蘭條薦浴，菖花釀酒，天氣尚清和。　好將沈醉酬佳節，十分酒、一分歌。獄草煙深，訟庭人悄，無客宴遊過。

傅藻《東坡紀年錄》：（元豐四年辛酉）端午，作《少年遊》，贈徐君猷。

王文誥《蘇文忠公詩編注集成總案》卷二一：（元豐四年辛酉）五月五日過徐大受飲，作《少年遊》詞。

少年遊 潤州作

去年相送，餘杭門外，飛雪似楊花。今年春盡，楊花似雪，猶不見還家。　對酒捲簾邀明月，風露透窗紗。恰似姮娥憐雙燕，分明照，畫梁斜。

傅藻《東坡紀年錄》：（熙寧七年甲寅）代人寄遠，作《少年遊》。

沈雄《古今詞話·詞辨》上卷《少年游》：《古今詞譜》曰：《黃鍾宮曲》，林君復、蘇東坡俱有之，亦不一體，其更變俱在換頭也。東坡詞換頭云：「捲簾對酒邀明月」，非「對酒捲簾」也，刻誤。落句云：「恰似姮娥憐雙燕，分明照，畫梁斜。」異矣。

王文誥《蘇文忠公詩編注集成總案》卷一一：（熙寧七年甲寅四月）有感雪中行役，作《少年遊》詞。

少年遊

黃之僑人郭氏，每歲正月迎紫姑神，以箕爲腹，箸爲口，畫灰盤中，爲詩敏捷，立成。余往觀之。神請余作《少年遊》，乃以此戲之。

玉肌鉛粉傲秋霜，準擬鳳呼凰。伶倫不見，清香未吐，且糠粃吹揚。　到處成雙君獨隻，空無數，爛文章。一點香檀，誰能借箸，無復似張良。

蘇軾《子姑神記》（《蘇軾文集》卷一二）：余始來黃州，進士潘丙謂余曰：「異哉，公之始受命，黃人未知也。有神降于僑人郭氏之第，曰：『蘇公將至，而吾不及見也。』」其明年正月，神復降于郭氏，余往觀之。

花，故作是詞。

定風波

十月九日，孟亨之置酒秋香亭，有拒霜獨向君猷而開。坐客喜笑，以爲非使君莫可當此花，故作是詞。

兩兩輕紅半暈顋，依依獨爲使君回。若道使君無此意，何爲，雙花不向别人開。　但看低昂煙雨裏，不已，勸君休訴十分杯。更問尊前狂副使，來歲，花開時節與誰來。

傅藻《東坡紀年錄》：（元豐三年庚申）十月九日，孟亨之置酒秋香亭，有拒霜獨向君猷而開。坐客喜笑，以爲非使君莫可當此花，作《定風波》。

王文誥《蘇文忠公詩編注集成總案》卷二一：（元豐四年辛酉）九月十九日孟震置酒秋香亭，爲徐大受作《定風波》詞。

定風波

三月七日，沙湖道中遇雨。雨具先去，同行皆狼狽，余獨不覺。已而雨晴，故作此詞。

莫聽穿林打葉聲，何妨吟嘯且徐行。竹杖芒鞋輕勝馬，誰怕，一蓑煙雨任平生。　料峭春風吹酒醒，微冷，山頭斜照欲相迎。回首向來蕭灑處，歸去，也無風雨也無晴。

王文誥《蘇文忠公詩編注集成總案》卷二一：（元豐五年壬戌三月）七日，公以相田至沙湖，道中遇雨，作《定風波》詞。

鄭文焯《大鶴山人詞話》：此足徵是翁坦蕩之懷，任天而動，琢句亦瘦逸，能道眼前景，以曲筆直寫胸臆，倚聲能事盡之矣。

定風波　重陽

與客攜壺上翠微，江涵秋影雁初飛。塵世難逢開口笑，年少，菊花須插滿頭歸。　酩酊但酬佳節了，雲嶠，登臨不用怨斜暉。古往今來誰不老，多少，牛山何必更霑衣。

杜牧《九日齊安登高》：江涵秋影雁初飛，與客攜壺上翠微。塵世難逢開口笑，菊花須插滿頭歸。但將酩酊酬佳節，不用登臨歎落暉。古往今來只如此，牛山何必淚沾衣。

王士禎《花草蒙拾・詞語從詩出》：詞中佳語多從詩出。（略）若蘇東坡之「與客攜壺上翠微」（《定風波》），賀東山之「秋盡江南草未凋」（《太平時》），皆文人偶然游戲，非向樊川集中作賊。（二詩皆杜牧之）

定風波 感舊

莫怪鴛鴦繡帶長，腰輕不勝舞衣裳。薄倖只貪遊冶去，何處，垂楊繫馬恣輕狂。　花謝絮飛春又盡，堪恨，斷絃塵管伴啼妝。不信歸來但自看，怕見，爲郎憔悴卻羞郎。

定風波 送元素

千古風流阮步兵，平生遊宦愛東平。千里遠來還不住，歸去，空留風韻照人清。　紅粉尊前深懊惱，休道，怎生留得許多情。記得明年花絮亂，須看，泛西湖是斷腸聲。

定風波

元豐六年七月六日，王文甫家飲釀白酒，大醉。集古句作墨竹詞。

雨洗娟娟嫩葉光，風吹細細綠筠香。秀色亂侵書帙晚，簾捲，清陰微過酒尊涼。　人畫竹身肥擁腫，何用，先生落筆勝蕭郎。記得小軒岑寂夜，廊下，月和疏影上東牆。

王文誥《蘇文忠公詩編注集成總案》卷二二：（元豐六年癸亥七月）作《定風波》詞。

定風波　詠紅梅

好睡慵開莫厭遲，自憐冰臉不時宜。偶作小紅桃杏色，閒雅，尙餘孤瘦雪霜姿。　休把閒心隨物態，何事，酒生微暈沁瑤肌。詩老不知梅格在，吟詠，更看綠葉與靑枝。

劉熙載《藝概》卷四：東坡《定風波》云：「尙餘孤瘦雪霜姿。」《荷華媚》云：「天然地別是風流標格。」「雪霜姿」，《風流標格」，學坡詞者，便可從此領取。

馮煦《蒿庵論詞·論蘇軾詞》：興化劉氏熙載，所著劉熙載《藝概》，於詞多洞微之言，而論東坡尤爲深至。（略）又云：「東坡《定風波》云『尙餘孤瘦雪霜姿』，（略）觀此可以得東坡矣。

定風波

余昔與張子野、李公擇、陳令舉、楊元素會於吳興。時子野作六客詞，其卒章云：「見說賢人聚吳分，試問，也應旁有老人星。」凡十五年，再過吳興，而五人者皆已亡矣。時張仲謀與曹子方、劉景文、蘇伯固、張秉道爲坐客，仲謀請作後六客詞。

月滿苕溪照夜堂，五星一老鬬光芒。十五年間眞夢裏，何事，長庚對月獨淒涼。　綠鬢蒼顏同一醉，還是，六人吟笑水雲鄉。賓主談鋒誰得似，看取，曹劉今對兩蘇張。

蘇軾《書遊垂虹亭》（《蘇文文集》卷七一）：吾昔自杭移高密，與楊元素同舟，而陳令舉、張子野皆從吾過李公擇於湖，遂與劉孝叔俱至松江。夜半，月出，置酒垂虹亭上。子野年八十五，以歌詞聞於天下，作《定風波令》，其略云：「見說賢人聚吳分，試問，也應旁有老人星。」坐客歡甚，有醉倒者，此樂未嘗忘也。今七年爾，子野、孝叔、令舉皆爲異物，而松江橋亭，今歲七月九日，海風駕潮，平地丈餘，蕩盡無復孑遺矣。追思曩時，眞一夢也。元豐四年十月二十日，黃州臨皋亭夜坐書。

胡仔《苕溪漁隱叢話》後集卷三九：吳興郡圃，今有六客亭，即公擇、子瞻、元素、子野、令舉、孝叔。時公擇守吳興也。

王文誥《蘇文忠公詩編注集成總案》卷三一：（元祐四年年己巳）六月，與張仲謀、曹輔、劉季孫、蘇堅、張弼會于湖州，爲後六客，作《定風波》詞。誥案：公以熙寧七年甲寅過吳興，張子野作六客詞，至是元祐四年己巳，計十六年，乃扣足十五年也。其爲赴杭過此而作，確無疑矣。但後有次韻林子中詩，自注「近聞莘老、公擇皆逝」之語。施注原編在五年四月詩前，而《續資治通鑑長編》載李常、孫覺卒，皆元祐五年二月。又據《老學庵筆記》，元祐五年二月二日李公擇卒，三日孫莘老卒，與施編皆合，不知何以與和詞敘不符也。

定風波　南海歸，贈王定國侍人寓娘

常羨人間琢玉郎，天應乞與點酥娘。盡道清歌傳皓齒，風起，雪飛炎海變清涼。　萬里歸來顏愈少，微笑，笑時猶帶嶺梅香。試問嶺南應不好，卻道，此心安處是吾鄉。

楊湜《古今詞話》：東坡初謫黃州，獨王定國以大臣之子不能謹交游，遷置嶺表。後數年，召還京師，是時東坡掌翰苑，一日王定國置酒與東坡會飲，出寵人點酥侑尊。而點酥善談笑，東坡問曰：「嶺南風物，可嘸不佳。」點酥應聲曰：「此身安處是吾鄉。」坡歎其善應對，賦《定風波》一闋以贈之，其句全引點酥之語曰（略）。點酥因是詞譽藉甚。

《優古堂詩話・此心安處便是吾鄉》：東坡作《定風波序》云：「王定國歌兒曰柔奴，姓宇文氏。定國南遷歸，予問柔廣南風土，應是不好。柔對曰：『此心安處，便是吾鄉。』因用其語綴詞，云：『試問嶺南應不好，卻道，此心安處是吾鄉。』」予嘗以此語本出於白樂天，東坡偶忘之耶？樂天《吾土》詩云：「身心安處爲吾土，豈限長安與洛陽。」又《出城留別》詩云：「我生本無鄉，心安是歸處。」又重題詩云：「心泰身寧是歸處，故鄉可獨在長安。」又《種桃杏》詩云：「無論海角與天涯，大抵心安即是家。」

胡仔《苕溪漁隱叢話》後集卷四〇引《東皋雜錄》云：王定國嶺外歸，出歌者勸東坡酒，坡作《定風波》，序云：「王定國歌兒曰柔奴，姓宇文氏，眉目娟麗，善應對，家世在京師。定國南遷歸，余問柔：『廣南風土應是不好？』柔對曰：『此心安處，便是吾鄉。』因爲綴此詞云（略）。」

沈雄《古今詞話・詞辨》上卷《定風波》：《東皋雜錄》曰：王定國自嶺南歸，出歌者柔奴，勸東坡酒。東坡問以廣南風土應是不好。柔奴曰：「此心安處，便是吾鄉。」東坡亦作《定風波》詞，其卒章曰：「試問嶺南應不好，爲道，此心安處便吾鄉。」然最難湊泊者此調也，亦不過記事云爾。

南鄉子　春情

晚景落瓊杯，照眼雲山翠作堆。認得岷峨春雪浪，初來，萬頃蒲萄漲淥醅。暮雨暗陽臺，亂灑高樓溼粉顋。一陣東風來捲地，吹迴，落照江天一半開。

南鄉子　梅花詞和楊元素

寒雀滿疏籬，爭抱寒柯看玉蕤。忽見客來花下坐，驚飛，蹋散芳英落酒卮。痛飲又能詩，坐客無氈醉不知。花盡酒闌春到也，離離，一點微酸已著枝。

南鄉子　席上勸李公擇酒

不到謝公臺，明月清風好在哉。舊日髯孫何處去，重來，短李風流更上才。秋色漸摧頹，滿院黄英映酒杯。看取桃花春二月，爭開，盡是劉郎去後栽。

王文誥《蘇文忠公詩編注集成總案》卷一二：（熙寧七年甲寅九月）席上勸李常酒，再作《南鄉子》。

南鄉子 重九涵輝樓呈徐君猷

霜降水痕收，淺碧鱗鱗露遠洲。酒力漸消風力軟，颼颼，破帽多情卻戀頭。　佳節若爲酬，但把清尊斷送秋。萬事到頭都是夢，休休，明日黄花蝶也愁。

蘇軾《與王定國書》（《蘇軾文集》卷五二）：重九登棲霞樓，望君淒然，歌《千秋歲》，滿座識與不識，皆懷君。遂作一詞云：「霜降水痕收（略）。」其卒章，則徐州逍遙堂中與君和詩也。

惠洪《冷齋夜話》卷一：如鄭谷《十日菊》曰：「自緣今日人心別，未必秋香一夜衰。」此意甚佳，而病在氣不長。西漢文章雄渾雅健者，其氣長故也。曾子固曰：「詩當使人一覽語盡而意有餘，乃古人用心處。」所以荆公《菊》詩曰：「千朵萬朵凋零後，始見閑人把一枝。」東坡則曰：「萬事到頭終是夢，休休，明日黄花蝶也愁。」凡此之類，皆換骨法也。

胡仔《苕溪漁隱叢話》後集卷六：東坡《九日》詩云：「相逢不用忙歸去，明日黃花蝶也愁。」又詞云：「萬事到頭終是夢，休休，明日黃花蝶也愁。」（略）兩用之，詩意脈絡貫穿，並優于詞。

又卷二六：苕溪漁隱曰：《後山詩話》謂「退之以文爲詩，子瞻以詩爲詞，如教坊雷大使之舞，雖極天下之工，要非本色。」余謂後山之言過矣，子瞻佳詞最多，「霜降水痕收，淺碧鱗鱗露遠洲」（九日詞）。凡此十餘詞，皆絕去筆墨畦徑間，直造古人不到處，眞可使人一唱而三歎。若謂以詩爲詞，是大不然。子瞻自言「平生不善唱曲，故有不入腔處」，非盡如此。後山乃比之教坊司雷大使舞，是何每況愈下？蓋其謬耳。

陳鵠《耆舊續聞》卷二：余謂後輩作詞，無非前人已道底句，特善能轉換爾。《三山老人語錄》云：從來九日用落帽事，東坡獨云「破帽多情卻戀頭」，尤爲奇特，不知東坡用杜子美詩：「羞將短髮還吹帽，笑倩傍人爲整冠。」

傅藻《東坡紀年錄》：（元豐五年壬戌）重九，涵輝樓作《南鄉子》呈君猷。

《詩林廣記前集・杜子美》引《三山老人語錄》：「自來九日用落帽事，獨東坡《南柯子》詞云「破帽多情卻戀頭」，乃反之，尤爲奇特。」愚謂東坡此語，亦祖杜陵《九日》詩中吹帽、正冠一聯語意也。

《草堂詩餘》卷二楊愼評：東坡重陽詞，《柳梢青》詞則云「酒闌不必看茱萸」，此詞則云「破帽多情卻戀頭」，俱反前人之案，用來妙，是脫胎手。

張宗橚《詞林紀事》：《三山老人語錄》：樓敬思云：「九日詩詞，無不使落帽事者，總不若坡仙《南香子》詞，更爲翻新。

馮金伯《詞苑萃編》卷二《坡谷翻龍山事》：東坡「破帽多情卻戀頭」，翻龍山事特新。《休齋詩話》：唐人常詠《十日菊》「自緣今日人心別，未必秋香一夜衰」，世以爲工，蓋不隨物而盡。如「酒盞此時須在手，菊花明日使愁人」，自覺氣不長耳。東坡亦云「休休，明日黃花蝶也愁」，亦然。雖變其語，終存此過，豈在謫所遇時感慨，不覺發是語乎？

黃氏《蓼園詞評·南鄉子（霜降水痕收）》：沈際飛曰：自來九日多用落帽。東坡不落帽，醒目。又曰：東坡升沉去住，一生莫定，故開口說夢。如云「人間如夢」，「世事一場大夢」，「未轉頭時皆夢」，「古今如夢，何曾夢覺」，「君臣一夢，今古虛名」，屢讀之，胸中鄙吝，自然消去。按破帽戀頭，語奇而穩。「明日黃花」句，自屬達觀。凡過去未來者皆幾非在我，安可學蜂蝶之戀香乎。

李佳《左庵詞話》卷下《用事最難》：詞中用事最難，要體認箸題，融化不澀。如東坡《定風波》「破帽多情卻戀頭。」用龍山落帽事。（略）皆用事不爲事所使，自不落呆相。

南鄉子　送述古

回首亂山橫，不見居人只見城。誰似臨平山上塔，亭亭，迎客西來送客行。　歸路晚風淸，一枕初寒夢不成。今夜殘燈斜照處，熒熒，秋雨晴時淚不晴。

胡仔《苕溪漁隱叢話》後集卷三八引《能改齋漫錄》：魯直記江亭鬼所題詞，有「泪眼不曾晴」之句。余以此鬼剽東坡樂章「秋雨晴過泪不晴」之語。

傅藻《東坡紀年錄》：（熙寧七年甲寅）送述古赴南都，作（略）《南鄉子》。

王文誥《蘇文忠公詩編注集成總案》卷一二：（熙寧七年甲寅七月）追送陳襄移守南都，別于臨平，舟中作《南鄉子》詞。

南鄉子　有感

冰雪透香肌，姑射仙人不似伊。濯錦江頭新樣錦，非宜，故著尋常淡薄衣。　暖日下重幃，春睡香凝索起遲。曼倩風流緣底事，當時，愛被西眞喚作兒。

李調元《雨村詞話》卷一《喚作兒》：人謂東坡長短句不工媚詞，少諧音律，非也，特才大不肯受束縛而然。間作媚詞，卻洗盡鉛華，非少游女孃語所及。如有感《南鄉子》詞云：「冰雪透香肌（略）。」「喚作兒」三字出之先生筆，卻如此大雅。

南鄉子 和楊元素

東武望餘杭，雲海天涯兩杳茫。何日功成名遂了，還鄉，醉笑陪公三萬場。　不用訴離觴，痛飲從來別有腸。今夜送歸燈火冷，河塘，墮淚羊公卻姓楊。

傅藻《東坡紀年錄》：（熙寧七年甲寅九月）移守密，和元素《南鄉子》。

王文誥《蘇文忠公詩編注集成總案》卷一二：（熙寧七年甲寅九月）再餞別于湖上，作《南鄉子》詞。

南鄉子 自述

涼簟碧紗厨，一枕清風晝睡餘。睡聽晚衙無一事，徐徐，讀盡牀頭幾卷書。　搔首賦歸歟，自覺功名懶更疏。若問使君才與術，何如，占得人間一味愚。

南鄉子

沈強輔雯上出犀玉作胡琴，送元素還朝，同子野各賦一首。

裙帶石榴紅，卻水殷勤解贈儂。應許逐雞雞莫怕，相逢，一點靈犀必暗通。　何處遇良工，琢刻天真半欲空。願作龍香雙鳳撥，輕攏，長在環兒白雪胸。

南鄉子　贈行

旌旆滿江湖，詔發樓船萬舳艫。投筆將軍因笑我，迂儒，帕首腰刀是丈夫。　粉淚怨離居，喜子垂窗報捷書。試問伏波三萬語，何如，一斛明珠換綠珠。

南鄉子　雙荔枝

天與化工知，賜得衣裳總是緋。每向華堂深處見，憐伊，兩箇心腸一片兒。　自小便相隨，綺席歌筵不暫離。苦恨人人分拆破，東西，怎得成雙似舊時。

南鄉子　集句

寒玉細凝膚（吳融），清歌一曲倒金壺（鄭谷）。冶葉倡條遍相識（李商隱），爭如，豆蔻花梢二月初（杜牧）。　年少即須臾（白居易），芳時偷得醉工夫（白居易）。羅帳細垂銀燭背（韓偓），歡娛，豁得平生俊氣無（杜牧）。

《草堂詩餘》別集卷二沈際飛評：二詞遇鋏堪鑄，不露一痕，是詞非詩，尊詩貶詞者合作何解？

南鄉子　集句

悵望送春杯（杜牧），漸老逢春能幾回（杜甫）。花滿楚城愁遠別（許渾），傷懷，何況清絲急管催（劉禹錫）。　吟斷望鄉臺（李商隱），萬里歸心獨上來（許渾）。景物登臨閒始見（杜牧），徘徊，一寸相思一寸灰（李商隱）。

南鄉子　集句

何處倚闌干（杜牧），絃管高樓月正圓（杜牧）。胡蝶夢中家萬里（崔塗），依然，老去愁來強自寬（杜甫）。　明鏡借紅顏（李商隱），須著人間比夢間（韓愈）。蠟燭半籠金翡翠（李商隱），更闌，繡被焚香獨自眠（李商隱）。

南鄉子　用韻和道輔

未倦長卿遊，漫舞夭歌爛不收。不是使君能矯世，誰留，教有瓊梳脫麝油。　香粉鏤金毬，花豔紅牋筆欲流。從此丹脣幷皓齒，清柔，唱遍山東一百州。

南鄉子　用前韻贈田叔通家舞鬟

繡鞅玉鐶遊，燈晃簾疏笑卻收。久立香車催欲上，還留，更且檀脣點杏油。　花遍六么毬，面旋迴風帶雪流。春入腰肢金縷細，輕柔，種柳應須柳柳州。

沈雄《古今詞話·詞品》上卷《戲作》：沈雄曰：蘇長公爲游戲之聖。（略）蘇贈舞鬟云：「春入腰肢金縷細，輕柔，種柳應須柳柳州。」蓋柳州用呂溫卿嘲宗元詩「柳州柳刺史，種柳柳江邊」也。

葉申薌《本事詞》卷上《蘇軾贈妓詞》：坡公喜于吟詠，詞集中亦多歌席酬贈之作。（略）又贈田叔通舞鬟，則有《南鄉子》云：「繡鞅玉鐶遊（略）。」

王文誥《蘇文忠公詩編注集成總案》卷二五：（元豐八年乙丑四月）田叔通席上贈舞鬟，作《南鄉子》詞。

南鄉子　宿州上元

千騎試春遊，小雨如酥落便收。能使江東歸老客，遲留，白酒無聲滑瀉油。　飛火亂星毬，淺黛橫波翠欲流。不似白雲鄉外冷，溫柔，此去淮南第一州。

南歌子　遊賞

山與歌眉斂，波同醉眼流，遊人都上十三樓。不羨竹西歌吹，古揚州。　菰黍連昌歜，瓊彜倒玉舟。誰家水調唱歌頭。聲繞碧山飛去，晚雲留。

陳鵠《耆舊續聞》卷二：又《南歌子》云：「遊人都上十三樓，不羨竹西歌吹古揚州。」十三樓在錢塘西湖北山，此詞在錢塘，舊注云汴京舊有十三樓，非也。

《草堂詩餘》卷一楊愼評：端午詞多用汨羅事，此獨絕不涉，所謂善脫套者。

焦竑《楸林學山》卷三：按坡「遊人都上十三樓。」各地自有此樓名，坡直用之，如綠衣公言之類，非故事也。

楊愼《詞品》卷二《十二樓十三樓十四樓》：《漢書》：「五城十二樓，仙人居也。」詩家多用之。東坡詞：「遊人都上十三樓，不羨竹西歌吹，古揚州。」用杜牧詩「婷婷嫋嫋十三餘」之句也。

先著、程洪《詞潔輯評》卷二：「十三樓」遂成故實，詞家驅使字面，事實有限，如「昌歜」則忌用也。

張宗橚《詞林紀事》：《西湖志》：大佛寺畔有相嚴院，晉天福二年錢氏建，有十三間樓，樓上貯三才佛一尊。蘇子瞻治郡時，常判事于此，殆即此詞所云十三樓耶？

黃氏《蓼園詞評・南柯子（山與歌眉斂）》：按周建德中，許京城民居起樓閣，大將軍周景威先於宋門內臨汴水，建樓十三間。世宗嘉之。杜牧詩：「誰知竹西路，歌吹古揚州。」《左傳》：「享有昌歜。」今水澤大菖蒲也。《海錄碎事》：隋煬帝開汴州，自造《水調歌頭》首章之第一解也。

《博物志》：「秦青善謳，每撫節而歌，聲振林木，響遏行雲。」此詞不過叙汴京端午繁盛光景耳。在蘇集中，此爲平調，然亦自壯麗。

南歌子　湖景

古岸開青葑，新渠走碧流。會看光滿萬家樓。記取他年扶路，入西州。　佳節連梅雨，餘生寄葉舟。只將菱角與雞頭。更有月明千頃，一時留。

元好問《東坡樂府集選序》（《元遺山文集》卷三六）：絳人孫安常注坡詞，（略）其所是正，亦無慮數十百處，坡詞遂爲完本，不可謂無功。然尚有可論者，如「古岸開青葑」《南柯子》，以末後二句倒入前篇，此等猶爲未盡，然特其小小者耳。

南歌子　寓意

雨暗初疑夜，風回忽報晴。淡雲斜照著山明。細草軟沙溪路，馬蹄輕。　卯酒醒還困，仙材夢不成。藍橋何處覓雲英。只有多情流水，伴人行。

南歌子 和前韻

日出西山雨，無晴又有晴。亂山深處過清明。不見綵繩花板，細腰輕。

盡日行桑野，無人與目成。且將新句琢瓊英。我是世間閒客，此閒行。

南歌子 再用前韻

帶酒衝山雨，和衣睡晚晴。不知鐘鼓報天明。夢裏栩然蝴蝶，一身輕。

老去才都盡，歸來計未成。求田問舍笑豪英。自愛湖邊沙路，免泥行。

南歌子 晚香

日薄花房綻，風和麥浪輕。夜來微雨洗郊坰。正是一年春好，近清明。

已改煎茶火，猶調入粥餳。使君高會有餘清。此樂無聲無味，最難名。

南歌子　八月十八日觀潮

海上乘槎侶，仙人萼綠華。飛昇元不用丹砂。住在潮頭來處，渺天涯。　雷輥夫差國，雲翻海若家。坐中安得弄琴牙。寫取餘聲歸向，水仙誇。

王文誥《蘇文忠公詩編注集成總案》卷八：（熙寧五年壬子八月）十八日觀潮，作《南柯子》詞。

南歌子　再用前韻

苒苒中秋過，蕭蕭兩鬢華。寓身化世一塵沙。笑看潮來潮去，了生涯。　方士三山路，漁人一葉家。早知身世兩聱牙，好伴騎鯨公子，賦雄誇。

王文誥《蘇文忠公詩編注集成總案》卷一二：（熙寧五年壬子八月）十八日，江上觀潮作《南歌子》詞。

南歌子

師唱誰家曲，宗風嗣阿誰。借君拍板與門槌。我也逢場作戲，莫相疑。　溪女方偷眼，山僧莫眨眉。卻愁彌勒下生遲。不見老婆三五，少年時。

胡仔《苕溪漁隱叢話》前集卷五七：《冷齋夜話》云：「東坡鎮錢塘，無日不在西湖。嘗攜妓謁大通禪師，師慍形於色。東坡作長短句，令妓歌之曰（略）。時有僧仲殊在蘇州，聞而和之曰：『解舞《清平樂》，如今說向誰？紅爐片雪上鉗鎚。打就金毛獅子、也堪疑。　木女明開眼，泥人暗皺眉。蟠桃已是著花遲。不向春風一笑、待何時？』」

南歌子　別潤守許仲塗

欲執河梁手，還升月旦堂。酒闌人散月侵廊。北客明朝歸去，雁南翔。　窈窕高明玉，風流鄭季莊。一時分散水雲鄉。惟有落花芳草，斷人腸。

南歌子 湖州作

山雨瀟瀟過，溪橋瀏瀏淸。小園幽榭枕蘋汀。門外月華如水，綵舟橫。　苕岸霜花盡，江湖雪陣平。兩山遙指海門青。回首水雲何處，覓孤城。

王文誥《蘇文忠公詩編注集成總案》卷一八：（元豐二年己未五月）十三日，錢氏園送劉撝赴餘姚，並作《南歌子》詞。誥案：《南柯子》，集中作《南歌子》，施注以墨迹刻石，此爲送劉撝詞，後題「元豐二年五月十三日，吳興錢氏園作。」

南歌子 暮春

紫陌尋春去，紅塵拂面來。無人不道看花回。惟見石榴新蕊，一枝開。　冰簟堆雲髻，金尊灩玉醅。綠陰青子莫相催。留取紅巾千點，照池臺。

陳鵠《耆舊續聞》卷二：又《南歌子》詞云：「紫陌尋春去（略）。」意有所屬也。或云贈王晉卿侍兒，未知其然否也。

南歌子　黃州臘八日飲懷民小閣

衛霍元勳後，韋平外族賢。吹笙只合在緱山。閒駕綵鸞歸去，趁新年。　烘暖燒香閣，輕寒浴佛天。他時一醉畫堂前。莫忘故人憔悴，老江邊。

王文誥《蘇文忠公詩編注集成總案》卷二二：（元豐六年癸亥）十二月八日飲張夢得小閣，作《南柯子》詞。

南歌子　有感

笑怕薔薇罥，行憂寶瑟僵。美人依約在西廂。祇恐暗中迷路，認餘香。　午夜風翻幔，三更月到牀。簟紋如水玉肌涼。何物與儂歸去，有殘妝。

《草堂詩餘》別集卷二沈際飛評：喜得鼻觀先通。　（何物與儂歸去有殘妝）強自慰，亦譽美人，至矣。

《帶經堂詩話》卷一七《注家類》三：東坡詞「行憂寶瑟僵」，乃用《漢書·金日磾傳》「行觸寶瑟僵」語，解者顧引楊行密給朱延壽病目行觸柱僵，有何干涉？乃知注書之難，東坡、放翁猶不敢居，有以也。按：東坡《南歌子》凡十九首，此其第十四，題作《有感》，起二句云：「笑怕薔薇罥，行憂寶瑟僵。」

吳衡照《蓮子居詞話》卷二《東坡南歌子用漢書》：東坡《南歌子》「行憂寶瑟僵」，用《漢書·金日磾傳》「行觸寶瑟僵」語。解者引楊行密給朱延壽事，誤。

南歌子　感舊

寸恨誰云短，綿綿豈易裁。半年眉綠未曾開。明月好風閒處，是人猜。　春雨消殘凍，溫風到冷灰。尊前一曲爲誰哉，留取曲終一拍，待君來。

南歌子　楚守周豫出舞鬟，因作二首贈之

紺綰雙蟠髻，雲欹小偃巾。輕盈紅臉小腰身。疊鼓忽催花拍，鬬精神。　空闊輕紅歘，風

和約柳春。蓬山才調最清新，勝似纏頭千錦，共藏珍。

葉申薌《本事詞》卷上《蘇軾贈妓詞》：坡公喜于吟詠，詞集中亦多歌席酬贈之作。（略）又贈楚守周豫舞鬟，則有《南歌子》兩闋，一云：「紺綰雙蟠髻（略）。」

南歌子 同前

琥珀裝腰佩，龍香入領巾。只應飛燕是前身。共看剝葱纖手，舞凝神。　柳絮風前轉，梅花雪裏春。鴛鴦翡翠兩爭新。但得周郎一顧，勝珠珍。

葉申薌《本事詞》卷上《蘇軾贈妓詞》：坡公喜于吟詠，詞集中亦多歌席酬贈之作。（略）又贈楚守周豫舞鬟，則有《南歌子》兩闋，（略）二云：「琥珀裝腰佩（略）。」

南歌子

見說東園好，能消北客愁。雖非吾土且登樓。行盡江南南岸、此淹留。　短日明楓纈，清霜暗菊毬。流年回首付東流。憑仗挽回潘鬢，莫教秋。

南歌子

雲鬢裁新綠，霞衣曳曉紅。待歌凝立翠筵中。一朵彩雲何事，下巫峰。　趁拍鸞飛鏡，回身燕漾空。莫翻紅袖過簾櫳。怕被楊花勾引，嫁東風。

《草堂詩餘》別集卷二沈際飛評：（首二句）未舞而舞之神已全。

好事近　送君猷

紅粉莫悲啼，俯仰半年離別。看取雪堂坡下，老農夫淒切。　明年春水漾桃花，柳岸隘舟楫。從此滿城歌吹，看黃州闐咽。

王文誥《蘇文忠公詩編注集成總案》卷二二：（元豐六年癸亥五月）送別徐大受，作《好事近》詞。誥案：此詞乃徐君猷罝家于黃而去，故云「半年離別」也。

好事近　湖上

湖上雨晴時，秋水半篙初沒。朱檻俯窺寒鑑，照衰顏華髮。　醉中吹墮白綸巾，溪風漾流月。獨棹小舟歸去，任煙波飄兀。

王文誥《蘇文忠公詩編注集成總案》卷三二：（元祐五年庚午九月）泛湖作《好事近》詞。

好事近

煙外倚危樓，初見遠燈明滅。卻跨玉虹歸去，看洞天星月。　當時張范風流在，況一尊浮雪。莫問世間何事，與劍頭微吷。

鵲橋仙　七夕

緱山仙子，高情雲渺，不學癡牛騃女。鳳簫聲斷月明中，舉手謝，時人欲去。　客槎曾犯，銀河微浪，尙帶天風海雨。相逢一醉是前緣，風雨散，飄然何處。

鵲橋仙　七夕和蘇堅韻

乘槎歸去，成都何在，萬里江沱漢漾。與君各賦一篇詩，留織女，鴛鴦機上。　還將舊曲，重賡新韻，須信吾儕天放。人生何處不兒嬉，看乞巧，朱樓綵舫。

陸游《跋東坡七夕詞後》（《渭南文集》卷二八）：昔人作七夕詩，率不免有珠櫳綺疏惜別之意。惟東坡此篇，居然是星漢上語，歌之曲終，覺天風海雨逼人。學詩者當以是求之。慶元元年元日，笠澤陸某書。

王文誥《蘇文忠公詩編注集成總案》卷三二：（元祐五年庚午七月）七日和蘇堅七夕詞。

望江南　暮春

春已老，春服幾時成。曲水浪低蕉葉穩，舞雩風軟紵羅輕。酣詠樂昇平。　微雨過，何處不催耕。百舌無言桃李盡，柘林深處鵓鴣鳴。春色屬蕪菁。

望江南　暮春

春未老，風細柳斜斜。試上超然臺上看，半壕春水一城花。煙雨暗千家。　寒食後，酒醒卻咨嗟。休對故人思故國，且將新火試新茶。詩酒趁年華。

傅藻《東坡紀年錄》：（熙寧八年乙卯）于超然臺作《望江南》。

卜算子　感舊

蜀客到江南，長憶吳山好。吳蜀風流自古同，歸去應須早。　還與去年人，共藉西湖草。莫惜尊前仔細看，應是容顏老。

傅藻《東坡紀年錄》：（熙寧七年甲寅）是年，（略）自京口還，寄述古作《卜筭子》。

卜算子

缺月挂疏桐，漏斷人初靜。時見幽人獨往來，縹緲孤鴻影。　驚起卻回頭，有恨無人省。揀盡寒枝不肯棲，楓落吳江冷。

黃庭堅《跋東坡樂府》（《山谷全書》正集卷二五）：東坡道人在黃州時作。語意高妙，似非喫煙火食人語。非胸中有萬卷書，筆下無一點塵俗氣，孰能至此！

王之望《跋魯直書東坡卜算子詞》（《漢濱集》卷一五）：東坡此詞出《高唐》、《洛神》、《登徒》諸賦之右，以出三界人遊戲三界中，故其筆力蘊藉，超脫如此。山谷屢書之，且謂非食煙火語，可謂妙於立言矣。蓋東坡詞如《國風》，山谷跋如小序，字畫之工，亦不足言也。

曾豐《知稼翁詞集序》：本朝太平二百年，樂章名家紛如也。文忠蘇公文章妙天下，長短句特緒餘耳，猶有與道德合者，「缺月疏桐」一章，觸興於驚鴻，發乎情性也；收思於冷州，歸乎禮義也。黃太史相多，大以爲非口食煙火人語。余恐不食煙火之人，口所出僅塵外語，於禮義遑計歟？

俞文豹《吹劍錄》：杜工部流離兵革中，更嘗患苦，詩益凄愴，《憶舍弟》詩：「戍鼓斷人行，邊秋一雁聲。露從今夜白，月是故鄉明。」《孤雁》詩：「惟憐一片影，相失萬重雲。望盡似猶見，哀多如更聞。」其思深，其情苦，讀之使人憂思感傷。東坡《卜算子》詞亦然。文豹嘗妄爲之釋，「缺月挂疏桐」，明小不見察也。「漏斷人初靜」，群謗稍息也。「時見幽人獨往來」，進退無處也。「縹緲孤鴻影」，悄然孤立也。「驚起卻回頭」，猶恐讒慝也。「有恨無人省」，誰其知我也。「揀盡寒枝不肯棲」，不苟依附也。「寂寞沙洲冷」，寧甘冷淡也。

《能改齋漫錄》卷一六：東坡先生謫居黃州，作《卜算子》詞云（略）。其屬意蓋爲王氏女子也，讀者不能解。張右史文潛繼貶黃州，訪潘邠老，嘗得其詳，題詩以誌之云：「空江月明魚龍眠，月中孤鴻影翩翩。有人清吟立江邊，葛巾藜杖眼窺天。夜冷月墮幽蟲泣，鴻影翹沙衣露溼。仙人采詩作步虛，玉皇飲之碧琳腴。」

胡仔《苕溪漁隱叢話》前集卷三九：苕溪漁隱曰：「揀盡寒枝不肯棲」之句，或云鴻雁未嘗棲宿樹枝，惟在田野葦叢間，此亦語病也。此詞本詠夜景，至換頭但只說鴻，正如《賀新郎》詞「乳燕飛華屋」，本詠夏景，至換頭但只說榴花。蓋其文章之妙，語意到處即爲之，不可限以繩墨也。

又後集卷二六：苕溪漁隱曰：《後山詩話》謂「退之以文爲詩，子瞻以詩爲詞，如教坊雷大使之舞，雖極天下之工，要非本色。」余謂後山之言過矣，子瞻佳詞最多，「缺月掛疏桐，漏斷人初靜」（秋夜詞）；（略）凡此十餘詞，皆絕去筆墨畦徑間，直造古人不到處，眞可使人一唱而三歎。若謂以詩爲詞，是大不然。子瞻自言「平生不善唱曲，故有不入腔處」，非盡如此。後山乃比之教坊司雷大使舞，是何每況愈下？蓋其謬耳。

袁文《甕牖閑評》卷五：蘇東坡謫黃州，鄰家一女子甚賢，每夕只在窗下聽東坡讀書。後其家欲議親，女子云：「須得讀書如東坡者乃可。」竟無所諧而死，故東坡作《卜算子》以記之。黃太史謂語意高妙，蓋以東坡是詞爲冠絕也。獨不知其別有一詞，名《江神子》者。

陳鵠《耆舊續聞》卷二：黃魯直《跋東坡道人黃州所作卜算子詞》云：「語意高妙，似非喫煙火食人語。」此眞知東坡者也。蓋「揀盡寒枝不肯棲」，取興鳥擇木之意，所以謂之高妙。而胡仔《苕溪漁隱叢話》迺云：「鴻雁未嘗棲宿樹枝，惟在田野葦叢間。此亦語病。」當爲東坡稱屈可也。（略）又云：「余頃於鄭公實處見東坡親蹟，書《卜算子》斷句云『寂寞沙洲冷』，今本作『楓落吳江冷』，詞意全不相屬也。」

王楙《野客叢書》卷二四《東坡卜算子》：山谷曰：「東坡在黃州所作《卜算子》云云，詞意高妙，非吃煙火食人語。」吳曾亦曰：「東坡謫居黃州，作《卜算子》云云，其屬意王氏女也，讀者不能解。張文潛繼貶黃州，訪潘邠老，得其詳，嘗題詩以志其事。」僕謂二說如此，無可疑者，然嘗見臨江人王說夢得，謂此詞東坡在惠州白鶴觀所作，非黃州也。惠有溫都監女，頗有色，年十六，不肯嫁人，聞東坡至，喜謂人曰：「此吾壻也。」每夜聞坡諷詠，則徘徊窗外，坡覺而推窗，則其女窬牆而去。坡從而物色之，溫具言其然，坡曰：「吾當呼王郎與子爲姻。」未幾，坡過海，此議不諧，其女遂卒，葬于沙灘之側。坡回惠日，女已死矣，悵然爲賦此詞。坡蓋借鴻爲喻，非眞言鴻也。「揀盡寒枝不肯棲」者，謂少擇偶不嫁，「寂寞沙洲冷」者，指其葬所也。說之言如此。其說得之廣人蒲仲通，未知是否，姑志于此，以俟詢訪。漁隱謂：「鴻雁未嘗棲宿樹枝，惟在田葦間，『揀盡寒枝不肯棲』，此語亦病。」僕謂人讀書不多，不可妄議前輩詩句，觀隋李元操《鳴雁行》曰：「夕宿寒枝上，朝飛空井旁。」坡語豈無自邪？

李如箎《東園叢說》卷下：坡詞《卜算子》，山谷嘗謂非胸中有萬卷詩書，筆下無一點塵氣，安能道此語。愚幼年嘗見先人與王子家同直閣論文，王子家言及蘇公少年時常夜讀書，鄰家豪右之女常竊聽之，一夕來奔，蘇公不納，而約以登第後聘以爲室。暨公既第，已別娶。仕宦歲久，訪問其所適何人，以守前言，不嫁而死。其詞時有「幽人獨往來，縹緲孤鴻影」之句，正謂斯人也。「揀盡寒枝不肯棲，楓落吳江冷」之句，謂此人不嫁而云亡也。其情意如此繾綣，使他人爲之，豈能脫去脂粉，輕新如此？山谷之云，不輕發也。而俗人乃以其詞中有「鴻影」二字，便認鴻雁，改後一句作「寂寞沙洲冷」，意謂沙洲鴻雁之所棲宿者也。愚每舉此一事爲人言之，莫以爲然，此可與深於辭翰者語，豈流俗之所能識也哉。

吳師道《吳禮部詞話・賀新郎詞》：《卜算子》「缺月掛疏桐」云云，「縹緲孤鴻影」以下皆說鴻，別是一格。

張炎《詞源》卷下《雜論》：東坡詞如《水龍吟》詠楊花、詠聞笛，又如《過秦樓》、《洞仙歌》、《卜算子》等作，皆清麗舒徐，高出人表。

龍輔《女紅餘志》：惠州溫氏女超超，年及笄，不肯字人。聞東坡至，喜曰：「我婿也。」日徘徊窗外，聽公吟詠，覺則亟去。東坡知之，乃曰：「吾將呼王郎與子爲婣。」東坡渡海歸，超超已卒，葬於沙際。公因作《卜算子》，有「揀盡寒枝不肯棲」之句。

王若虛《滹南詩話》卷二：東坡雁詞云「揀盡寒枝不肯棲」，以其不棲木故云爾。蓋激詭之致，詞人貴正其如此。而或者以爲語病，是尚可與言哉？近日張吉甫復以「鴻漸于木」爲辯，而怪昔人之寡聞，此益可笑。《易》象之言，不當援引爲證也。其實雁何嘗棲木哉。

《類編草堂詩餘》卷一引鮦陽居士云：「缺月」，刺明微也。「漏斷」，暗時也。「幽人」，不得志也。「獨往來」，無助也。驚鴻，賢人不安也。回頭，愛君不忘也。「無人省」，君不察也。「揀盡寒枝不肯棲」，不偷安于高位也。「寂莫沙洲冷」，非所安也。此詞與《考槃》詩極相似。

徐伯齡《蟫精雋》卷一一：坡詩（略）其風流醞藉，曲盡閨人之情態，一何至是耶？又嘗見有詠乳燕、《卜算子》，亦艷麗可愛。

王世貞《山谷書東坡卜算子詞帖》（《弇州四部稿》卷一三六）：坡此詞亦佳，第爲宋儒解傳時事，遂令面目可憎厭耳。詞尾「寂寞沙州冷」，一本作「楓落吳江冷」，「楓落」是崔信餘詩語，不如此尾與篇指相應。

徐釚《詞苑叢說》卷三：（前引鮦陽居士語）阮亭稱其「村夫子強作解事，令人作嘔」。韋蘇州《滁州西澗》詩，疊山以爲小人在朝，賢人在野之象。令韋郎有知，豈不叫屈？僕嘗戲謂，坡命宮磨蝎，湖州詩案，生前爲王珪、舒亶輩所苦，身後又硬受此差排耶。

沈雄《古今詞話·詞話》上卷《坡公爲超超作卜算子》：《梅墩詞話》曰：惠州溫氏女超超，年及笄，不肯字人。東坡至，喜曰：『吾婿也。』日徘徊窗外，聽公吟詠，覺則亟去。東坡曰：「吾呼王郎與子爲姻。」未幾東坡渡海歸，超超已卒，葬於沙際。因作《卜算子》，乃有鮦陽居士錯爲之解曰：「東坡殊多寓意，『缺月』，刺明微也。（略）」坡公豈爲是哉？超超既鍾情于公，余哀其能具隻眼，知公之爲舉世無雙，知公之堪爲吾婿，是以不得親近，寧死不願居人間世也。即呼王郎爲姻，彼且必死，彼知有坡公也。

鄧廷楨《雙硯齋詞話·東坡詞高華》：東坡以龍驤不羈之才，樹松檜特立之操，故其詞清剛儁上，囊括羣英。（略）然如《卜算子》云：「缺月挂疏桐（略）。」則明漪絕底，薌澤不聞，宜涪翁稱之爲不食人間煙火。而造言者謂此詞爲惠州溫都監女作，又或謂爲黃州王氏女作。夫東坡何如人，而作牆東宋玉哉？（略）皆能簸之揉之，高華沉痛，遂爲石帚導師。譬之慧能肇啓南宗，實傳黃梅衣鉢矣。

《張惠言論詞》：此東坡在黃州作。鮦陽居士云：「缺月」，刺明微也。（略）」此詞與《考槃》詩極相似。

王文誥《蘇文忠公詩編注集成總案》卷二一：（元豐五年壬戌十二月）作《卜算子》詞。

李良年《詞家辨證》：東坡在黃州作《卜算子》詞，有「缺月掛疏桐」等句。山谷以爲「不吃煙火食人語」。《詞學筌蹄》強爲之解，皆未得其故，余載入《品藻》中。昨讀「野客叢書」，又云乃東坡在惠州白鶴觀所作。惠有溫都監女頗有姿色，年十六而不肯聘人。聞坡至相鄰，溫謂人曰：「此吾婿也。」一夜坡吟詠間，其女徘徊窗外，坡覺推窗，則逾牆而去。坡物色得其詳，正呼王說爲媒，適有過海之事，此議遂寢。其女不久卒，葬于沙汀之側。坡回，爲之悵然，故爲此詞也。犁莊曰：此言亦非。似亦忌公者以此謗之，如階下簸錢之類耳。小說紕謬，不足憑也。

劉熙載《藝概》卷四：（前引黃庭堅跋）余案：詞之大要，不外厚而清。厚，包諸所有；清，空諸所有也。

丁紹儀《聽秋聲館詞話》卷一一《蘇軾賀新郎詞》：其詞寄託深遠，與詠雁《卜算子》云「缺月掛疏桐（略）」同一比興。（略）至《卜算子》詞，或謂有女窺窗而作，殆因溫都監女而附會之，亦不足信。一本「靜」作「定」，「汀」作「洲」，似不如「人初靜」與「沙汀」之善。有謂雁不樹宿，寒枝二字欠妥者，不知不肯枝棲，故有「寂寞沙汀」之慨，若作寒蘆，似失意旨。

黃氏《蓼園詞評・卜算子（缺月掛疎桐）》：鮦陽居士云：「缺月，刺明微也（略）。」按此詞乃東坡自寫在黃州之寂寞耳。初從人說起，言如孤鴻之冷落。第二闋，專就鴻說，語語雙關。格奇而語雋，斯爲超詣神品。

李佳《左庵詞話》卷上《東坡詞》：東坡詞「缺月掛疏桐」，此在黃州作。

謝章鋌《賭棋山莊詞話》卷二《詠物詞》：詠物詞雖不作可也，別有寄託如東坡之詠雁，獨寫哀怨如白石之詠蟋蟀，斯最善矣。至如史邦卿之詠燕，劉龍洲之詠指足，縱工摹繪，已落言詮。

張宗橚《詞林紀事》卷五：按此詞爲詠雁，當別有寄託。何得以俗情傅會也。

陳廷焯《白雨齋詞話》卷一《東坡詞別有天地》：詞至東坡，一洗綺羅香澤之態，寄慨無端，別有天地。《水調歌頭》、《卜算子（雁）》、《賀新涼》、《水龍吟》諸篇，尤爲絕搆。

又《放翁鵲橋仙》：放翁詞惟《鵲橋仙（夜聞杜鵑）》一章，借物寓言，較他作爲合乎古。然以東坡《卜算子（雁）》較之，相去殆不可道里計矣。

又卷六《比與興之別》：所謂興者，意在筆先，神餘言外，極虛極活，極沉極鬱，若遠若近，可喻不可喻，反覆纏綿，都歸忠厚。求之兩宋，如東坡《水調歌頭》、《卜算子》（雁），白石《暗香》、《疏影》，碧山《眉嫵》（新月）、《慶清朝》（榴花）、《高陽臺》（殘雪庭除一篇）等篇，亦庶乎近之矣。

譚獻《復堂詞話·評蘇軾詞》：皋文《詞選》，以《考槃》爲比，其言非《河漢》也。此亦鄙人所謂「作者未必然，讀者何必不然」。

沈祥龍《論詞隨筆·詞須有書卷氣》：詞不能堆垛書卷，以誇典博，然須有書卷之氣味。胸無書卷，襟懷必不高妙，意趣必不古雅，其詞非俗即腐，非粗即纖。故山谷稱東坡《卜算子》詞，非胸中有萬卷書，孰能至此？

張德瀛《詞徵》卷五：曾豐謂蘇子瞻長短句，猶有與道德合者。「缺月掛疏桐」一章，觸興于驚鴻，發乎情性也。收思于冷洲，歸乎禮義也。本朝張茗柯論詞，每宗此義，遂爲鮦陽之續。

鄭文綽《大鶴山人詞話》：此亦有所感觸，不必附會溫都監女故事，自成馨逸。

毛先舒《詩辯坻・詞曲》：前半泛寫，後半專叙，盛宋詞人多此法。如子瞻《賀新涼》後段只說榴花，《卜算子》後段只說鳴雁，周清眞《寒食》詞後段只說邂逅，乃更覺意長。

陳菲石《宋詞舉》：《草堂》題曰《孤鴻》。汲古錄《女紅餘志》原文，謂在惠州爲溫都監女作。然朱氏據南宋人王宗稷《東坡年譜》，爲壬戌在黃州作；元本亦題《黃州定慧院寓居》，則《女紅餘志》之言不足信也。以《孤鴻》爲題，疑亦後加。此詞未必專爲詠鴻，猶《賀新郎》未必即詠榴花也。鮦陽居士曰：「『缺月』，刺明微也。『漏斷』，暗時也。『幽人』，不得志也。『獨往來』，無助也。『驚鴻』，賢人不安也。『回頭』，愛君不忘也。『無人省』，君不察也。『揀盡寒枝不肯棲』，不肯偸安于高位也。『寂寞沙洲冷』，非所安也。此詞與《考槃》詩相似。」張惠言頗取其說。譚獻曰：「作者未必然，讀者亦何必不然。」此常州派「比興說」，亦從東坡《西江月》「把盞凄然北望」及《水調歌頭》「玉宇」、「瓊樓」之句聯想而及者。若就詞論詞，則黃山谷謂「語意高妙，似非吃煙火食人語」者，最爲得之。首句寫景，已一片幽靜氣象。次句寫時，更覺萬籟無聲，纖塵不到。「幽人」身分境也，烘托已盡。然後說出「獨往來」之「幽人」。「見」上着一「誰」字，更爲上兩句及下「孤」字出力。至「孤鴻」之「影」，則爲見「幽人」者，或即「幽人」自身，均不可定。然而此中「有恨」焉，不知誰實「驚」之，爲誰「回頭」？而卻系如此，乃知實有恨事，「無人」爲

「省」。「揀盡寒枝」兩句，「孤鴻」心事，即「幽人」心事。因含此「恨」，寂寞自甘，但見徘徊「沙洲」，自寄其「不肯棲」之意。而其所以「恨」者，依然「無人」知之，固亦有吞吐含蓄之妙也。而通首空中傳恨，一氣呵成，亦具有「縹緲孤鴻」之象。于小令為別調，而一片神行，則溫、韋、晏、歐所未有。

瑞鷓鴣 觀潮

碧山影裏小紅旗，儂是江南踏浪兒。拍手欲嘲山簡醉，齊聲爭唱浪婆詞。　西興渡口帆初落，漁浦山頭日未攲。儂欲送潮歌底曲，尊前還唱使君詩。

胡仔《苕溪漁隱叢話》前集卷三九《長短句》：苕溪漁隱曰：唐初歌詞多是五言詩，或七言詩，初無長短句。自中葉以後，至五代，漸變成長短句。及本朝則盡為此體。今所存止《瑞鷓鴣》、《小秦王》二闋是七言八句詩並七言絕句詩而已。《瑞鷓鴣》猶依字易歌，若《小秦王》必須雜以虛聲，乃可歌耳。其詞云：「碧山影裏小紅族（略）。」此《瑞鷓鴣》也。（略）皆東坡所作也。

王文誥《蘇文忠公詩編注集成總案》卷一〇：（熙寧六年癸丑）八月十五日觀潮，題詩安濟橋上，復作《瑞鷓鴣》詞。　誥案：是日似與陳襄同遊，故落句及之。

瑞鷓鴣

城頭月落尙啼烏，朱艦紅船早滿湖。鼓吹未容迎五馬，水雲先已漾雙鳧。映山黃帽螭頭舫，夾岸青煙鵲尾鑪。老病逢春只思睡，獨求僧榻寄須臾。

吳曾《能改齋漫錄》卷七《事實》：東坡詩有「夾道青煙鵲尾爐」，按《松陵唱和集》皮日休《寄華陽潤卿》詩云：「鵲尾金爐一世焚。」注云：「陶貞白有金鵲尾香爐。」又《珠林》云：「宋吳興人費崇先，少信佛法。每聽經，常以鵲尾香爐置膝前。」費迪先事又見王琰《冥祥記》。

十拍子　暮秋

白酒新開九醞，黃花已過重陽。身外儻來都似夢，醉裏無何即是鄉。東坡日月長。玉粉旋烹茶乳，金虀新擣橙香。強染霜髭扶翠袖，莫道狂夫不解狂。狂夫老更狂。

王文誥《蘇文忠公詩編注集成總案》卷二二：（元豐六年癸亥）九月作《十拍子》詞。

清平樂　秋詞

清淮濁汴，更在江西岸。紅旆到時黄葉亂，霜入梁王故苑。　秋原何處攜壺，停驂訪古踟躕。雙廟遺風尚在，漆園傲吏應無。

傅藻《東坡紀年録》：（熙寧七年甲寅）送述古赴南都，作《清平樂》。

昭君怨　送别

誰作桓伊三弄，驚破緑窗幽夢。新月與愁煙，滿江天。　欲去又還不去，明日落花飛絮。飛絮送行舟，水東流。

傅藻《東坡紀年録》：（熙寧七年甲寅）金山送子玉，作《昭君怨》。

沈雄《古今詞話·詞辨》上卷《昭君怨》：《柳塘詞話》曰：調本兩韻，如蘇軾、韓駒、万俟雅言、辛棄疾、鄭域、張鎡，俱得體。

王文誥《蘇文忠公詩編注集成總案》卷一一：（熙寧七年甲寅二月）再送柳瑾，作《昭君怨》詞。

戚氏

玉龜山，東皇靈媲統群仙。絳闕岧嶢，翠房深迥，倚霏煙。幽閒，志蕭然。金城千里鎖嬋娟。當時穆滿巡狩，翠華曾到海西邊。風露明霽，鯨波極目，勢浮輿蓋方圓。正迢迢麗日，玄圃清寂，瓊草芊綿。　爭解繡勒香韉，鸞輅駐蹕，八馬戲芝田。瑤池近，畫樓隱隱，翠鳥翩翩。肆華筵，間作脆管鳴絃。宛若帝所鈞天。稚顏皓齒，綠髮方瞳，圓極恬淡高妍。盡倒瓊壺酒，獻金鼎藥，固大椿年。　縹緲飛瓊妙舞，命雙成，奏曲醉留連。雲璈韻響瀉寒泉，浩歌暢飲，斜月低河漢。漸漸綺霞，天際紅深淺。動歸思，迴首塵寰。爛漫遊，玉輦東還。杏花風，數里響鳴鞭。望長安路，依稀柳色，翠點春妍。

李之儀《跋戚氏》（《姑溪居士文集》卷三八）：中山控北虜，爲天下重鎮，異時選寄，皆一時人物。然輕裘緩帶，折衝樽俎，韓忠獻、宋景文公而已。元祐末，東坡老人自禮部尚書，以端明殿學士加翰林院侍讀學士，爲定州安撫使。開府延辟，多取其氣類，故之儀以門生從辟，而蜀人孫子發實相與俱。於是海陵滕興公、溫陵曾仲錫爲定倅，五人者每辨色會於公廳，領所事竟，按前所約之地，窮日力，盡歡而罷。或夜，則以曉角動爲期。方從容醉笑間，多令官妓隨意歌於坐側，各因其譜，即席賦詠。一日，歌者輒於老人之側作《戚氏》，意將索老人之才於倉卒，以驗天下之所向慕者。老人笑而頷之，邂逅方論穆天子事，頗摘其虛誕，遂資以應之。隨聲隨寫，歌竟篇就，纔點定五六字爾。坐中隨聲擊節，終席不間他辭，亦不容別進一語。臨分曰：「足以爲中山一時盛事，前固莫與比，而後來者未必能繼也。」方圖刻石以表之，而謫去，賓客皆分散。政和壬辰八月二十日夜，葛大川出此詞於寧國莊，姑溪居士李之儀書。

吳曾《能改齋漫錄》卷二《東坡戚氏詞》：此東坡《戚氏》詞也。東坡元祐末自禮部尙書帥定州日，官妓因宴，索公爲《戚氏》詞。公方與坐客論穆天子事，頗訝其虛誕，遂資以應之，隨聲隨寫，歌竟篇就，纔點定五六字。坐中隨聲擊節，終席不問他詞，亦未容別進一語，且曰足爲中山一時盛事耳。

費袞《梁谿漫志》卷九《戚氏詞》：予嘗怪李端叔謂「東坡在中山，歌者欲試東坡倉卒之才，於其側歌《戚氏》，坡笑而頷之。邂逅方論穆天子事，頗摘其虛誕，遂資以應之，隨聲隨寫，歌竟篇，纔點定五六字。坐中隨聲擊節，終席不間他辭，亦不容別進一語。臨分曰：足以爲中山一時盛事。」然予觀其詞，有曰「玉龜山，東皇靈媲統君仙」，又云「爭解繡勒香韉」，又云「鸞輅駐蹕」，又云「肆華筵，間作脆管鳴弦，宛若帝所鈞天」，又云「盡倒瓊壺酒，獻金鼎藥，固大椿年」，又云「浩歌暢飲，回首塵寰。爛漫遊，玉輦東還」。東坡御風騎氣，下筆眞神仙語。此等鄙俚猥俗之詞，殆是教坊倡優所爲，雖東坡竈下老婢，亦不作此語。而顧稱譽若此，豈果端叔之言耶？恐貽誤後人，不可以不辨。

《老學庵筆記》卷九：東坡先生在中山作《戚氏》樂府詞，最得意。幕客李端叔跋三百四十餘字，叙述甚備。欲刻石傳後，爲定武盛事，會謫去不果。今乃不載集中，至有立論排詆，以爲非公作者，識眞之難如此哉！

元好問《東坡樂府集選序》（《元遺山文集》卷三六）：絳人孫安常注坡詞，（略）其所是正，亦無慮數十百處，坡詞遂爲完本，不可謂無功。然尚有可論者，（略）「玉龜山」一篇，予謂非東坡不能作，孫以爲古詞刪去之，當自別有所據。姑存卷末，以俟更考。

王文誥《蘇文忠公詩編注集成總案》卷三七：（元祐九年甲戌）聞歌者歌《戚氏》，公方論穆天子事，因依其聲，成《戚氏》詞。

醉蓬萊　重九上君猷

笑勞生一夢，羈旅三年，又還重九。華髮蕭蕭，對荒園搔首。賴有多情，好飲無事，似古人賢守。歲歲登高，年年落帽，物華依舊。此會應須爛醉，仍把紫菊茱萸，細看重嗅。搖落霜風，有手栽雙柳。來歲今朝，爲我西顧，酹羽觴江口。會與州人，飲公遺愛，一江醇酎。

傅藻《東坡紀年錄》：（元豐六年癸亥）居黃三見重九，每歲與君猷會于棲霞樓，君猷將去，念此憫然，故作《醉蓬萊》。

王文誥《蘇文忠公詩編注集成總案》卷二一：（元豐五年壬戌）九月九日，徐大受攜酒雪堂，作《醉蓬萊》詞。誥案：詞有「羈旅三年」句，信爲元豐五年壬戌所作。而紀年錄以重九《南鄉子》詞編是年，以是詞編六年癸亥，並誤，今駁正。

賀新郎　夏景

乳燕飛華屋，悄無人，桐陰轉午，晚涼新浴。手弄生綃白團扇，扇手一時似玉。漸困倚，孤眠清熟。簾外誰來推繡戶，枉教人，夢斷瑤臺曲。又卻是，風敲竹。　石榴半吐紅巾蹙，待浮花、浪蕊都盡，伴君幽獨。穠豔一枝細看取，芳心千重似束。又恐被，秋風驚綠。若待得君來向此，花前對酒不忍觸。共粉淚，兩簌簌。

楊湜《古今詞話》云：蘇子瞻守錢塘，有官妓秀蘭天性黠慧，善於應對。湖中有宴會，群妓畢至，惟秀蘭不來。遣人督之，須臾方至。子瞻問其故，具以「髮結沐浴，不覺睏睡，忽有人叩門聲，急起而問之，乃樂營將催督之，非敢怠忽，謹以實告」。子瞻亦恕之。坐中倅車屬意於蘭，見其晚來，恚恨未已，責之曰：「必有他事，以此晚至。」秀蘭力辯，不能止倅之怒。是時榴花盛開，秀蘭以一枝藉手告倅，其怒愈甚。秀蘭收淚無言。子瞻作《賀新涼》以解之，其怒始息。其詞曰（略）。子瞻之作，皆紀目前事，蓋取其沐浴新涼，曲名《賀新涼》也。後人不知之，誤爲《賀新郎》，蓋不得子瞻之意也。子瞻眞所謂風流太守也，豈可與俗吏同日語哉！

曾季貍《艇齋詩話》：東坡《賀新郎》，在杭州萬頃寺作。寺有榴花樹，故詞中云石榴。又是日有歌者晝寢，故詞中云「漸困倚孤眠清熟」。其眞本云：「乳燕棲華屋」，今本作「飛」字，非是。

胡仔《苕溪漁隱叢話》前集卷三九：《賀新郎》詞「乳燕飛華屋」，本詠夏景，至換頭但只說榴花。蓋其文章之妙，語意到處即爲之，不可限以繩墨也。

又後集卷二六：苕溪漁隱曰：《後山詩話》謂「退之以文爲詩，子瞻以詩爲詞，如教坊雷大使之舞，雖極天下之工，要非本色。」余謂後山之言過矣，子瞻佳詞最多，「乳燕飛華屋，悄無人，桐陰轉午」（初夏詞）；（略）凡此十餘詞，皆絕去筆墨畦徑間，直造古人不到處，眞可使人一唱而三歎。若謂以詩爲詞，是大不然。子瞻自言「平生不善唱曲，故有不入腔處」，非盡如此。後山乃比之教坊司雷大使舞，是何每況愈下？蓋其謬耳。

又卷三九：苕溪漁隱曰：（前引楊湜《古今詞話》）野哉，楊湜之言，眞可入《笑林》。東坡此詞，冠絕古今，託意高遠，寧爲一娼而發邪？「簾外誰來推繡戶？枉教人夢斷瑤臺曲。又卻是，風敲竹。」用古詩「捲簾風動竹，疑是故人來」之意，今乃云『忽有人叩門聲，急起而問之，乃樂營將催督』，此可笑者一也。「石榴半吐紅巾蹙。待浮花浪蕊都盡，伴君幽獨。濃艷一枝細看取，芳心千重似束」，蓋初夏之時，千花事退，榴花獨芳，因以中寫幽閨之情，今乃云「是時榴花盛開，秀蘭以一枝藉手告倅，其怒愈甚」，此可笑者二也。此詞腔調寄《賀新郎》，乃古曲名也，今乃云「取其沐浴新涼，曲名《賀新涼》，後人不知之，誤爲《賀新郎》」，此可笑者三也。《詞話》中可笑者甚衆，姑舉其尤者。第東坡此詞，深爲不幸，橫遭點汙，吾不可無一言雪其耻。宋子京云：「江左有文拙而好刻石者，謂之詅嗤符。」今楊湜之言俚甚，而鋟板行世，殆類是也。

陳鵠《耆舊續聞》卷二：陸辰州子逸左丞，農師之孫，太傅公之元孫也。晚以疾廢，卜築於秀野，越之佳山水也。公放傲其間，不復有榮念，客到，終日清談不倦。尤好語及前輩事，纚纚傾人聽。余嘗登門，出近作贈別長短句以示公，其末句云：「莫待柳吹綿，柳綿時杜鵑。」公賞誦久之，是後從游頗密。公嘗謂余曰：「曾看東坡《賀新郎》詞否？」余對以世所共歌者。公云：「東坡此詞，人皆知其爲佳，但後攧用榴花事，人少知其意。某嘗於晁以道家見東坡眞迹，晁氏曰：『東坡有妾名朝雲、榴花，朝雲死於嶺外，東坡嘗作《西江月》一闋寓意於梅，所謂『高情已逐曉雲空』是也。惟榴花獨存，故其詞多及之。觀『浮花浪蘂都盡，伴君幽獨』，可見其意矣。」

又：曩見陸辰州，語余以《賀新郎》詞用榴花事，乃妾名也。退即書其語，今十年矣，亦未嘗深考。近觀顧景藩續注，因悟東坡詞中用白團扇、瑤臺曲，皆侍妾故事。按晉中書令王珉，好執白團扇，婢作《白團扇》歌以贈珉。又《唐逸史》，許檀暴卒復悟，作詩云：「曉入瑤臺露氣清，座中惟見許飛瓊。塵心未盡欲緣重，千里下山空月明。」復寢，驚起，改第二句，云昨日夢到瑤池，飛瓊令改之，云不欲世間知有我也。按《漢武帝內傳》所載董雙成、許飛瓊，皆西王母侍兒，東坡用此事，迺知陸辰州得榴花之事於晁氏爲不妄也。《本事詞》載榴花事極鄙俚，誠爲妄誕。

趙彥衛《雲麓漫鈔》卷四：版行東坡長短句，《賀新郎》詞云：「乳燕飛華屋。」嘗見其眞迹乃「棲華屋」。（略）以此知前輩文章爲後人妄改亦多矣。

項安世《項氏家說》卷八：蘇公「乳燕飛華屋」之詞，興寄最深，有《離騷經》之遺法，蓋以興君臣遇合之難，一篇之中，殆不止三致意焉。瑤臺之夢，主恩之難常也。幽獨之情，臣心之不變也。恐西風之驚綠，憂讒之深也。冀君來而共泣，忠愛之至也。其首尾布置，全類《邶・柏舟》。或者不察其意，多疑末章專賦石榴，似與上章不屬，而不知此篇意最融貫也。

吳師道《吳禮部詞話・賀新郎詞》：東坡《賀新郎》詞「乳燕飛華屋」云云，後段「石榴半吐紅巾蹙」以下，皆詠榴。（略）別一格也。

《瀛奎律髓匯評》卷二六《變體類》方回評蘇軾《首夏官舍即事》：如初夏《賀新郎》詞後一段全說榴花，亦他人所不能也。

《草堂詩餘》別集卷四沈際飛評：換頭單說榴花，高手作文，語意到處即爲之，不當限以繩墨。

榴花開，榴花謝，以芳心共粉淚想象，詠物妙境。　凡作事或具深衷，或即時事，工與不工，則作手之本色，自莫可掩。《賀新郎》一詞，苕溪正之誠然，而爲秀蘭非爲秀蘭，不必論也。兩家紛然，子瞻在泉，不笑其多事耶？　又評宋謙父《賀新郎》（喚起東坡老）：誰敢者？東坡一生任達，看來還跳不出籠子，當局不如旁觀，泊如。

王又華《古今詞論》引毛稚黃語：前半泛寫，後半專叙，蓋宋詞人多此法。如子瞻《賀新郎》後段只說石榴，《卜算子》後段只說鴻雁，周淸眞《寒食詞》後段只說邂逅，乃更覺意長。

許昂霄《詞綜偶評·宋詞》：東坡《賀新涼》詞，後段單說榴花。荆公詠榴花，有「萬綠叢中紅一點，動人春色不須多」之句。

周濟《介存齋論詞雜著·應歌應社詞》：北宋有無謂之詞以應歌，南宋有無謂之詞以應社。然美成《蘭陵王》，東坡《賀新涼》，當筵命筆，冠絕一時。

謝元淮《塡詞淺說·詞禁須活看》：蘇軾《賀新郎》詞「花前對酒不忍觸，共粉淚、兩蔌蔌」三句，連用十一仄字。其餘四仄四平，指不勝屈，豈能盡諧律呂，恐其中不無尙可商榷者。

丁紹儀《聽秋聲館詞話》卷一一《蘇軾賀新郎詞》：《賀新郎》調一百十六字，或名《賀新涼》，或名《乳燕飛》，均因東坡詞而起。其詞寄託深遠，與詠雁《卜算子》云「缺月掛疏桐（略）」同一比興。乃楊湜《詞話》謂爲酒間召妓鋪叙實事之作，謬妄殊甚。詞云：「乳燕飛華屋

（略）。」計一百十五字。竊意「若待得君來向此」，下直接「花前對酒不忍觸」，語氣未洽，必係「花前」上脫一字。雖韓淲詞此句亦僅七字，恐同一殘缺，非全本也。其「蕊」字乃以上作平，與「兩簌簌」句中「簌」字以入作平同。

黃氏《蓼園詞評・賀新郎（乳燕飛華屋）》：前一闋，是寫所居之幽僻。次闋，又借榴花，以比此心蘊結，未獲達於朝廷，又恐其年已老也。末四句，是花是人，婉曲纏綿，耐人尋味不盡。沈際飛曰：恍惚輕儇。又曰：本詠夏景，至換頭，單說榴花。高手作文，語意到處即爲之，不當限以繩墨。又曰：榴花開，榴花謝，似芳心，「共粉淚」，想像詠物妙境。香山詩：「山榴花似結巾紅。」

李佳《左庵詞話・宋謙甫詞》：宋謙甫《賀新涼》云：「喚起東坡老（略）。」此詞慷慨激昂，坡老見之，定當把臂入林。

陳廷焯《白雨齋詞話》卷一《東坡詞別有天地》：詞至東坡，一洗綺羅香澤之態，寄慨無端，別有天地。（略）《賀新涼》尤爲絕構。

譚獻《復堂詞話・評蘇軾詞》：頗欲與少陵《佳人》一篇互證。（「癡兒騃女賀新涼」二句）與東坡《洞仙歌》結處同意。

洞仙歌　詠柳

江南臘盡，早梅花開後，分付新春與垂柳。細腰肢，自有入格風流。仍更是、骨體清英雅秀。永豐坊那畔，盡日無人，惟見金絲弄晴晝。斷腸是，飛絮時，綠葉成陰，無箇事、一成消瘦。又莫是，東風逐君來，便吹散眉間，一點春皺。

《烏臺詩案·與王詵往來詩賦》：次日（熙寧十年三月二日），軾與王詵相見。令姨嫣六七人出，斟酒下食。數內有倩奴，問軾求曲子。軾遂作《洞仙歌》一首、《喜長春》一首與之。

傅藻《東坡紀年錄》：（熙寧十年丁巳）三月一日，與王詵會四照亭，有倩奴者求曲，遂作《洞仙歌》、《喜長春》與之。

洞仙歌

僕七歲時見眉山老尼姓朱，忘其名，年九十餘，自言：嘗隨其師入蜀主孟昶宮中。一日大熱，蜀主與花蕊夫人夜起避暑摩訶池上，作一詞。朱具能記之。今四十年，朱已死，人無知此詞者。但記其首兩句，暇日尋味，豈《洞仙歌令》乎？乃爲足之。

冰肌玉骨，自清涼無汗。水殿風來暗香滿。繡簾開，一點明月窺人，人未寢、攲枕釵橫鬢亂。起來攜素手，庭戶無聲，時見疏星渡河漢。試問夜如何，夜已三更，金波淡，玉繩低轉。但屈指，西風幾時來，又不道、流年暗中偸換。

《烏臺詩案·與王詵往來詩賦》：次日（熙寧十年三月二日），軾與王詵相見。令姨嬨六七人出，斟酒下食。數內有倩奴，問軾求曲子。軾遂作《洞仙歌》一首、《喜長春》一首與之。

《後山詩話》：費氏，蜀之青城人，以才色入蜀宮，後主嬖之，號花蕊夫人，效王建作宮詞百首。國亡，入備後宮。太祖聞之，召使陳詩。誦其《國亡》詩云：「君王城上豎降旗，妾在深宮那得知。十四萬人齊解甲，更無一個是男兒。」太祖悅，蓋蜀兵十四萬，而王師數萬爾。

胡仔《苕溪漁隱叢話》前集卷六〇載《漫叟詩話》引楊元素《本事曲》：錢塘有一老尼，能誦後主詩首章兩句，後人爲足其意以塡此詞。余嘗見一士人誦全篇云：「冰肌玉骨淸無汗，水殿風來暗香暖。簾開明月獨窺人，攲枕釵橫雲鬢亂。起來瓊戶啓無聲，時見疏星渡河漢。屈指西風幾時來，只恐流年暗中換。」又東坡《洞仙歌》序云（略）。苕溪漁隱曰：《漫叟詩話》所載《本事曲》，云錢塘一老尼能誦後主詩首章兩句，與東坡《洞仙歌》序全然不同，當以序爲正也。

又後集卷二六：苕溪漁隱曰：《後山詩話》謂「退之以文爲詩，子瞻以詩爲詞，如教坊雷大使之舞，雖極天下之工，要非本色。」余謂後山之言過矣，子瞻佳詞最多，「冰肌玉骨，自清涼無汗」（夏夜詞）；（略）凡此十餘詞，皆絕去筆墨畦徑間，直造古人不到處，眞可使人一唱而三歎。若謂以詩爲詞，是大不然。子瞻自言「平生不善唱曲，故有不入腔處」，非盡如此。後山乃比之教坊司雷大使舞，是何每況愈下？蓋其謬耳。

周紫芝《竹坡詩話》卷二：「冰肌玉骨清無汗（略）。」世傳此詩爲花蕊夫人作。東坡嘗用此作《洞仙歌》曲，或謂東坡托花蕊以自解耳，不可知也。

張邦基《墨莊漫錄》卷九：東坡作長短句《洞仙歌》，所謂「冰肌玉骨，自清涼無汗」者。公自叙云（略）。近見李公彥季成詩首章兩句，後人爲足其意，以塡此詞。其說不同。予友陳興祖德昭云，頃見一詩話，亦題云李季成作，乃全載孟蜀主一詩：「冰肌玉骨清無汗（略）。」云東坡少年，遇美人，喜《洞仙歌》，又邂逅處景色暗相似，故隱括稍協律以贈之也。予以謂此說近之，據此乃詩耳。而東坡自叙，乃云是《洞仙歌令》，蓋公以此叙自晦耳。《洞仙歌》腔出近世，五代及國初未之有也。

《能改齋漫錄》卷一六《僞蜀主孟昶》：徐匡璋納女于昶，拜貴妃，別號花蘂夫人，意花不足擬其色，似花蘂翾輕也。又升號慧妃，以號如其性也。王師下蜀，太祖聞其名，命別護送。途中作詞自解云：「初離蜀道心將碎，離恨綿綿。春日如年，馬上時時聞杜鵑。三千宮女皆花貌，妾最蟬娟。此去朝天，只恐君王寵愛偏。」陳無已以夫人姓費，誤也。

張炎《詞源》卷下《雜論》：東坡詞如《水龍吟》詠楊花、詠聞笛，又如《過秦樓》、《洞仙歌》、《卜算子》等作，皆清麗舒徐，高出人表。

又《意趣》：詞以意趣爲主，要不蹈襲前人語意。如東坡（略）夏夜《洞仙歌》云：「冰肌玉骨（略）。」

《草堂詩餘》卷三楊慎評：（繡簾開一點）點字妙，從柳點千家。小、點字用法，「山高月小」即「一點明月窺人」。

楊慎《詞品》卷一《關山一點》：杜詩「關山同一點」，點字絕妙。東坡亦極愛之，作《洞仙歌》云：「一點明月窺人」，用其語也。（略）今書坊本改點作照，語意索然。且「關山同一點」，小兒亦能之，何必杜公也。幸《草堂詩餘》可證。

又卷二《五代僭主能詞》：五代僭僞十國之主，蜀之王衍、孟昶，南唐之李景、李煜，吳越之錢俶皆能文，而小詞尤工。如王衍之「月明如水浸宮殿」，元人用之爲傳奇曲子。孟昶之《洞仙歌》，東坡極稱之。錢俶「金鳳欲飛遭掣搦，情脈脈，行即玉樓雲雨隔」，爲宋藝祖所賞，惜不見其全篇。

又《花蕊夫人》：花蕊夫人，宮詞之外，尤工樂府。蜀亡入汴，書葭萌驛壁云：「初離蜀道心將碎，離恨綿綿，春日如年，馬上時時聞杜鵑。」書未畢，爲軍騎催行。後人續之云：「三千宮女皆花貌，妾最嬋娟，此去朝天，只恐君王寵愛偏。」花蕊見宋祖，猶作「更無一個是男兒」之詩，焉有隨昶行而書此敗節之語乎？續之者不惟虛空駕橋，而詞之鄙，亦狗尾續貂矣。

胡應麟《詩藪・雜篇》卷四：孟蜀主昶，世以荒淫不道，然實留心文藝。嘗與花蕊夫人納涼，作詞云：「冰肌玉骨清無汗（略）。」按昶詞，蘇長公《洞仙歌》全檃括之。元人《琵琶記》「新篁池閣」，亦出此。而《花間集》不載。近吳興補刻，復遺之，因錄此。

又：花蕊夫人，費姓，或云徐氏。按郎瑛《類稿》，以蜀有兩花蕊，皆能詩，皆亡國，皆徐氏也。王蜀徐妃二人，亦名知爲詩，見《蜀檮杌》。一號花蕊，孟蜀花蕊《宮詞》一卷，今傳。又「君王城上樹降旗」絕句，載《後山詩話》。嘗供奉故主之家，宋主問之，以張仙對，信慧黠女人也。

李日華《味水軒日記》：此詞首語「冰肌玉骨，自清涼無汗」，舊傳蜀花蕊夫人句，後皆坡翁續成之。豪華婉逸，如出一手，亦公自所得意者。染翰灑灑，想見其軒渠滿志也。

尤侗《消夏詞序》（《西堂雜俎》三集卷三）：「冰肌玉骨涼無汗，水殿風來暗香滿。」蜀宮人納涼詞也。東坡演爲《洞仙歌》，每一詠之，枕簟泠然，如含妃子玉魚，如挂公主澄冰帛。雖然此天上事，吾何望哉？

沈雄《古今詞話・詞話》上卷《詞濫觴于六代》：孟昶之「冰肌玉骨，自清涼無汗」，東坡復衍足其句。

又《詞品》上卷《檃括詞》：沈雄曰：東京士人檃括東坡《洞仙歌》爲《玉樓春》，以記摩訶池上事，見張仲素《本事記》。

又《詞辨》下卷《洞仙歌》：徐蘋村曰：按《漫叟詩話》，楊元素作《本事曲記》，東坡《洞仙歌》成，而後爲後人寄調《玉樓春》，以誦全篇也。或傳《玉樓春》爲蜀主昶自製曲，若然，則東坡爲衍詞也，何以云足成之？

李調元《雨村詞話》卷一《東坡點金》：蜀主孟昶「冰肌玉骨」一闋，本《玉樓春》調，蘇子瞻《洞仙歌》檃括其詞，反爲添蛇足矣。《詞綜》謂爲點金，信然。

許昂霄《詞綜偶評·五代十國詞》：《玉樓春》（蜀主孟昶），此必檃括坡詞而託名爲蜀主者。苕溪漁隱曰：「當以序爲主。」（水殿風來暗香滿）唐詩「水殿風來珠簾香」。

吳衡照《蓮子居詞話》卷二《詞品引據搏洽》：楊用修《詞品》四卷，論列詩餘，頗具知人論世之概，不獨引據博洽而已。其引據處，亦足正俗本之誤。（略）杜公「關山同一點」，一點字絕妙，東坡《洞仙歌》「一點明月窺人」用此，今杜詩改點作照，成小兒語，幸《草堂詩餘》註可證。其他辨訂，淵該綜覈，終非陳耀文、胡應麟輩所可仰而攻也。

宋翔鳳《樂府餘論·辨洞仙歌》：按《（漁隱）叢話》載《漫叟詩話》而辨之甚備，則元素《本事曲》，仍是東坡詞。所謂「見一士人誦全篇」云云者，乃《漫叟詩話》之言，不出元素也。元素與東坡同時，先後知杭州。東坡是追憶幼時詞，當在杭足成之。元素至杭，聞歌此詞，未審爲東坡所足，事皆有之。東坡所見者蜀尼，故能記蜀宮詞。若錢塘尼，何自聞之也？《本事曲》已誤。至所傳「冰肌玉骨清無汗」一詞，不過檃括蘇詞，然刪去數虛字，語遂平直，了無意味。蓋宋自南渡，典籍散亡，小書雜出，眞僞互見，《叢話》多有別白。而竹垞《詞綜》，顧棄此錄彼，意欲變《草堂》之所選，然亦千慮之一失矣。

又《南宋人僞託石刻洞仙歌》：宋趙聞禮《陽春白雪》卷二，載宜春潘明叔云：蜀王與花蘂夫人避暑摩訶池上，賦《洞仙歌》，其詞不見於世。東坡得老尼口誦兩句，遂足之。蜀帥謝元明因開摩訶池，得古石刻，遂見全篇：「冰肌玉骨，自清涼無汗。貝闕琳宮恨初遠，玉闌干倚遍，怯盡朝寒，回首處，何必流連穆滿。　芙蓉開過也，樓閣香融千片，紅英泛波面。洞房深深鎖，莫放輕舟瑤臺去，甘與塵寰路斷。更莫遣流紅到人間，怕一似當時，誤他劉阮。」按云：「自清涼無汗」，確是避暑，而又云「怯盡朝寒」，則非避暑之意。且坡序云夜起，而此詞俱畫景。其中貝闕琳宮，闌干樓閣，洞房瑤臺，拉雜湊集，明是南宋人僞託。

鄧廷楨《雙硯齋詞話·東坡洞仙歌》：東坡作《洞仙歌》，自述「少時嘗聞朱姓老尼（略）。」是東坡止用其調，而非襲其詞。迨後蜀帥謝元明浚摩訶池，得石刻孟昶原詞，首二句「冰肌玉骨，自清涼無汗」，正與東坡所記相符。是昶詞本作《洞仙歌》，尤無疑義。乃不知誰何，別作《玉樓春》一闋，僞託蜀主原詞，其語句乃取坡詞剪裁而成，致爲淺直。而小長蘆《詞綜》不收坡製，轉錄贗詞，且詆坡詞爲點金成鐵。竹垞工於顧曲者，所嗜乃顛倒如此，非惟味味淄澠，抑有說誣燕郢矣。

又《東坡詞高華》：東坡以龍驥不羈之才，樹松檜特立之操，故其詞淸剛雋上，囊括羣英。（略）《洞仙歌》之「試問夜如何，夜已三更，金波澹、玉繩低轉」，皆能簸之揉之，高華沉痛，遂爲石帚導師。譬之慧能肇啓南宗，實傳黃梅衣鉢矣。

黃氏《蓼園詞評・桂枝香（登臨送目）》：東坡「明月幾時有」、「冰肌玉骨」二篇，（略）皆淸空中出意趣，無筆力者難爲。

陳廷焯《白雨齋詞話》卷一《張惠言詞選》：張氏（惠言）《詞選》，可稱精當，識見之超，有過於竹垞十倍者，古今選本，以此爲最。（略）又東坡《洞仙歌》，只就孟昶原詞敷衍成章，所感雖不同，終嫌依傍前人。《詞綜》譏其有點金之憾，固未爲知己，而《詞選》必推爲傑構，亦不可解。至以吳夢窗爲變調，擯之不錄，所見亦左。總之，小疵不能盡免，於詞中大段，卻有體會。溫、韋宗風，一燈不滅，賴有此耳。

沈祥龍《論詞隨筆・詞之妙在神不在迹》：詞韶麗處，不在塗脂抹粉也。誦東坡「冰肌玉骨，自淸涼無汗，水殿風來暗香滿」句，自覺口吻俱香。悲慨處不在歎逝傷離也，誦耆卿「漸霜風淒緊，關河冷落，殘照當樓」句，自覺神魂欲斷。蓋皆在神不在迹也。

張德瀛《詞徵》卷五《孟昶玉樓春詞》：今觀坡詞，與蜀主全詞吻合，非但記其兩句。

王闓運《湘綺樓評詞》：原本皆七言，以宜作詞，故加足成此，不必以續凫斷鶴譏之。然原所謂疏星即此玉繩也，此則以爲流星，又有下三句，癡男不若慧女，信矣。

鄭文綽《大鶴山人詞話》：坡老改添此詞數字，誠覺氣象萬千，其聲亦如空山鳴泉，琴筑競奏。

八聲甘州　寄參寥子

有情風，萬里卷潮來，無情送潮歸。問錢塘江上，西興浦口，幾度斜暉。不用思量今古，俯仰昔人非。誰似東坡老，白首忘機。　記取西湖西畔，正暮山好處，空翠煙霏。算詩人相得，如我與君稀。約他年，東還海道，願謝公，雅志莫相違。西州路，不應回首，爲我霑衣。

葛立方《韻語陽秋》卷一一：東坡以侍讀爲禮部尚書，時正得志之秋，而陳無己寄其詩乃云：「經國向來須老手，有懷何必到壺頭。遙知丹地開黃卷，解記清波沒白頭。」是勸其早休也。洎坡知定州，時事變矣，又爲詩勸之曰：「功名不朽聊通袖，海道勿違具一舟。」坡未能用其語，已而有南遷絕海之禍矣。所謂「海道勿違具一舟」者，蓋用坡所作《八聲甘州》「約他年東還海道，願謝公，雅志莫相違」之意以動公，而不知二句皆成讖也。

胡仔《苕溪漁隱叢話》後集卷二六：苕溪漁隱曰：《後山詩話》謂「退之以文爲詩，子瞻以詩爲詞，如教坊雷大使之舞，雖極天下之工，要非本色。」余謂後山之言過矣，子瞻佳詞最多，「有情風，萬里捲潮來，無情送潮歸」（別參寥詞）；（略）凡此十餘詞，皆絕去筆墨畦徑間，直造古人不到處，眞可使人一唱而三歎。若謂以詩爲詞，是大不然。子瞻自言「平生不善唱曲，故有不入腔處」，非盡如此。後山乃比之教坊司雷大使舞，是何每況愈下？蓋其謬耳。

又卷三九《長短句》：《晉書》：「謝安雖受朝寄，然東山之志，始末不渝，每形于顏色。及鎭新城，盡室而行，造泛海之裝，欲須經略粗定，自海道還東。雅志未就，遂遇疾篤還郡，尋薨。羊曇爲安所愛重，安薨後，輟樂彌年，行不由西州路。嘗因大醉，不覺至州門。左右白曰：『此西州門。』曇悲感，以馬策扣扉，誦曹子建詩曰：『生存華屋處，零落歸山邱。』因慟哭而去。」東坡用此故事，若世俗之論，必以爲成讖矣。然其詞石刻後，東坡自題云：「元祐六年三月六日。」余以《東坡年譜》考之，元祐四年知杭州，六年召爲翰林學士承旨，則長短句蓋此時作也。自後復守潁徙揚，入長禮曹，出帥定武。至紹聖元年方南遷嶺表，建中靖國元年北歸，至常乃薨。凡十一載，則世俗成讖之論，安可信耶？

《草堂詩餘》正集卷四沈際飛評：伸紙書去，亭亭無染，青蓮出池。

王文誥《蘇文忠公詩編注集成總案》卷四一：（紹聖四年丁丑）寄參寥，作《八聲甘州》詞。誥案：參寥欲轉海來見，大率因此詞發也。果來，大可免難。此詞當爲丁丑作。

黃氏《蓼園詞評・八聲甘州（有情風萬里捲潮來）》：此詞不過歎其久于杭州，未蒙內召耳。次闋，見人地相得，便欲訂終焉之意。未免有激之言，然意自爾豪宕。《白雨齋詞話》卷八：東坡《八聲甘州》（寄參寥子）結數語云：「算詩人相得，如我與君稀。約他年、東還海道，願謝公雅志莫相違。西州路，不應回首，爲我霑衣。」寄伊鬱於豪宕，坡老所以爲高。

鄭文綽《大鶴山人詞話》：突兀雪山，卷地而來，眞似錢塘江上看潮時，添得此老胸中數萬甲兵，是何氣象雄且桀。妙在無一字豪宕，無一語險怪，又出以閒逸感喟之情，所謂骨重神寒，不食人間煙火氣者，詞境至此觀止矣。　雲錦成章，天衣無縫，是作從至情流出，不假熨貼之工。

三部樂　情景

美人如月，乍見掩暮雲，更增妍絕。算應無恨，安用陰晴圓缺。嬌甚空只成愁，待下牀又懶，未語先咽。數日不來，落盡一庭紅葉。　今朝置酒強起，問爲誰減動，一分香雪。何事散花卻病，維摩無疾。卻低眉，慘然不答，唱金縷，一聲怨切。堪折便折，且惜取，少年花發。

阮郎歸　初夏

綠槐高柳咽新蟬，薰風初入絃。碧紗窗下水沈煙，棋聲驚晝眠。　微雨過，小荷翻，榴花開欲然。玉盆纖手弄清泉，瓊珠碎却圓。

沈雄《古今詞話·詞辨》上卷《阮郎歸》：蘇東坡《阮郎歸》「綠槐高柳咽新蟬，薰風初入弦」，此定體也。

黃氏《蓼園詞評·阮郎歸（綠槐高柳咽新蟬）》：按此詞清和婉麗中而風格自佳。

阮郎歸　梅詞

暗香浮動月黃昏，堂前一樹春。東風何事入西鄰，兒家常閉門。　雪肌冷，玉容眞，香顋粉未勻。折花欲寄嶺頭人，江南日暮雲。

阮郎歸　蘇州席上作

一年三度過蘇臺，清尊長是開。佳人相問苦相猜，這回來不來。　情未盡，老先催，人生真可咍。他年桃李阿誰栽，劉郎雙鬢衰。

傅藻《東坡紀年錄》：（熙寧七年甲寅）赴密過蘇，有問「這回來不來」者，其色凄然，蘇守嘉之，令求詞，作《阮郎歸》。

王文誥《蘇文忠公詩編注集成總案》卷一〇：（熙寧七年甲寅）十月至金閶，飲于王誨席上，時已三過蘇臺，誨令歌者求公詞，因作《阮郎歸》詞。

阮郎歸

歌停檀板舞停鸞，高陽飲興闌。獸煙噴盡玉壺乾，香分小鳳團。　雪浪淺，露珠圓，捧甌春筍寒。絳紗籠下躍金鞍，歸時人倚欄。

江神子

陶淵明以正月五日游斜川，臨流班坐，顧瞻南阜，愛曾城之獨秀，乃作斜川詩，至今使人想見其處。元豐壬戌之春，余躬耕於東坡，築雪堂居之。南挹四望亭之後丘，西控北山之微泉，慨然而歎，此亦斜川之游也。

夢中了了醉中醒，只淵明，是前生。走遍人間，依舊卻躬耕。昨夜東坡春雨足，烏鵲喜，報新晴。　雪堂西畔暗泉鳴，北山傾，小溪橫。南望亭丘，孤秀聳曾城。都是斜川當日境，吾老矣，寄餘齡。

王文誥《蘇文忠公詩編注集成總案》卷二一：（元豐五年壬戌二月）南挹四望亭之後邱，西控北山之微泉，慨然而歎曰：「此亦斜川之游也。」作《江神子》詞。

鄭文綽《大鶴山人詞話》：讀東坡先生詞，於氣韻格律，幷有悟到空靈妙境，匪可以詞家目之，亦不得不目爲詞家。世每謂其以詩入詞，豈知言哉？董文敏論畫曰：「同能不如獨詣。」吾于坡仙之詞亦云。

江神子　孤山竹閣送述古

翠蛾羞黛怯人看，掩霜紈，淚偷彈。且盡一尊，收淚唱陽關。漫道帝城天樣遠，天易見，見君難。　畫堂新搆近孤山，曲闌干，爲誰安。飛絮落花，春色屬明年。欲棹小舟尋舊事，無處問，水連天。

傅藻《東坡紀年錄》：（熙寧七年甲寅）送述古赴南都，作（略）《江神子》。

《草堂詩餘》續集卷下天羽居士評：依依灼灼，喈喈嚶嚶，發藴飛滯。

王文誥《蘇文忠公詩編注集成總案》卷一〇：（熙寧七年甲寅七月）與陳襄放舟湖上，燕于孤山竹閣，作《江神子》。

江神子　江景

鳳凰山下雨初晴，水風清，晚霞明。一朵芙蕖，開過尙盈盈。何處飛來雙白鷺，如有意，慕娉婷。　忽聞江上弄哀箏，苦含情，遣誰聽？煙斂雲收，依約是湘靈。欲待曲終尋問取，人不見，數峰青。

張邦基《墨莊漫錄》卷一：東坡在杭州，一日游西湖，坐孤山竹閣前，臨湖亭上，時二客皆有服，預焉。久之，湖心有一綵舟漸近亭前，靚妝數人，中有一人尤麗，方鼓箏，年且三十餘，風韻嫺雅，綽有態度。二客競目送之。曲未終，翩然而逝。公戲作長短句云：「鳳凰山下雨初晴（略）。」

《甕牖閒評》卷五：東坡倅錢塘日，忽劉貢父相訪，因拉與同游西湖。時二劉方在服制中，至湖心，有小舟翩然至前，一婦人甚佳。見東坡，自敍：「少年景慕高名，以在室無由得見，今已嫁爲民妻，聞公游湖，不避罪而來。善彈箏，願獻一曲，輒求一小詞，以爲終身之榮，可乎？」東坡不能卻，援筆而成，與之。其詞云（略）。此詞豈不更奇於《卜算子》耶？

鄭文焯《大鶴山人詞話・東坡樂府》：《江城子》湖上與張先同賦云：「鳳凰山下雨初晴（略）。」宋袁文《甕牖閑評》記此詞爲劉貢父兄弟作，換頭處作「忽聞筵上起哀箏」，此誤作「江上」，蓋後人因「江上數峰青」句而以意改之。不知此詞本事實，于湖上遇小舟，載佳人，自云：「慕公十餘年，善箏，願當筵獻一曲，並賜以詞爲榮。」詞中所詠，皆當時事也。

江神子　獵詞

老夫聊發少年狂，左牽黃，右擎蒼。錦帽貂裘，千騎卷平岡。爲報傾城隨太守，親射虎，看孫郎。酒酣胸膽尚開張，鬢微霜，又何妨。持節雲中，何日遣馮唐。會挽雕弓如滿月，西北望，射天狼。

蘇軾《與鮮于子駿書》（《蘇軾文集》卷五三）：所索拙詩，豈敢措手，然不可不作，特未暇耳。近卻頗作小詞，雖無柳七郎風味，亦自是一家，呵呵。數日前獵于郊外，所獲頗多。作得一闋，令東州壯士抵掌頓腳而歌之，吹笛擊鼓以爲節，頗壯觀也。寫呈取笑。

傅藻《東坡紀年錄》：（熙寧八年乙卯）冬，祭常山回，與同官習射放鷹，（略）作《江神子》。

王文誥《蘇文忠公詩編注集成總案》卷一三：（熙寧八年乙卯十月）祭常山回，小獵，與梅戶曹會獵鐵溝，作詩並作《江城子》詞。

江神子　恨別

天涯流落思無窮，既相逢，卻悤悤。攜手佳人，和淚折殘紅。爲問東風餘幾許，春縱在，與誰同。隋堤三月水溶溶，背歸鴻，去吳中。回首彭城，淸泗與淮通。寄我相思千點淚，流不到，楚江東。

傅藻《東坡紀年錄》：（元豐元年己未）二月移知湖州，別徐州，作《江神子》。

《草堂詩餘》卷三楊愼評：結句從李後主「恰似一江春水向東流」轉出，更進一步。

黃氏《蓼園詞評·江城子（天涯流落思無窮）》：按彭城即徐州，泗水、汴水皆在焉。其形勝，東接齊魯，北屬趙魏，南通江淮，西控梁楚。意此時東坡於彭城遇舊好，又別之而赴淮揚，臨別贈言也。先從自己流落寫起，言舊好遇於彭城，又悤悤折殘紅以泣別。別後雖有春，不能共賞矣。隋堤，汴堤也，通於淮。言我沿隋堤而下維揚，回望彭城，相去已遠。縱泗水流與淮通，而淚亦寄不到，爲可傷也。「楚江東」謂揚州，古稱「吳頭楚尾」也，故曰吳中，又曰楚江東。

王文誥《蘇文忠公詩編注集成總案》卷一八：（元豐二年己未三月）以祠部員外郎、直史館知湖州軍州事，留別田叔通、寇元弼、石坦夫，作《江神子》詞。

江神子　冬景

相逢不覺又初寒，對尊前，惜流年。風緊離亭，冰結淚珠圓。雪意留君君不住，從此去，少清歡。轉頭山下轉頭看，路漫漫，玉花翻。銀海光寬，何處是超然。知道故人相念否，攜翠袖，倚朱闌。

傅藻《東坡紀年錄》：（熙寧九年丙辰十二月）東武雪中送章傳道，（略）作《江神子》詞。

江神子

大雪有懷朱康叔使君，亦知使君之念我也，作《江神子》以寄之。

黃昏猶是雨纖纖，曉開簾，欲平檐。江闊天低，無處認青帘。孤坐凍吟誰伴我，揩病目，撚衰髯。使君留客醉厭厭，水晶鹽，爲誰甜。手把梅花，東望憶陶潛。雪似故人人似雪，雖可愛，有人嫌。

王文誥《蘇文忠公詩編注集成總案》卷二一：（元豐四年辛酉十二月）雪中有懷朱壽昌，作《江神子》詞。

江神子

陳直方妾嵇，錢塘人也。丐新詞，爲作此。錢塘人好唱《陌上花緩緩曲》，余嘗作數絶以紀其事矣。

玉人家在鳳凰山，水雲間，掩門關。門外行人，立馬看弓彎。十里春風誰指似，斜日映，繡簾斑。　多情好事與君還，閔新鰥，拭餘潸。明月空江，香霧著雲鬟。陌上花開春盡也，聞舊曲，破朱顔。

《清泥蓮花記》卷七：陳直方之妾，本錢塘妓人也，丐新詞於蘇子瞻。子瞻因直方新喪正室，而錢塘人好唱《陌上花緩緩曲》，乃引其事以戲之，其詞則《江神子》也。

王文誥《蘇文忠公詩編注集成》卷一〇：（熙寧六年癸丑八月）夜宿九仙無量院，聞山中歌錢王《陌上花曲》，爲易《陌上花》詞。

江神子　乙卯正月二十日夜記夢

十年生死兩茫茫，不思量，自難忘。千里孤墳，無處話淒涼。縱使相逢應不識，塵滿面，鬢如霜。　夜來幽夢忽還鄉，小軒窗，正梳妝。相顧無言，惟有淚千行。料得年年斷腸處，明月夜，短松岡。

傅藻《東坡紀年錄》：（熙寧八年乙卯正月）二十日記夢，作《江神子》。

王文誥《蘇文忠公詩編注集成總案》卷一三：（熙寧八年乙卯正月）二十日記夢，作《江神子》詞。誥案：詞注謂公悼亡之作，考通義郡君卒于治平二年乙巳，至是熙寧八年乙卯，正十年也。

蝶戀花　春景

花褪殘紅青杏小，燕子飛時，綠水人家繞。枝上柳綿吹又少，天涯何處無芳草。　牆裏鞦韆牆外道，牆外行人，牆裏佳人笑。笑漸不聞聲漸悄，多情卻被無情惱。

魏慶之《詩人玉屑》卷二〇《東坡蝶戀花》：東坡《蝶戀花》詞（略）。予得眞本于友人處，「綠水人家繞」作「綠水人家曉」，「多情卻被無情惱」，蓋行人多情，佳人無情爾。此二字極有理趣，而「繞」與「曉」自霄壤也。

《林下詩談》：子瞻在惠州，與朝雲閑坐，時青女初至，落木蕭蕭，悽然有悲秋之意。命朝雲把大白，唱「花褪殘紅」，朝雲歌喉將轉，淚滿衣襟，子瞻詰其故，答曰：「奴所不能歌，是『枝上柳綿吹又少，天涯何處無芳草』也。」子瞻翻然大笑曰：「吾政悲秋，而汝又傷春矣。」遂罷。朝雲不久抱疾而亡，子瞻終身不復聽此詞。

《草堂詩餘正集》卷二：「枝上」二句，斷送朝雲。「一聲何滿子，腸斷李延年」，正若是耳。

《草堂詩餘》卷三楊愼評：（綠水人家遶）「曉」字勝于「遶」字，「曉」字有味，「遶」字呆，可悟字法。

《爰園詞話·好詞不易改》：古人好詞即一字未易彈，亦未易改。子瞻「綠水人家繞」，別本作「曉」，爲《古今詞話》所賞。愚謂「繞」字雖平，然是實境，「曉」字無扳著。試通詠全篇便見。

王士禎《花草蒙拾·坡公軼倫絕群》：「枝上柳綿」，恐屯田緣情綺靡，未必能過。孰謂坡但解「大江東去」耶？髯直是軼倫絕群。

尤侗《三十二芙蓉詞序》（《西堂雜俎》二集卷二）：東坡「柳綿」之句，可入女郎紅牙；使屯田賦《赤壁》，必不能製將軍鐵板之聲也。

先著、程洪《詞潔輯評》卷二：坡公於有韻之言，多筆走不守之憾。後半手滑，遂不能自由。少一停思，必無此矣。

《項氏家說》卷八：余又謂「枝上柳綿吹漸少，天涯何處無芳草」，此意亦深切。余在會稽，嘗作《送春》詩曰：「墮紅一片已堪疑，吹至楊花事可知。借問春歸誰與伴，淚痕都付石榴枝。」蓋兼用兩詞之意，書生此念，千載一轍也。

沈雄《古今詞話・詞品》上卷《句法》：「枝上柳綿吹又少，天涯何處無芳草」，蘇東坡《蝶戀花》句，在可解不可解之間，姬人朝雲日夕歌之，竟以病終。

又《詞辨下卷・蝶戀花》：《冷齋夜話》：東坡詞云：「花褪殘紅青杏小（略）。」東坡過海南，諸姬惟朝雲隨行，日詠「枝上柳綿」二句，每到流淚。及病亟，猶不釋口也。東坡爲作《西江月》悼之。

鄧廷楨《雙硯齋詞話・東坡詞高華》：東坡以龍驤不羈之才，樹松檜特立之操，故其詞清剛雋上，囊括羣英。（略）至如《蝶戀花》之「枝上柳綿飛又少，天涯何處無芳草」，坡命朝雲歌之，輒泫然流涕，不能成聲。（略）皆能簸之揉之，高華沉痛，遂爲石帚導師。譬之慧能肇啓南宗，實傳黃梅衣鉢矣。

馮金伯《詞苑萃編》卷一一《紀事》引《東坡集》：東坡製《蝶戀花》詞云：「花褪殘紅青杏小（略）。」常令朝雲歌之。雲唱至「柳綿」句，輒爲掩抑，惆悵如不自勝，坡問之，曰：「妾所不能竟者，『天涯何處無芳草』也。」

黃氏《蓼園詞評．蝶戀花（花褪殘紅青杏小）》：沈際飛曰：「枝上」一句，斷送朝雲。一聲《何滿子》，竟能使腸斷，李龜年正若是耳。又曰：「佳人」是「無情」，「行人」是「多情」者。按「柳綿」自是佳句，而次闋尤爲奇情四溢也。

李佳《左庵詞話》卷下《東坡詞》：蘇東坡詞云：「牆裏鞦韆牆外道，牆外行人，牆裏佳人笑。笑漸不聞聲漸悄，多情卻被無情惱。」此亦寓言，無端至謗之喻。

王闓運《湘綺樓評詞》：此則逸思，非文人所宜。

蝶戀花　佳人

一顆櫻桃樊素口，不愛黃金，祇愛人長久。學畫鴉兒猶未就，眉尖已作傷春皺。　撲蝶西園隨伴走，花落花開，漸解相思瘦。破鏡重圓人在否，章臺折盡青青柳。

蝶戀花　送春

雨後春容清更麗，只有離人，幽恨終難洗。北固山前三面水，碧瓊梳擁青螺髻。　一紙鄉書來萬里，問我何年，眞箇成歸計。白首送春拚一醉，東風吹破千行淚。

傅藻《東坡紀年錄》：（熙寧七年甲寅）得鄉書，作《蝶戀花》。

蝶戀花　暮春

簌簌無風花自嚲，寂寞園林，柳老櫻桃過。落日多情還照坐，山青一點横雲破。　路盡河回千轉柁，繫纜漁村，月暗孤燈火。憑仗飛魂招楚些，我思君處君思我。

《邵氏聞見後錄》卷一九：東坡別公擇長短句「憑仗飛魂招楚些，我思君處君思我」，退之《與孟東野書》「以余心思足下，知足下懸懸于余」之意也。

傅藻《東坡紀年錄》：（熙寧十年丁巳）公擇守齊，（略）又作《蝶戀花》別公擇。

《草堂詩餘》別集卷二沈際飛評：「落日」二句敲空有響。

蝶戀花　密州上元

燈火錢塘三五夜，明月如霜，照見人如畫。帳底吹笙香吐麝，此般風味應無價。　寂寞山城人老也，擊鼓吹簫，乍入農桑社。火冷燈稀霜露下，昏昏雪意雲垂野。

傅藻《東坡紀年錄》：（熙寧八年乙卯）公在密州。上元，作《蝶戀花》。

王文誥《蘇文忠公詩編注集成總案》卷一三：（熙寧八年乙卯正月）十五日，作《蝶戀花》詞。

蝶戀花　密州冬夜文安國席上作

簾外東風交雨霰，簾裏佳人，笑語如鶯燕。深惜今年正月暖，燈光酒色搖金琖。　摻鼓漁陽撾未遍，舞褪瓊釵，汗溼香羅軟。今夜何人吟古怨，清詩未就冰生硯。

王文誥《蘇文忠公詩編注集成總案》卷一四：（熙寧九年丙辰）春夜文勛席上作《蝶戀花》詞。

蝶戀花　過漣水軍贈趙晦之

自古漣漪佳絕地，繞郭荷花，欲把吳興比。倦客塵埃何處洗，眞君堂下寒泉水。　左海門前酤酒市，夜半潮來，月下孤舟起。傾蓋相逢拚一醉，雙鳧飛去人千里。

王文誥《蘇文忠公詩編注集成總案》卷二六：（元豐八年乙丑十月）過漣水，重遇趙晦之，贈《蝶戀花》詞。誥案：公前赴高密，過漣水，趙晦之方爲東武令。殆遷黄，晦之官于廣西。至是復見，則漣水也。公過漣水，止此二次。詞以吳興比漣水，故有「繞郭荷花」之句，非十月見荷花也。

蝶戀花　述懷

雲水縈回溪上路，疊疊青山，環繞溪東注。月白沙汀翹宿鷺，更無一點塵來處。　溪叟相看私自語，底事區區，苦要爲官去。尊酒不空田百畝，歸來分得閒中趣。

王文誥《蘇文忠公詩編注集成總案》卷二五：（元豐八年乙丑六月）初聞起知登州，公將行，有懷荆溪，作《蝶戀花》詞。誥案：詞云「溪上」，即荆溪也。信爲起知登州，臨去所作。自後入掌制命，出典雄藩，以及南遷海外，請老毗陵，未克踐「歸來」之語。讀公述懷詞，爲之憮然也。

蝶戀花　送潘大臨

別酒勸君君一醉，清潤潘郎，又是何郎婿。記取釵頭新利市，莫將分付東鄰子。　回首長安佳麗地，三十年前，我是風流帥。爲向青樓尋舊事，花枝缺處餘名字。

趙令時《侯鯖錄》卷一：東坡在徐州，送鄭彥能還都下，問其所游，因作詞云：「十五年前，我是風流帥。花枝缺處留名字。」記坐中人語，嘗題於壁。後秦少游薄游京師，見此詞遂和之，其中有「我曾從事風流府」，公聞而笑之。

吳曾《能改齋漫錄》卷一《東坡送潘邠老赴省詞》：右《蝶戀花》詞，東坡在黃時送潘邠老赴省試作也。今集不載。

宋翔鳳《樂府餘論・漫詞始于耆卿》：（前引《能改齋漫錄》）按其詞恣褻，何減耆卿。是東坡偶作，以付餞席。使太雅，則歌者不易習，亦風會使然也。

蝶戀花　同安生日放魚，取《金光明經》救魚事

泛泛東風初破五，江柳微黃，萬萬千千縷。佳氣鬱葱來繡戶，當年江上生奇女。　一琖壽觴誰與舉，三箇明珠，膝上王文度。放盡窮鱗看圉圉，天公爲下曼陀雨。

蝶戀花

春事闌珊芳草歇，客裏風光，又過清明節。小院黃昏人憶別，落紅處處聞啼鴂。　咫尺江山分楚越，目斷魂銷，應是音塵絕。夢破五更心欲折，角聲吹落梅花月。

楊愼《詞品》卷一《仄韻絕句》：宋人作詩與唐遠，而作詞不愧唐人，亦不可曉。《太平廣記》載妖女一詞云：「五原分袂眞胡越，燕折鶯離芳草歇。年少煙花處處春，北邙空恨清秋月。」其詞亦佳。坡詞「春事闌珊芳草歇」亦用其語。或疑「歇」字似趁韻，非也。唐劉瑤詩：「瑤草歇芳心耿耿。」皆有出處，一字不苟如此。

王士禎《花草蒙拾・坡詞驚心動魄》：「春事闌珊芳草歇」一首，凡六十字，字字驚心動魄。「祇爲一聲河滿子，下泉須弔孟才人」，恐無此魂銷也。

沈雄《古今詞話・詞品》上卷《用字》：芳草歇，王麗眞「燕折鶯離芳草歇」，蘇長公「春事闌珊芳草歇」，俱本康樂詩「芳草亦未歇」來。

黃氏《蓼園詞評・蝶戀花（春事闌珊芳草歇）》：沈際飛曰：烏啼花落，夢回月落，一境慘一境。通首是別後遠憶之詞，非贈別之作。題作離別，尚未確。

蝶戀花

記得畫屏初會遇，好夢驚回，望斷高唐路。燕子雙飛來又去，紗窗幾度春光暮。　那日繡簾相見處，低眼佯行，笑整香雲縷。斂盡春山羞不語，人前深意難輕訴。

蝶戀花

昨夜秋風來萬里，月上屏幃，冷透人衣袂。有客抱衾愁不寐，那堪玉漏長如歲。　羈舍留連歸計未，夢斷魂銷，一枕相思淚。衣帶漸寬無別意，新書報我添憔悴。

蝶戀花

雨霰疏疏經潑火，巷陌鞦韆，猶未清明過。杏子梢頭香蕾破，淡紅褪白胭脂涴。　苦被多情相折挫，病緒厭厭，渾似年時箇。繞遍迴廊還獨坐，月籠雲暗重門鎖。

蝶戀花

蝶懶鶯慵春過半，花落狂風，小院殘紅滿。午醉未醒紅日晚，黄昏簾幕無人捲。　雲鬢鬅鬆眉黛淺，總是愁媒，欲訴誰消遣。未信此情難繫絆，楊花猶有東風管。

采桑子　潤州多景樓與孫巨源相遇

多情多感仍多病，多景樓中。尊酒相逢，樂事回頭一笑空。　停杯且聽琵琶語，細撚輕攏。醉臉春融，斜照江天一抹紅。

傅藻《東坡紀年錄》：（熙寧七年甲寅）多景樓與孫巨源相遇，作《採桑子》。

王文誥《蘇文忠公詩編注集成總案》卷一〇：（熙寧七年甲寅十月）過京口與胡宗愈、王存、孫洙劇飲，游多景樓，作《採桑子》。

千秋歲 湖州暫來徐州，重陽作

淺霜侵綠，髮少仍新沐。冠直縫，巾橫幅。美人憐我老，玉手簪黃菊。秋露重，眞珠落袖霑餘馥。　坐上人如玉，花映花奴肉。蜂蝶亂，飛相逐。明年人縱健，此會應難復。須細看，晚來月上和銀燭。

傅藻《東坡紀年錄》：（元豐元年戊午九月九日）又作《千秋歲》。

千秋歲 次韻少游

島邊天外，未老身先退。珠淚濺，丹衷碎。聲搖蒼玉佩，色重黃金帶。一萬里，斜陽正與長安對。　道遠誰云會，罪大天能蓋。君命重，臣節在。新恩猶可覬，舊學終難改。吾已矣，乘桴且恁浮於海。

吳曾《能改齋漫錄》卷二《秦少游唱和千秋歲詞》：秦少游所作《千秋歲》詞，予嘗見諸公倡和親筆，乃知在衡陽作也。少游云，至衡陽呈孔毅甫使君，其詞云云，今更不載。毅甫本云次韻少游見贈，其詞云（略）。其後東坡在儋耳，姪孫蘇元老因趙秀才還自京師，以少游、毅甫贈者寄之，東坡乃次韻，錄示元老，且云：「便見其超然自得，不改其度之意。」其詞云：「島邊天外（略）」。

蘇幕遮　詠選仙圖

暑籠晴，風解慍。雨後餘清，暗襲衣裾潤。一局選仙逃暑困，笑指尊前，誰向青霄近。整金盆，輪玉筍。鳳駕鸞車，誰敢爭先進。重五休言升最緊，縱有碧油，到了輸堂印。

永遇樂　寄孫巨源

長憶別時，景疏樓上，明月如水。美酒清歌，留連不住，月隨人千里。別來三度，孤光又滿，冷落共誰同醉。捲珠簾，淒然顧影，共伊到明無寐。　今朝有客，來從淮上，能道使君深意。憑仗清淮，分明到海，中有相思淚。而今何在，西垣清禁，夜永露華侵被。此時看，回廊曉月，也應暗記。

傅藻《東坡紀年錄》：（熙寧七年甲寅）海州寄巨源，作《永遇樂》。

王文誥《蘇文忠公詩編注集成總案》卷一〇：（熙寧七年乙卯正月）寄孫洙，作《永遇樂》。誥案：此詞有「別來三度，孤光又滿」句，乃與巨源相別三月，而客至東武，爲道巨源寄語，故作此詞。時巨源以同修起居注、知制誥召還，計其必已自淮入京，故又有「而今何在，西垣清禁」及「此時看，回廊曉月」等句，道其鎖宿之情事也。此詞作于乙卯正月，確不可易。施注于《廣陵會三同舍·孫巨源》題下云：「東坡與巨源既別于海州景疏樓，後登此樓，懷巨源，作《永遇樂》。」誤甚。案：此仍從施注、傅錄。

永遇樂　夜宿燕子樓，夢盼盼，因作此詞。

明月如霜，好風如水，清景無限。曲港跳魚，圓荷瀉露，寂寞無人見。紞如三鼓，鏗然一葉，黯黯夢雲驚斷。夜茫茫，重尋無處，覺來小園行遍。　天涯倦客，山中歸路，望斷故園心眼。燕子樓空，佳人何在，空鎖樓中燕。古今如夢，何曾夢覺，但有舊歡新怨。異時對，黃樓夜景，爲余浩歎。

《獨醒雜志》卷三：東坡守徐州，作燕子樓樂章，方具藁，人未知之。一日，忽鬨傳於城中，東坡訝焉，詰其所從來，乃謂發端於邏卒。東坡召而問之。對曰：「某稍知音律，嘗夜宿張建封廟，聞有歌聲，細聽乃此詞也，記而傳之，初不知何謂。」東坡笑而遣之。

胡仔《苕溪漁隱叢話》後集卷二六：苕溪漁隱曰：《後山詩話》謂「退之以文爲詩，子瞻以詩爲詞，如教坊雷大使之舞，雖極天下之工，要非本色。」余謂後山之言過矣，子瞻佳詞最多，「明月如霜，好風如水，清景無限」（夜登燕子樓詞）；（略）凡此十餘詞，皆絕去筆墨畦徑間，直造古人不到處，眞可使人一唱而三歎。若謂以詩爲詞，是大不然。子瞻自言「平生不善唱曲，故有不入腔處」，非盡如此。後山乃比之教坊司雷大使舞，是何每況愈下？蓋其謬耳。

《誠齋詩話》：客有自秦少游許來見東坡。坡問少遊近有何詩句，客舉秦《燕子樓詞》云：「小樓連遠橫空，下臨繡轂雕鞍驟。」坡笑曰：「又連遠，又橫空，又繡轂，又雕鞍，又驟，也勞攘。坡亦有此，云：『燕子樓中，佳人何在，空鎖樓中燕。』」

張炎《詞源》卷下：詞用事最難，要體認著題，融化不澀，如東坡《永遇樂》云「燕子樓空，佳人何在，空鎖樓中燕」，用張建封事。（略）此皆用事，不爲事所使。

先著、程洪《詞潔輯評》卷五：「野雲孤飛，去來無跡」，石帚之詞也。此詞亦當不愧此品目，僅歎賞「燕子樓空」十三字者，猶屬附會淺夫。

徐釚《詞苑叢談》卷三：東坡夜登燕子樓，夢盼盼，因作《永遇樂》詞云（略）。後秦少游自會稽入京，見東坡。坡云：「久別當作文甚勝。都下盛唱公『山抹微雲』之詞。」秦遜謝，坡遽云：「不意別後，公卻學柳七。」秦答曰：「某雖無識，亦不至是。先生之言無乃過乎？」坡云：「『銷魂當此際』，非柳七詞句法乎」秦慚服。又問別作何詞，秦舉「小樓連苑橫空，下窺繡轂雕鞍驟」。坡云：「十三個字，只說得一個人騎馬樓前過。」秦問先生近著，坡云：「亦有一詞，說樓上事。」乃舉「燕子樓空，佳人何在，空鎖樓中燕。」晁無咎在座，云：「三句說盡張建封燕子樓一段事，奇哉。」

劉體仁《七頌堂詞繹》：詞有與古詩同妙者，（略）「燕子樓空，佳人何在，空鎖樓中燕」，平生少年之篇也。

沈雄《古今詞話·詞話》上卷《東坡與少游論詞》：《高齋詩話》曰：（略）少游問公近著，東坡乃舉「燕子樓空，佳人何在，空鎖樓中燕」。晁無咎曰：三句便說盡張建封事。

鄧廷楨《雙硯齋詞話·東坡詞高華》：東坡以龍驤不羈之才，樹松檜特立之操，故其詞清剛雋上，囊括羣英。（略）《永遇樂》之「古今如夢，何曾夢覺，但有新歡舊怨」，（略）皆能簸之揉之，高華沉痛，遂爲石帚導師。譬之慧能肇啓南宗，實傳黃梅衣鉢矣。

黃氏《蓼園詞評·滿庭芳（山抹微雲）》：秦問坡近著，坡舉「燕子樓空，佳人何在，空鎖樓中燕」。無咎在座，謂三句，說盡張建封一段事，大以爲奇。詞之不易工如此。蔡伯世云：「子瞻辭勝乎情，耆卿情勝乎詞，情辭相稱者，惟少游而已。」其推重如此。張綖云：少游多婉約，子瞻多豪放。當以婉約爲主。沈曰：「黏」字工，且有出處。趙文鼎「玉關芳草黏天碧」，劉叔安「暮煙細草黏天遠」，葉夢得「浪黏天滿桃漲綠」，皆用之。沈曰：人之情，至少游而極，結句「已」字情波幾疊。

又《南鄉子（霜降水痕收）》：沈際飛曰：（略）東坡升沈去住，一生莫定，故開口說夢。如云「人間如夢」，「世事一場大夢」，「未轉頭時皆夢」，「古今如夢，何曾夢覺」，「君臣一夢，今古虛名」，屢讀之，胸中鄙吝，自然消去。

王文誥《蘇文忠公詩編注集成總案》卷一六：（元豐元年戊午十月十五日）夢登燕子樓，翌日，往尋其地，作《永遇樂》詞。

李佳《左庵詞話》卷下《用事最難》：詞中用事最難，要體認著題，融化不澀。《永遇樂》云：「燕子樓空，佳人何在，空鎖樓中燕。」用張建封事。（略）皆用事不爲事所使，自不落呆相。

鄭文焯《手批東坡樂府》：公以「燕子樓空」三句語淮海，以示詠古之超宕，貴神情不貴迹象也。

行香子　茶詞

綺席纔終，歡意猶濃。酒闌時，高興無窮。共誇君賜，初拆臣封。看分香餅，黃金縷，密雲龍。鬬贏一水，功敵千鍾。覺涼生，兩腋清風。暫留紅袖，少卻紗籠。放笙歌散，庭館靜，略從容。

楊慎《詞品》卷三《密雲龍》：密雲龍，茶名，極爲甘馨。宋廖正一字明略，晚登蘇東坡之門，公大奇之。時黃、秦、晁、張號蘇門四學士，東坡待之厚。每來必令侍妾朝雲取密雲龍，家人以此知之。一日又命取密雲龍，家人謂是四學士，窺之，乃廖明略也。東坡茶《行香子》云：「綺席纔終（略）。」

沈雄《古今詞話·詞品》上卷《用字》：密雲龍，蘇門四學士到必用之，茶名也。

又《詞辨下卷·行香子》：按東坡以二韻事，見《行香子》，秦、黃、張、晁爲蘇門四學士，必命取密雲龍供茶，家人以此記之。廖明略晚登東坡之門，亦呼密雲龍，視之則一廖明略也。東坡爲賦《行香子》。

行香子　寓意

三入承明，四至九卿。問書生，何辱何榮？金張七葉，紈綺貂纓。無汗馬事，不獻賦，不明經。

成都卜肆，寂寞君平。鄭子眞、巖谷躬耕。寒灰炙手，人重人輕。除竺乾學，得無念，得無名。

行香子　述懷

清夜無塵，月色如銀。酒斟時，須滿十分。浮名浮利，虛苦勞神。歎隙中駒，石中火，夢中身。

雖抱文章，開口誰親。且陶陶、樂盡天眞。幾時歸去，作箇閒人。對一張琴，一壺酒，一溪雲。

洪邁《容齋四筆》卷一五《討論濫賞詞》：東坡公《行香子》小詞云：「清夜無塵（略）。」紹興初，范覺民爲相，以自崇寧以來，創立法度，例有泛賞，如學校、茶鹽、錢幣、保伍、農田、居養、安濟、寺觀，開封、大理獄空，四方邊事，御前內外諸局，編敕會要、學制、禮制、道史等書局，掖庭編澤，行幸，曲恩，諸色營繕，河埽功役，採石、木栰、花石等綱，祥瑞，禮樂，西城所公田，伎術，伶優，三山，永橋，明堂，西內，八寶，玄圭，種種濫賞，不可勝述。其曰應奉有勞，獻頌可採，職事修舉，特授特轉者，又皆無名直與，及白身補官，選人改官，職名礙格，非隨龍而依隨龍人，非戰功而依戰功人等，每事各爲一項，建議討論。又行下吏部，若該載未盡名色，並合取朝廷指揮，臨時參酌。追奪事件，遂爲畫一規式，有至奪十五官者。雖公論當然，而失職者胥動造謗，浮議蜂起。無名子因改坡語云：「清要無因，舉選艱辛。繫書錢，須要十分。浮名浮利，虛苦勞神。歎旅中愁，心中悶，部中身。　雖抱文章，苦苦推尋。更休說，誰假誰眞。不如歸去，作個齊民。免一回來，一回討，一回論。」至大字書寫貼于內前牆上，邏者得之以聞。是時，僞齊劉豫方盜據河南，朝論慮或搖人心，亟罷討論之舉。范公用是爲臺諫所攻，今章且叟稿中正載彈疏，竟去相位。

《草堂詩餘》續集卷下天羽居士評：天趣浮出，如不經心手。　說得英雄，倏熱倏冷。　學士一肚子不合時宜，眞相知。

行香子　秋興

昨夜霜風，先入梧桐。渾無處，回避衰容。問公何事，不語書空。但一回醉，一回病，一回慵。　朝來庭下，光陰如箭，似無言、有意傷儂。都將萬事，付與千鍾。任酒花白，眼花亂，燭花紅。

行香子　冬思

攜手江村，梅雪飄裙。情何限，處處消魂。故人不見，舊曲重聞。向望湖樓，孤山寺，湧金門。 尋常行處，題詩千首，繡羅衫，與拂紅塵。別來相憶，知是何人。有湖中月，江邊柳，隴頭雲。

行香子 過七里瀨

一葉舟輕，雙槳鴻驚。水天清，影湛波平。魚翻藻鑑，鷺點煙汀。過沙溪急，霜溪冷，月溪明。 重重似畫，曲曲如屏。算當年、虛老嚴陵。君臣一夢，今古虛名。但遠山長，雲山亂，曉山青。

《草堂詩餘》別集卷三沈際飛評：傲世。 名也是不必有的，名之誤人，去利無幾。

黃氏《蓼園詞評・南鄉子（霜降水痕收）》：沈際飛曰：（略）東坡升沉去住，一生莫定，故開口說夢。如云「人間如夢」，「世事一場大夢」，「未轉頭時皆夢」，「古今如夢，何曾夢覺」，「君臣一夢，今古虛名」，屢讀之，胸中鄙吝，自然消去。

王文誥《蘇文忠公詩編注集成總案》卷九：（熙寧六年癸丑二月）自新城放棹桐廬，過嚴陵瀨，作《行香子》詞。

行香子　與泗守過南山，晚歸作

北望平川，野水荒灣。共尋春，飛步孱顏。和風弄袖，香霧縈鬟。正酒酣時，人語笑，白雲間。　飛鴻落照，相將歸去，澹娟娟、玉宇清閒。何人無事，宴坐空山。望長橋上，燈火亂，使君還。

樓鑰《跋東坡行香子詞》（《攻媿集》卷七三）：《揮麈第三錄》載東坡自黃州移汝州，中道起守文登，舟次泗上，偶作詞云：「何人無事，燕坐空山。望長橋上，燈火鬧，使君還。」太守劉士彥，法家者流，山東木強人也，聞之，亟謁東坡云：「知有新詞，學士名滿天下，一出則京師便傳。在法：泗州夜過長橋者徒二年，况知州耶？切告收起，勿以示人。」東坡笑曰：「軾一生罪過，開口不在徒二年以下。」吾鄉豐吏部叔賈誼倅盱眙，游南山寺，有老僧云舊有苦條木一段，上有東坡親書《行香子》詞，後沈于深水中。亟募人取得之，遺墨如新，就刻其上。尋爲一軍官買去，析爲槍杆矣。此詞惟曾寶文端伯所編本有之，亦云「與泗守游南山作」，則《揮麈》所載殆未盡，豈與之同游後乃閱其詞耶？偶從豐氏得墨本，既登之石，又以寄施使君武子，請刻之，以爲都梁一段嘉話。

傅藻《東坡紀年錄》：（元豐七年甲子）十二月，同泗州太守游南山，過七里灘，作《行香子》。

先著、程洪《詞潔輯評》卷二：末語風致嫣然，便是畫意。

《詞苑萃編》卷二一《辨證》引苕溪漁隱語：淮北之地平夷，自京師至汴口並無山。惟隔淮方有南山。米元章名其山爲第一山。有詩云：「京洛風塵千里還，船頭出沒翠微間。莫能衡霍撞星斗，且是東南第一山。」此詩刻在南山石崖上。石崖之側，有東坡《行香子》詞，後題云：「與泗守游南山作」，字畫是東坡所書小字，但無姓名。崇、觀間，禁元祐文字，遂鐫去之。余頃居泗上，打得此二碑，至今尚存。其詞云：「北望平川（略）。」

黃氏《蓼園詞評·行香子（北望平川）》：凡遊覽題，易於平呆，最難做得超雋。「飛鴻」二句，情景交融，自具雋旨。結句於旁觀着筆，筆筆有餘妍。亦是跳脫生新之法。

王文誥《蘇文忠公詩編注集成總案》卷二四：（元豐七年甲子十二月）與劉士彥山行晚歸，作《行香子》詞。

菩薩蠻　歌妓

繡簾高捲傾城出，燈前瀲灩橫波溢。皓齒發清歌，春愁入翠蛾。　悽音休怨亂，我已先腸斷。遺響下清虚，纍纍一串珠。

菩薩蠻

碧紗微露纖纖玉，朱脣漸暖參差竹。越調變新聲，龍吟徹骨清。　夜來殘酒醒，惟覺霜袍冷。不見斂眉人，胭脂覓舊痕。

菩薩蠻　西湖

秋風湖上蕭蕭雨，使君欲去還留住。今日漫留君，明朝愁殺人。　佳人千點淚，灑向長河水。不用斂雙蛾，路人啼更多。

傅藻《東坡紀年錄》：（熙寧七年甲寅）送述古赴南都，作（略）《菩薩蠻》。

王文誥《蘇文忠公詩編注集成總案》卷一一：（熙寧七年甲寅七月）再作《菩薩蠻》詞。

菩薩蠻 杭妓往蘇迓新守

玉童西迓浮丘伯，洞天冷落秋蕭瑟。不用許飛瓊，瑤臺空月明。　清香凝夜宴，借與韋郎看。莫便向姑蘇，扁舟下五湖。

菩薩蠻

天憐豪俊腰金晚，故教月向松江滿。清景爲淹留，從君都占秋。　身閒惟有酒，試問清遊首。帝夢已遙思，匆匆歸去時。

張先《定風波令》：霅溪席上，同會者六人，楊元素侍讀、劉孝叔吏部、蘇子瞻、李公擇二學士、陳令舉賢良。　西閣名臣奉詔行，南牀吏部錦衣榮。中有瀛仙賓與主，相遇，平津選首更神清。　溪上玉樓同宴喜，歡醉，對堤杯葉惜秋英。盡道賢人聚吳分，試問，也應傍有老人星。

蘇軾《書遊垂虹亭》（《東坡題跋》卷六）：吾昔自杭移高密，與楊元素同舟，而陳令舉、張子野皆從吾過李公擇于湖，遂與劉孝叔俱至松江。夜半月出，置酒垂虹亭上。子野年八十五，以歌詞聞于天下，作《定風波令》。其略云：「見說賢人聚吳分，試問，也應傍有老人星。」坐客歡甚，有醉倒者，此樂未嘗忘也。今七年爾，子野、孝叔、令舉皆爲異物，而松江橋亭，今歲七月九日，海風駕潮，平地丈餘，蕩盡無復孑遺矣。追思曩時，眞一夢也。元豐四年十月二十日黃州臨皋亭書。

王文誥《蘇文忠公詩編注集成總案》卷一〇：（熙寧七年甲寅九月）遂與劉述、張先俱至松江，夜半月出，置酒垂虹亭上，張先年八十五，以歌詞聞于天下，歌《定風波令》，有「見說賢人聚吳分，試問，也應傍有人星」句，坐客歡甚。誥案：子野此曲，即六客詞，作于湖州。越十五年，公出守杭州，有後六客詞。

菩薩蠻　述古席上

娟娟缺月西南落，相思撥斷琵琶索。枕淚夢魂中，覺來眉暈重。　華堂堆燭淚，長笛吹新水。醉客各西東，應思陳孟公。

傅藻《東坡紀年錄》：（熙寧七年甲寅）送述古赴南都，作（略）《菩薩蠻》。

《草堂詩餘》續集卷上天羽居士評：以孟公方述古，今成濫套。

《西湖遊覽志餘》卷一六《香奩艷語》：唐宋間，郡守新到，營妓皆出境而迎，既去，猶得以鱗鴻往返，靦不爲異。（略）蘇子瞻送杭妓往蘇州迎新守《菩薩蠻》云云，（略）此亦足覘一時之風氣矣。

菩薩蠻　感舊

玉笙不受朱脣暖，離聲淒咽胸塡滿。遺恨幾千秋，恩留人不留。　他年京國酒，泫淚攀枯柳。莫唱短因緣，長安遠似天。

傅藻《東坡紀年錄》：（熙寧七年甲寅）潤州和元素《菩薩蠻》。

菩薩蠻　新月

畫檐初挂彎彎月，孤光未滿先憂缺。遙認玉簾鉤，天孫梳洗樓。　佳人言語好，不願求新巧。此恨固應知，願人無別離。

菩薩蠻　七夕

風迴仙馭雲開扇，更闌月墮星河轉。枕上夢魂驚，曉檐疏雨零。　相逢雖草草，長共天難老。終不羨人間，人間日似年。

蘇軾《與章質夫》（《蘇軾文集》卷五五）：《七夕》詞亦錄呈。

菩薩蠻　有寄

城隅靜女何人見，先生日夜歌彤管。誰識蔡姬賢，江南顧彥先。　先生那久困，湯沐須名郡。惟有謝夫人，從來見擬倫。

菩薩蠻

買田陽羨吾將老，從來只爲溪山好。來往一虛舟，聊隨物外遊。　有書仍懶著，水調歌歸去。筋力不辭詩，要須風雨時。

王文誥《蘇文忠公詩編注集成總案》卷二五：（元豐八年乙丑五月）歸宜興，作《菩薩蠻》詞。誥案，此詞確爲歸宜興所作，以合後之《蝶戀花》詞，益信矣。

菩薩蠻　回文

落花閒院春衫薄，薄衫春院閒花落。遲日恨依依，依依恨日遲。　夢回鶯舌弄，弄舌鶯回夢。郵便問人羞，羞人問便郵。

蘇軾《與李公擇書》（《蘇軾文集》卷五一）：效劉十五體，作回文《菩薩蠻》四首寄去，爲一笑。

又：所傳小詞，爲僞托者，察之。然自此亦不可不密也。回文比來甚奇，嘗恨其主不稱。若歸吾人，眞可喜，可謂得其所哉，亦須出也。

又《與劉貢父書》（《東坡文集》卷五五）：示及回文小闋，律度甚致，不失雍容，欲和，殆不可及。已授歌者矣。

劉將孫《黄公誨詩序》（《養吾齋集》卷一一）：東坡神邁千古，至回文作詞，語更可愛。于以見文人于詩，皆寢處而活脱之，宜詩人者之望而倡之。

菩薩蠻　夏景回文

火雲凝汗揮珠顆，顆珠揮汗凝雲火。瓊暖碧紗輕，輕紗碧暖瓊。　暈顋嫌枕印，印枕嫌顋暈。閒照晚妝殘，殘妝晚照閒。

菩薩蠻　回文

嶠南江淺紅梅小，小梅紅淺江南嶠。窺我向疏籬，籬疏向我窺。　老人行即到，到即行人老。離別惜殘枝，枝殘惜別離。

菩薩蠻　回文春閨怨

翠鬟斜幔雲垂耳，耳垂雲幔斜鬟翠。春晚睡昏昏，昏昏睡晚春。　細花梨雪墜，墜雪梨花細。顰淺念誰人，人誰念淺顰。

菩薩蠻　回文夏閨怨

柳庭風靜人眠晝，晝眠人靜風庭柳。香汗薄衫涼，涼衫薄汗香。手紅冰椀藕，藕椀冰紅手。郎笑藕絲長，長絲藕笑郎。

菩薩蠻　回文秋閨怨

井桐雙照新妝冷，冷妝新照雙桐井。羞對井花愁，愁花井對羞。影孤憐夜永，永夜憐孤影。樓上不宜秋，秋宜不上樓。

菩薩蠻　回文冬閨怨

雪花飛暖融香頰，頰香融暖飛花雪。欺雪任單衣，衣單任雪欺。別時梅子結，結子梅時別。歸不恨開遲，遲開恨不歸。

沈雄《古今詞話·詞品》上卷《迴文》：沈雄曰：東坡《菩薩蠻》四時詞，是名倒句。即晦庵之《春恨》，如「晚紅飛盡春寒淺，淺寒春盡飛紅晚」，卒章云：「長恨送年芳，芳年送恨長」，猶不失體。若秋瓊山之《秋思》，卒章云：「寒光月影斜，橫透碧窗紗」，平粘已失，句意又倒，此只可用倒句，而不可作迴文者也。

田同之《西圃詞說·鄒祇謨論檃括體與回文體》：詞有檃括體，有迴文體。迴文之就句迴者，自東坡、晦庵始也。其通體迴者，自義仍始也。

馮金伯《詞苑萃編》卷一《體製·菩薩蠻回文有二體》引王西樵：《菩薩蠻》迴文有二體，有首尾迴環者，如邱瓊山《秋思》，湯臨川《織錦》是也。有逐句轉換者，如蘇子瞻《閨思》，王元美《別思》是也。

菩薩蠻

娟娟侵鬢妝痕淺，雙顰相媚彎如翦。一瞬百般宜，無論笑與啼。　　酒闌思翠被，特故騰騰地。生怕促歸輪，微波先注人。

菩薩蠻　詠足

塗香莫惜蓮承步，長愁羅襪淩波去。只見舞迴風，都無行處蹤。　偸穿宮樣穩，並立雙趺困。纖妙說應難，須從掌上看。

葉申薌《本事詞》卷上《蘇軾贈妓詞》：坡公喜于吟詠，詞集中亦多歌席酬贈之作。（略）詠美人足之《菩薩蠻》，尤覺淸麗，詞云：「塗香莫惜蓮承步（略）。」似此體物繪情，曲盡其妙，又豈皆銅琶鐵板之雄豪歟？

菩薩蠻

玉鐶墜耳黃金飾，輕衫罩體香羅碧。緩步困春醪，春融臉上桃。　花鈿從委地，誰與郎爲意。長愛月華淸，此時憎月明。

菩薩蠻

溼雲不動溪橋冷，嫩寒初透東風影。橋下水聲長，一枝和月香。 人憐花似舊，花比人應瘦。莫憑小欄干，夜深花正寒。

生查子 訴別

三度別君來，此別眞遲暮。白盡老髭鬚，明日淮南去。 酒罷月隨人，淚溼花如霧。後月逐君還，夢繞湖邊路。

吳衡照《蓮子居詞話》卷二《東坡送蘇伯固詩》：東坡《送蘇伯固詩》云：「三度別君來（略）」自注：效韋蘇州，今見《東坡續集》，又見《東坡詞》中調寄《生查子》，但據自注，是詩不是詞也。

翻香令

金鑪猶暖麝煤殘，惜香更把寶釵翻。重聞處，餘熏在，這一番、氣味勝從前。背人偷蓋小蓬山，更將沈水暗同然。且圖得，氤氳久，爲情深、嫌怕斷頭煙。

《草堂詩餘》別集卷二沈際飛評：遮遮掩掩，孰謂坡老不解作兒女語。

烏夜啼　寄遠

莫怪歸心甚速，西湖自有蛾眉。若見故人須細説，白髮倍當時。小鄭非常強記，二南依舊能詩。更有鱸魚堪切膾，兒輩莫教知。

虞美人　琵琶

定場賀老今何在，幾度新聲改。怨聲坐使舊聲闌，俗耳只知繁手，不須彈。斷絃試問誰能曉，七歲文姬小。試教彈作輥雷聲，應有開元遺老，淚縱橫。

陳鵠《耆舊續聞》卷二：趙右史家有顧禧景蕃《補注東坡長短句》眞蹟云：「按，唐人詞舊本作『試教彈作忽雷聲』，蓋《樂府雜錄》云：『康崑崙嘗見一女郎彈琵琶，發聲如雷。而文宗內庫有二琵琶，號大忽雷小忽雷，鄭中丞嘗彈之。』今本作輥雷，而傅幹注亦以輥雷爲證，考之傳記無有。」

虞美人 述懷

歸心正似三春草，試著萊衣小。橘懷幾日向翁開，懷祖已瞋文度，不歸來。　禪心已斷人間愛，只有平交在。笑論瓜葛一枰同，看取靈光新賦，有家風。

虞美人

湖山信是東南美，一望彌千里。使君能得幾回來，便使尊前醉倒，且徘徊。　沙河塘裏燈初上，水調誰家唱。夜闌風靜欲歸時，惟有一江明月，碧琉璃。

楊繪《時賢本事曲子集》：陳述古守杭，已及瓜代。未交前數日，宴僚佐於有美堂，因請貳車蘇子瞻賦詞。子瞻即席而就，寄《攤破虞美人》。

傅藻《東坡紀年錄》：（熙寧七年甲寅）述古將去，作《虞美人》。

王文誥《蘇文忠公詩編注集成總案》卷一二：（熙寧七年甲寅）七月，（略），陳襄將罷任，宴僚佐于有美堂，作《虞美人》。

虞美人

竹溪花浦曾同醉，酒味多於淚。誰敎風鑑在塵埃，醞造一場煩惱，送人來。

波聲拍枕長淮曉，隙月窺人小。無情汴水自東流，只載一船離恨，向西州。

《冷齋夜話》卷一：東坡初未識少游，少游知其將復過維揚，作坡筆語，題壁于一山寺中，東坡果不能辨，大驚。及見孫莘老，出少游詩詞數百篇，讀之，乃歎曰：「向書壁者，定此郎也。」後與少游維揚飲別，作《虞美人》詞曰（略）。世傳此詞是賀方回作，雖山谷亦云。大觀中，于金陵見其親筆，醉墨超放，氣壓王子敬，蓋東坡詞也。

吳曾《能改齋漫錄》卷一《載將離恨過江南》：東坡長短句云：「無情流水自東流，只載一船離恨，過西州。」張文潛用其意，以爲詩云：「亭亭畫舸繫春潭，只待行人酒半酣。不管煙波與風雨，載將離恨過江南。」王平甫嘗愛而誦之，彼不知其出于東坡也。

黃氏《蓼園詞評·虞美人（波聲拍枕長淮曉）》：揚州廨，王敦所創，開東西南三門，俗謂之西州。《冷齋夜話》云：東坡與少游維揚飲別作此。世傳賀方回作，非也。山谷亦云大觀中，於金陵見其親筆，實東坡詞也。　只尋常贈別之作，已寫得清新濃厚如此。　想是時少游在揚州，而東坡自汴抵揚，又與之飲別也。首一闋，是東坡自叙其舟中抵揚情事。第二闋，是叙與少游情分，「風鑑在塵埃」，是惜少游，此其所以煩惱也。

王文誥《蘇文忠公詩編注集成總案》卷二四：（元豐七年甲子十一月）與秦觀淮上飲別，作《虞美人》詞。誥案：此詞作于淮上，詞意甚明，而《冷齋夜話》以爲維揚飲別者，誤。公與少游未嘗遇于維揚，且少游見公金山而歸，有公竹西所寄書爲據。

虞美人

持杯遙勸天邊月，願月圓無缺。持杯復更勸花枝，且願花枝長在，莫離披。　持杯月下花前醉，休問榮枯事。此歡能有幾人知，對酒逢花不飲、待何時。

《草堂詩餘》別集卷二沈際飛評：道氏曲，佛氏贊。奇于「勸」字、「願」字。

沈雄《古今詞話・詞話》卷上《歐黃詞同一意致》：《柳塘詞話》曰：「歐陽公云『把酒祝東風，且共從容』，與東坡《虞美人》云『持杯遙勸天邊月，願月圓無缺』，同一意致。」

虞美人

冰肌自是生來瘦，那更分飛後。日長簾幕望黃昏，及至黃昏時候，轉銷魂。　君還知道相思苦，怎忍抛奴去。不辭迢遞過關山，只恐別郎容易，見郎難。

虞美人

深深庭院清明過，桃李初紅破。柳絲搭在玉闌干，簾外瀟瀟微雨，做輕寒。　晚晴臺榭增明媚，已拚花前醉。更闌人靜月侵廊，獨自行來行去，好思量。

河滿子　湖州作

見說岷峨悽愴，旋聞江漢澄淸。但覺秋來歸夢好，西南自有長城。東府三人最少，西山八國初平。　莫負花溪縱賞，何妨藥市微行。試問當壚人在否，空教是處聞名。唱著子淵新曲，應須分外含情。

哨遍

陶淵明賦《歸去來》，有其詞而無其聲。余治東坡，築雪堂於上，人俱笑其陋。獨鄱陽董毅夫過而悅之，有卜鄰之意。乃取《歸去來》詞，稍加檃括，使就聲律，以遺毅夫。使家僮歌之，時相從於東坡，釋耒而和之，扣牛角而爲之節，不亦樂乎。

爲米折腰，因酒棄家，口體交相累。歸去來，誰不遣君歸，覺從前皆非今是。露未晞，征夫指予歸路，門前笑語喧童穉。嗟舊菊都荒，新松暗老，吾年今已如此。但小窗容膝閉柴扉，策杖看孤雲暮鴻飛。雲出無心，鳥倦知還，本非有意。　噫，歸去來兮，我今忘我兼忘世。親戚無浪語，琴書中有眞味。步翠麓崎嶇，泛溪窈窕，涓涓暗谷流春水。觀草木欣榮，幽人自感，吾生行且休矣。念寓形宇內復幾時，不自覺皇皇欲何之。委吾心，去留誰計。神仙知在何處，富貴非吾志。但知臨水登山嘯詠，自引壺觴自醉。此生天命更何疑，且乘流，遇坎還止。

蘇軾《與朱壽昌書》（《蘇軾文集》卷五九）：董義夫相聚多日，甚歡，未嘗一日不談公美也。舊好誦陶淵明《歸去來》，常患其不入音律，近輒微加增損，作《般涉調哨遍》，雖微改其詞，而不改其意，請以《文選》及本傳考之，方知字字皆非創入也。謹作小楷一本寄上，亦請錄本與郭元弼，爲病倦，不及別書也。

黃庭堅《與李獻父知府書》（《山谷全書》別集卷一五）：偏觀古碑刻，無有用草書者，自於體制不相當，如子瞻以《哨徧》塡《歸去來》，終不同律也。

陳鬚《燕喜詞叙》：議者曰：少游詩似曲，東坡曲似詩。蓋東坡平日耿介直諒，故其爲文似其爲人。歌赤壁之詞，使人抵掌激昂，而有擊楫中流之心。歌《哨遍》之詞，使人甘心淡泊，而有種菊東籬之興。俗士則酣寐而不聞。

張炎《詞源·雜論》卷下：《哨遍》一曲，隱括《歸去來辭》，更是精妙，周、秦諸人所不能到。

沈義父《樂府指迷·豪放與協律》：近世作詞者，不曉音律，乃故爲豪放不羈之語，遂借東坡、稼軒諸賢自諉。諸賢之詞，固豪放矣，不豪放處，未嘗不協律也。如東坡之《哨遍》、楊花《水龍吟》，稼軒之《摸魚兒》之類，則知賢者非不能也。

傅藻《東坡紀年錄》：（元豐五年壬戌）擬斜川之遊，以淵明歸去來詞，檃括爲《哨遍》。

《草堂詩餘》卷五楊愼評：醉翁亭，赤壁前後賦，當時俱括爲詞，俱泊然無味，此東坡歸去詞獨勝，不特其音律之諧也。《後山詩話》謂東坡以詩爲詞，如教坊雷大使之舞，極天下工，要非本色。不知東坡自云平生不善唱曲，間有不入腔處，非盡如此。觀此則東坡又善唱矣，後山何比況之下也。

《草堂詩餘》正集卷六沈際飛評：「誰不遣君歸」，棒喝。　隱括特似東坡作者。詩變而爲騷，騷變而爲詞，皆可歌也。淵明以賦爲詞，故東坡云然。

賀裳《皺水軒詞筌·蘇黃檃括體皆不佳》：東坡檃括《歸去來辭》，山谷檃括《醉翁亭》，皆墮惡趣。天下事爲名人所壞者，正自不少。

沈雄《古今詞話·詞品》上卷《檃括詞》：賀裳曰：東坡檃括《歸去來詞》，山谷檃括《醉翁亭記》，兩人固是好手，終墮惡趣。

王文誥《蘇文忠公詩編注集成總案》卷二一：（元豐五年壬戌）董鉞來游雪堂，有卜鄰意，公約《歸去來詞》，作《哨遍》，使其家僮扣牛角而歌之。

馮金伯《詞苑萃編》卷四《品藻二·蘇詞檃括歸去來詞》引《本事紀》云：東坡檃括《歸去

來》詞，山谷檃括《醉翁亭記》，兩人固是詞家好手。

又卷九《指摘・坡詞破碎》引《滹南詩話》云：東坡酷愛《歸去來辭》，既次其韻，又衍爲長短句，又裂爲集字詩，破碎甚矣。陶文信美，亦何必爾，是亦未免近俗也。

李佳《左庵詞話》卷下《東坡詞》：東坡《哨遍》詞，運化《歸去來辭》，非有大力量不能。此類後人不易學，亦不必學。強爲之，萬不能好。

杜文瀾《憩園詞話》卷二《兪蔭甫太史詞》：檃括古人之文而爲詞者，有蘇東坡之括《歸去來辭》，黃山谷之括《醉翁亭記》。

兪樾《徐誠庵荔園詞序》：古人之詩，無不可歌者。《三百篇》以至漢魏，無論矣。至唐人而永豐、楊柳之篇，禁中奏御；黃河遠上之章，旗亭傳唱。蓋詩與樂府未分也。其後以五言、七言限于字句，不能暢其意，乃爲長短之句，抑揚頓挫，以寄流連往復之思，而詞興焉。詞興而詩于是不盡可歌矣。詞之初興，小令而已。椎輪大輅，踵事而增，柴桑歸去之辭，東坡衍之而成《哨遍》，屈子《東皇太一》之歌，高疏寮采其意而成《鶯啼序》。一唱三歎，大放厥詞，實開元人北曲之權輿焉。

張德瀛《詞徵》卷五《陳翼論蘇詞》：宋牧仲謂宋詩多沈僿，近少陵；元詩多輕揚，近太白。然詞之沈僿，無過子瞻。長樂陳翼論其詞云：「（略）歌《哨遍》之詞，使人甘心澹泊，而有種菊東籬之興。」可謂知言。

哨遍　春詞

睡起畫堂，銀蒜押簾，珠幕雲垂地。初雨歇，洗出碧羅天，正溶溶養花天氣。一霎暖風迴芳草，榮光浮動，掩皺銀塘水。方杏靨勻酥，花鬚吐繡，園林排比紅翠。見乳燕捎蝶過繁枝，忽一線鑪香逐遊絲。晝永人閒，獨立斜陽，晚來情味。　便乘興、攜將佳麗，深入芳菲裏。撥胡琴語，輕攏慢撚總伶俐。看緊約羅裙，急趣檀板，霓裳入破驚鴻起。顰月臨眉，醉霞橫臉，歌聲悠揚雲際。任滿頭紅雨落花飛，漸鳷鵲樓西玉蟾低。尙徘徊，未盡歡意。君看今古悠悠，浮宦人間世。這些百歲，光陰幾日，三萬六千而已。醉鄉路穩不妨行，但人生，要適情耳。

趙令時《侯鯖錄》卷七：東坡老人在昌化，嘗負大瓢行歌於田間。有老婦年七十，謂坡云：「內翰昔日富貴，一場春夢。」坡然之。里人呼此婦爲「春夢婆」。

《詞品》卷一《銀蒜》：東坡《哨遍》詞：「睡起畫堂，銀蒜押簾，珠幕雲垂地。」（略）銀蒜，蓋鑄銀爲蒜形，以押簾也。宋元親王納妃，公主下降，皆有銀蒜押簾幾百雙。

許昂霄《詞綜偶評・宋詞》：先言景，後言情，先言晝，後言夜，層次一絲不紊。樓敬思云：「詞到工處，未有不靜細者，此亦靜細之一端也。」（「銀蒜押簾」二句）先從室中說起。（「初雨歇」六句）次言景象。（「方杏靨勻酥」五句）次言物類。（「獨立斜陽」二句）勸住。（「便攜將佳麗」二句）接入行樂。（「撥胡琴語」二句）鳴弦。（「看緊約羅裙」三句）看舞。（「顰月臨眉」三句）徵歌。（「君看今古悠悠」至末）總收。

葉申薌《本事詞》卷上《春夢婆》：東坡在儋耳，自負大瓢，行歌田間，所歌皆所作《哨遍》也。適遇一媼，謂公曰：「學士昔日富貴，一場春夢耳。」公爲之一笑，因呼此媼爲春夢婆。

丁紹儀《聽秋聲館詞話》卷一一《周濟哨遍詞》：《東坡集》載《哨遍》二闋，一檃括《歸去來辭》，一賦春宴云：「睡起畫堂（略）。」雖兩詞平仄句讀均有出入，而字數則同。《詞綜》于「顰月」句上落「正」字，「一霎」句「時」字作「晴」字，均誤。汲古閣本「時」字作「暖」，換頭句作「便乘興攜將佳麗」，「花飛」下多「墜」字，「紅翠」作「翠紅」，「悠颺」作「悠揚」，亦非。「颺」字應讀去聲。此調，宋以後作者絕少，荆溪周保緒教授濟賦秋興云：「黃葉半林（略）。」句讀叶韻，係用蘇公檃括《歸去來辭》體，不支不蔓，直可追步坡塵。

張德瀛《詞徵》卷一《詞與風詩意義相近》：詞有與風詩意義相近者，自唐迄宋，前人鉅製，多寓微旨。如（略）蘇子瞻「睡起畫堂」，山樞勸飲食也。

點絳脣　己巳重九和蘇堅

我輩情鍾，古來誰似龍山宴。而今楚甸，戲馬餘飛觀。　顧謂佳人，不覺秋強半。箏聲遠，鬢雲吹亂，愁入參差雁。

王文誥《蘇文忠公詩編注集成總案》卷三一：（元祐四年己巳）九月和蘇堅《點絳脣》詞。

點絳脣　庚午重九再用前韻

不用悲秋，今年身健還高宴。江村海甸，總作空花觀。　尚想橫汾，蘭菊紛相半。樓船遠，白雲飛亂，空有年年雁。

傅藻《東坡紀年錄》：（元祐五年庚午）重九日，再和蘇堅前年《點絳唇》韻。

張宗橚《詞林紀事》：樓敬思云：蘇公《點絳脣·重九》詞「不用悲秋」二句，翻老杜詩「老去悲秋強自寬，明年此會知誰健」句也。換頭使漢武帝橫汾事，兼用李嶠詩，亦能變化。其妙在

「尚想」二字、「空有」二字，便是化實爲虛。橚按：《詞譜》此詞前段第二句，本七字句。但于第四字藏一韻，可作兩句。宋吳琚詞：「憔悴天涯，故人相遇情如故。」舒亶詞：「紫霧香濃，翠華風轉花隨輦。」「遇」字、「轉」字用韻，正與此同。元詞如應次蘧、蕭允之諸作皆然，實本蘇詞也。

吳衡照《蓮子居詞話》卷一：今詩餘如《點絳脣》次句，東坡云：「今年身健還高宴。」吳琚云：「故人相遇情如故。」舒亶云：「翠花風轉花隨輦。」本七字句，而中間健字、遇字、轉字用韻，亦句中韻。元應次蘧、蕭允之作皆然。此例仿《毛詩》。王文誥《蘇文忠公詩編注集成總案》卷三二：（元祐五年庚午九月）九日和去歲重九《點絳脣》詞。

點絳脣 再和送錢公永

莫唱陽關，風流公子方終宴。秦山禹甸，縹緲眞奇觀。　北望平原，落日山銜半。孤帆遠，我歌君亂，一送西飛雁。

點絳脣

醉漾輕舟，信流引到花深處。塵緣相誤，無計花間住。　煙水茫茫，千里斜陽暮。山無數，亂紅如雨，不記來時路。

黃氏《蓼園詞評・周美成「桃溪不作從容住」》：按東坡有《點絳脣》詞，詠天台云：「醉漾輕舟（略）。」蓋全用劉阮天台事也，今併附於此。按周美成由秘書監徽猷閣待制出知順昌，是其被出後，借題寄託也。東坡亦由翰林學士被謫，其《點絳脣》一詞，亦其寓意耳。是皆工於寫意者。

點絳脣　離恨

月轉烏啼，畫堂宮徵生離恨。美人愁悶，不管羅衣褪。　清淚斑斑，揮斷柔腸寸。嗔人問，背燈偷搵，拭盡殘妝粉。

《草堂詩餘》續集卷上天羽居士評：此詞洪甫云親見東坡手迹于潮陽吳子野家，酷似少游，非少游筆。押寸字巧，「嗔人問」三字肖。

點絳脣

閒倚胡牀，庾公樓外峰千朵。與誰同坐，明月清風我。　別乘一來，有唱應須和。還知麼，自從添箇，風月平分破。

樓鑰《跋袁光祿與東坡同官事迹》（《攻媿集》卷七七）：元祐五年（袁轂）倅杭州，東坡爲郡守，相得甚歡。（略）如「別乘一來」、「風月平分破」之詞，最爲膾炙，正爲公而作，則其賓主之間風流，可想而知也。

《草堂詩餘》續集卷上天羽居士評：目空一世，身置九霄，了無恡意。

王世貞《藝苑巵言》引《詞苑》：子瞻「與誰同坐，明月清風我」，「明月幾時有，把酒問青天」，快語也。（略）其詞濃與淡之間也。

點絳脣

紅杏飄香，柳含煙翠拖輕縷。水邊朱戶，盡捲黃昏雨。　燭影搖風，一枕傷春緒。歸不去，鳳樓何處，芳草迷歸路。

殢人嬌　王都尉席上贈侍人

滿院桃花，盡是劉郎未見。於中更，一枝纖軟。仙家日月，笑人間春晚。濃睡起，驚飛亂紅千片。

密意難傳，羞容易變。平白地，爲伊腸斷。問君終日，怎安排心眼？須信道，司空自來見慣。

《烏臺詩案·與王詵往來詩賦》：次日（熙寧十年三月二日），軾與王詵相見。令姨嬷六七人出，斟酒下食。數內有倩奴，問軾求曲子。軾遂作《洞仙歌》一首、《喜長春》一首與之。

傅藻《東坡紀年錄》：（熙寧十年丁巳）三月一日，與王詵會四照亭，有倩奴者求曲，遂作《洞仙歌》、《喜長春》與之。按：朱祖謀疑《喜長春》即《殢人嬌》別名。

程大昌《演繁露》卷一三：李太白《越女詞》曰：「東陽素足女，會稽素舸郎。相看月未墮，白地斷肝腸。」此東坡長短句取以爲「平白地，爲伊腸斷」也。

《草堂詩餘》別集卷三沈際飛評：一段神姿舉動，反顯出唐詩高雅。

葉申薌《本事詞》卷上《蘇軾贈妓詞》：坡公喜于吟詠，詞集中亦多歌席酬贈之作。（略）又贈王都尉晉卿侍姬，則有《殢人嬌》云：「滿院桃花（略）。」

王文誥《蘇文忠公詩編注集成總案》卷一〇：（熙寧十年丁巳）三月二日寒食，與王詵作北城之游，飲于四照亭上，作《殢人嬌》詞。

殢人嬌　贈朝雲

白髮蒼顏，正是維摩境界。空方丈，散花何礙。朱脣筯點，更髻鬟生彩。這些箇，千生萬生只在。

好事心腸，著人情態。閒窗下，斂雲凝黛。明朝端午，待學紉蘭爲佩。尋一首好詩，要書裙帶。

王文誥《蘇文忠公詩編注集成總案》卷三九：（紹聖二年乙亥）五月四日，贈朝雲《殢人嬌》詞。

殢人嬌　戲邦直

別駕來時，燈火熒煌無數。向青瑣，隙中偷覷。元來便是，共綵鸞仙侶。方見了，管須低聲說與。百子流蘇，千枝寶炬。人間有，洞房煙霧。春來何事，故抛人別處。坐望斷，樓中遠山歸路。

訴衷情　送述古迓元素

錢塘風景古來奇，太守例能詩。先驅負弩何在，心已誓江西。　花盡後，葉飛時，雨淒淒。若爲情緒，更問新官，向舊官啼。

傅藻《東坡紀年錄》：（熙寧七年甲寅）送述古迎元素，作《訴衷情》。

王文誥《蘇文忠公詩編注集成總案》卷一二：（熙寧七年甲寅七月）楊繪自應天來代，作《訴衷情》。

訴衷情　海棠

海棠珠綴一重重，清曉近簾櫳。胭脂誰與勻淡，偏向臉邊濃。　看葉嫩，惜花紅，意無窮。如花似葉，歲歲年年，共占春風。

訴衷情　琵琶女

小蓮初上琵琶弦，彈破碧雲天。分明繡閣幽恨，都向曲中傳。　膚瑩玉，鬢梳蟬，綺窗前。素娥今夜，故故隨人，似鬬嬋娟。

《草堂詩餘別集》卷一天羽居士評：領悟獨神，此題才華事實都無用。

更漏子　送孫巨源

水涵空，山照市，西漢二疏鄉里。新白髮，舊黃金，故人恩義深。　海東頭，山盡處，自古客槎來去。槎有信，赴秋期，使君行不歸。

傅藻《東坡紀年錄》：（熙寧七年甲寅）送巨源，作《更漏子》。

王文誥《蘇文忠公詩編注集成總案》卷一二：（熙寧七年甲寅十月）與孫洙送別，作《更漏子》詞。

更漏子

柳絲長，春雨細，花外漏聲迢遞。驚塞雁，起城烏，畫屏金鷓鴣。　香霧薄，透簾幕，惆悵謝家池閣。紅燭背，繡簾垂，夢長君不知。

傳共《注坡詞序》：《更漏子》「柳絲長」、「春夜闌」之類，則見于《本事集》，乃溫庭筠、牛嶠之詞。

更漏子

春夜闌，更漏促，金燼暗挑殘燭。驚夢斷，錦屏深，兩鄉明月心。　閨草碧望歸客，還是不知消息。孤負我，悔憐君，告天天不聞。

傳共《注坡詞序》：《更漏子》「柳絲長」、「春夜闌」之類，則見于《本事集》，乃溫庭筠、牛嶠之詞。

華清引　感舊

平時十月幸蘭湯，玉甃瓊梁。五家車馬如水，珠璣滿路旁。　翠華一去掩方牀，獨留煙樹蒼蒼。至今清夜月，依前過繚牆。

桃源憶故人　暮春

華胥夢斷人何處，聽得鶯啼紅樹。幾點薔薇香雨，寂寞閒庭戶。　暖風不解留花住，片片著人無數。樓上望春歸去，芳草迷歸路。

醉落魄　述懷

醉醒醒醉，憑君會取這滋味。濃斟琥珀香浮蟻，一到愁腸，別有陽春意。　須將幕席爲天地，歌前起舞花前睡。從他落魄陶陶裏，猶勝醒醒，惹得閒憔悴。

《能改齋漫錄》卷二《兀兀陶陶詞》：豫章云：「『醉醉醒醒』一曲，乃《醉落魄》也。其詞云（略）。此詞亦有佳句，而多斧鑿痕，又語高下不甚入律。或傳是東坡語，非也。與『蝸角虛名』、『解下癡絛』之曲相似，疑是王仲父作。

醉落魄　席上呈元素

分攜如昨，人生到處萍飄泊。偶然相聚還離索，多病多愁，須信從來錯。　尊前一笑休辭卻，天涯同是傷淪落。故山猶負平生約，西望峨嵋，長羨歸飛鶴。

傅藻《東坡紀年錄》：（熙寧七年甲寅）離京口呈元素，作《醉落魄》。

王文誥《蘇文忠公詩編注集成總案》卷一〇：（熙寧七年甲寅九月）留別楊繪，作《醉落魄》詞。

醉落魄　憶別

蒼頭華髮，故山歸計何時決。舊交新貴音書絕，惟有佳人，猶作殷勤別。　離亭欲去歌聲咽，瀟瀟細雨涼吹頰。淚珠不用羅巾裛，彈在羅衣，圖得見時說。

醉落魄

述懷輕雲微月，二更酒醒船初發。孤城回望蒼煙合，公子佳人，不記歸時節。　巾偏扇墜藤牀滑，覺來幽夢無人說。此生飄蕩何時歇，家在西南，長作東南別。

謁金門　秋夜

秋帷裏，長漏伴人無寐。低玉枕涼輕繡被，一番秋氣味。　曉色又侵窗紙，窗外雞聲初起。聲斷幾聲還到耳，已明聲未已。

謁金門　秋興

秋池閣，風傍曉庭簾幕。霜葉未衰吹未落，半驚鴉喜鵲。　自笑浮名情薄，似與世人疏略。一片懶心雙懶腳，好教閒處著。

謁金門 秋感

今夜雨，斷送一年殘暑。坐聽潮聲來別浦，明朝何處去。　孤負金尊綠醑，來歲今宵圓否。酒醒夢回愁幾許，夜闌還獨語。

如夢令

元豐七年十二月十八日，浴泗州雍熙塔下，戲作《如夢令》闋。此曲本唐莊宗製，名《憶仙姿》。嫌其名不雅，故改爲《如夢令》。蓋莊宗作此詞，卒章云：「如夢如夢，和淚出門相送。」因取以爲名云。

水垢何曾相受，細看兩俱無有。寄語揩背人，盡日勞君揮肘。輕手，輕手，居士本來無垢。

胡仔《苕溪漁隱叢話》後集卷三九：（前引蘇詞小序）《古今詞話》云：「後唐莊宗修內苑，掘得斷碑，中有字三十二，曰『曾宴桃源深洞，一曲舞鸞歌鳳。長記欲別時，殘月落花煙重。如夢如夢，和淚出門相送。』莊宗使樂工入律歌之，名曰《古記》。」但《詞話》所記，多是臆說，初無所據，故不可信，當以坡言爲正。

傅藻《東坡紀年錄》：（元豐七年甲子十二月）戲作《如夢令》。

王文誥《蘇文忠公詩編注集成總案》卷二四：（元豐七年甲子十二月）十八日，浴于雍熙塔下，戲作《如夢令》詞。

如夢令　同前

自淨方能淨彼，我自江流呀氣。寄語澡浴人，且共肉身遊戲。但洗，但洗，俯爲人間一切。

如夢令　有寄

爲向東坡傳語，人在玉堂深處。別後有誰來，雪壓小橋無路。歸去，歸去，江上一犁春雨。

如夢令　春思

手種堂前桃李，無限綠陰靑子。簾外百舌兒，驚起五更春睡。居士，居士，莫忘小橋流水。

如夢令　題淮山樓

城上層樓疊巘，城下淸淮古汴。舉手揖吳雲，人與暮天俱遠。魂斷，魂斷，後夜松江月滿。

如夢令

曾宴桃源深洞，一曲舞鸞歌鳳。長記欲別時，和淚出門相送。如夢，如夢，殘月落花煙重。

陽關曲　中秋作

暮雲收盡溢淸寒，銀漢無聲轉玉盤。此生此夜不長好，明月明年何處看。

蘇軾《記陽關第四聲》(《蘇軾文集》卷六七)：舊傳陽關三疊，然今歌者，每句再疊而已，通一首言之，又是四疊。皆非是。或每句三唱，以應三疊之說，則叢然無復節奏。余在密州，有文勛長官，以事至密，自云得古本陽關，其聲宛轉凄斷，不類向之所聞，每句皆再唱，而第一句不疊。乃知唐本三疊蓋如此。及在黃州，偶讀樂天《對酒》詩云：「相逢且莫推辭醉，新唱陽關第四聲。」注：「第四聲：『勸君更盡一杯酒。』」以此驗之，若第一句疊，則此句爲第五聲矣，今爲第四聲，則第一不疊審矣。

又《書彭城觀月詩》(《蘇文忠公全集》卷六八)：「暮雲收盡溢清寒(略)。」余十八年前中秋夜，與子由觀月彭城，作此詩，以《陽關》歌之。今復此夜宿於贛上，方遷嶺表，獨歌此曲，聊復書之，以識一時之事，殊未覺有今夕之悲，懸知有他日之喜也。

胡仔《苕溪漁隱叢話》後集卷二三：古人賦中秋詞詩，例皆詠月而已，少有著題者，惟王元之云「莫辭終夕看，動是隔年期」，蘇子瞻云「暮雲收盡溢清寒(略)」，蓋庶幾焉。

舊題王十朋《百家註分類東坡先生詩》卷一八引次公曰：三詩各自說事，(略)先生皆以陽關歌之，乃聚爲一處。

《老學庵筆記》卷五　世言東坡不能歌，故所作樂府詞多不協。晁以道云：「紹聖初，與東坡別於汴上，東坡酒酣，自歌《古陽關》。」則公非不能歌，但豪放不喜裁剪以就聲律耳。

楊萬里《誠齋詩話》：五七字絶句最少，而最難工，雖作者亦難得四句全好者。（略）東坡云（略）。四句皆好矣。

劉克莊《二蘇中秋月詩跋》（《後村大全集》卷一一〇）：二蘇公彭城中秋月倡和七言，可拍謫仙之肩。坡五言清麗者似鮑、庾，閑雜者似韋、柳。前人中秋之作多矣，至此一洗萬古而空之。

又《後村詩話》後集卷一：（「此生此夜不長好」二句）與高適「今年人日空相憶，明年人日知何處」之句暗合。

《詩林廣記》後集卷三《蘇軾》：愚謂東坡此詩之意，又有《十月十五日觀月黄樓席上次韻》云：「爲問登臨好風景，明年還憶使君無？」又《和子由山茶盛開》云：「雪裏盛開知有意，明年開後更誰看。」王元之《黄州竹樓記》云：「未知明年，又在何處。」近世有賦《賞春》詞，末句云：「不知來歲牡丹時，再相逢何處。」噫，好景不常，盛事難再。讀此語，則令人有歲月飄忽之感云。

范晞文《對牀夜語》卷三：高適《九日》詩云：「縱使登高祇斷腸，不如獨坐空搔首。」老杜有「羞將短髮還吹帽，笑倩旁人爲整冠」，亦反其事也。結句云「明年此會知誰健，醉把茱萸仔細看」，與劉希夷「今年花落顔色改，明年花開復誰在」之意同。氣長句雅，俱不及杜。戴叔倫《對月》云：「明年此夕游何處，縱有清光知對誰。」欲脱其胎而不可，蓋才力不逮也。東坡用其意，作《中秋月》詩云：「此生此夜不長好，明月明年何處看。」遂成絶句。

方回《瀛奎律髓·月類序》：着題詩中，梅、雪、月最難賦，故特以爲類。中秋月尤難賦，

「此夜一輪滿，清光何處無」，僧貫休句也；「此生此夜不長好，明月明年何處看」，東坡句也；「萬山不隔中秋月」，山谷一句尤奇。

翁方剛《石洲詩話》卷三：《陽關》之聲，今無可考。但就此三詩繹之，與右丞「渭城」之作，若合符節。今錄于此以記之。（下引王維詩及此三詩）其法以首句平起，次句仄起，三句又平起，四句又仄起，而第三句與四句之第五字，各以平仄互換。又第二句之第五字，第三句之第七字，皆用上聲，譬如填詞一般。漁洋先生謂「絕句乃唐樂府」，信不誣也。

吳衡照《蓮子居詞話》卷一：唐七言絕歌法，若《竹枝》、《柳枝》、《清平調》、《雨淋鈴》、《陽關》、《小秦王》、《八拍蠻》、《浪淘沙》等闋，但異其名，即變其腔。至宋而譜之，存者獨《小秦王》耳。故東坡《陽關曲》借《小秦王》之聲歌之。《漁隱叢話》云：《小秦王》必雜以虛聲乃可歌。此即《樂府指迷》所謂教師唱家之有襯字。其中二十八字爲正格，餘皆格外字，以取便於歌，如古樂府妃呼豨云云。凡七言絕皆然，不獨《小秦王》也。元人歌《陽關》衍至一百餘字，想亦借《小秦王》之聲，非當時裂笛之舊已。

王文誥《蘇文忠公詩編註集成》卷一五引江藩語：《陽關詞》，古人但論三聲，不論聲調，以王維一首定此詞平仄。此三詩，與摩詰毫髮不爽。

鄭文焯《大鶴山人詞話》：「不」字律妙句天成。

陽關曲 軍中

受降城下紫髯郎，戲馬臺南舊戰場。恨君不取契丹首，金甲牙旗歸故鄉。

王文誥《蘇文忠公詩編注集成》卷一五《陽關詞三首·贈張繼愿》：王注次公曰：三詩各自說事，先生皆以陽關歌之，乃聚爲一處，標其題曰《陽關三絕》。誥案：别本題止《軍中》二字，施本題作《右贈張繼愿》，列于詩集。其《答李公擇》、《中秋月》二題並同。

陽關曲 李公擇

濟南春好雪初晴，纔到龍山馬足輕。使君莫忘霅溪女，還作陽關腸斷聲。

胡仔《苕溪漁隱叢話》後集卷三九《長短句》：苕溪漁隱曰：唐初歌詞多是五言詩，或七言詩，初無長短句。自中葉以後，至五代，漸變成長短句。及本朝則盡爲此體。今所存止《瑞鷓鴣》、《小秦王》二闋是七言八句詩並七言絕句詩而已。《瑞鷓鴣》猶依字易歌，若《小秦王》必須雜以虛聲，乃可歌耳。「濟南春好雪初晴（略）。」此《小秦王》也。皆東坡所作。

王士禛《帶經堂詩話》卷九《標舉類》：可追蹤唐賢。

又卷一七《注家類》：東坡濟南詩云：「濟南春好雪初晴，行到龍山馬足輕。使君莫忘霅溪女，時作《陽關》腸斷聲。」亦《小秦王調》也。注蘇者誤以爲孟嘉落帽之龍山，不思彼在姑孰，與濟南何涉？注家之可笑如此。

又：坡公《陽關三絕》，其二云：「濟南春好雪初晴，行到龍山馬足輕。使君莫忘霅溪女，時作《陽關》腸斷聲。」龍山在濟南郡城東七十里，章邱城西南四十里，古平陵城，唐之全節也。次公注云：龍山，桓溫九日所登之山。按此龍山在今江南之太平府，與濟南了不相涉，詩意何緣及此？可見注詩不易，信如陸務觀語周益公云云也。

又：濟南郡城東七十里龍山鎮，即《水經注》巨合城也，漢耿弇討費敢，進兵先脅巨里，即此。東坡《陽關詞》「濟南春好雪初晴，行到龍山馬足輕」，舊注引孟嘉落帽事，固大謬，施注竟略之，以此知注書之難，而陸務觀、任淵皆不敢注蘇，有以也。

王文誥《蘇文忠公詩編注集成》卷一五《陽關詞三首·答李公擇》引施注：李公擇先知湖州，自湖移濟南，故東坡以霅溪女戲之。

鄧廷楨《雙硯齋詞話·瑞鷓鴣編入律詩》：「濟南春好雪初晴（略）。」東坡《小秦王》詞也，今乃編入詩集。

鄭文焯《手批東坡樂府》：是闋第三句第五字，以入聲爲協律，蓋昉于「勸君更進一杯酒」也。

減字木蘭花

贈潤守許仲塗，且以「鄭容落籍，高瑩從良」爲句首。

鄭莊好客，容我尊前先墮幘。落筆生風，籍籍聲名不負公。　高山白早，瑩骨冰膚那解老。從此南徐，良夜清風月滿湖。

《捫蝨新話》下集卷九：東坡集中有《減字木蘭花》詞云（略）。人多不曉其意。或云：坡昔過京口，官妓鄭容、高瑩二人嘗侍宴，坡喜之。二妓閒請於坡，欲爲脫籍，坡許之而終不爲言。及臨別，二妓復之船所懇之，坡曰：「爾當持我之詞以往，太守一見，便知其意。」蓋是「鄭容落籍，高瑩從良」八字也。此老眞爾狡獪耶！

傅藻《東坡紀年錄》：（熙寧七年甲寅）贈潤守許仲塗，作《減字木蘭花》。

《詞苑萃編》卷二一《辨證》引《東皋雜錄》：林希子中知潤州，東坡自錢塘赴召，有官伎鄭容、高瑩求脫籍。東坡爲一詞書牒尾云：「鄭莊好客（略）。」蓋取句端八字云。

張宗橚《詞林紀事》卷五：橚按：《聚蘭集》載此詞，乃東坡贈潤守許仲塗，非林子中也。

葉申薌《本事詞》卷上《蘇軾題營妓牒後詞》：林希子中知潤州日，子瞻自杭內召，過郡，子中留宴。席間，營妓出牒，鄭容求落籍，高瑩求從良。子中命呈牒于客，子瞻即題牒後云：「卷莊好客（略）。」子瞻好以文爲戲，雖云作謔，亦佳話也。

減字木蘭花　寓意

雲鬟傾倒，醉倚闌干風月好。憑仗相扶，誤入仙家碧玉壺。　連天衰草，下走湖南西去道。一舸姑蘇，便逐鴟夷去得無。

姚寬《西溪叢語》卷上：《吳越春秋》云：「吳國西子被殺。」杜牧之詩云：「西子下姑蘇，一舸逐鴟夷。」東坡詞云：「五湖同道，扁舟歸去，仍攜西子。」予問王性之，性之云：「西子自下蘇，一舸自逐范蠡，遂爲兩義。不可云范蠡將西子去也。」嘗疑之，別無所據。

減字木蘭花 荔支

閩溪珍獻，過海雲帆來似箭。玉座金盤，不貢奇葩四百年。　輕紅釀白，雅稱佳人纖手擘。骨細肌香，恰是當年十八娘。

減字木蘭花 送東武令趙晦之

賢哉令尹，三仕已之無喜慍。我獨何人，猶把虛名玷搢紳。　不如歸去，二頃良田無覓處。歸去來兮，待有良田是幾時。

傅藻《東坡紀年錄》：（熙寧八年乙卯）：送東武令趙晦之歸海州，作《減字木蘭花》。

《愛日齋叢鈔》卷三：《夢溪筆談》記商洛間兵官賦詩云：「人生心無累，何必買山錢。」遂投檄去。頗類坡詞：「不如歸去，二頃良田無覓處。歸去來兮，待有良田是幾時。」近如徐淵子詩乃云：「俸餘宜辦買山錢，卻買端州古硯磚。依舊被渠驅使在，買山之事定何年。」

王文誥《蘇文忠公詩編注集成總案》卷一三：（熙寧八年乙卯十一月）送趙晦之罷東武令歸海

州，又作《減字木蘭花》詞。

減字木蘭花　送別

玉觴無味，中有佳人千點淚。學道忘憂，一念還成不自由。　如今未見，歸去東園花似霰。一語相開，匹似當初本不來。

減字木蘭花　送趙令

春光亭下，流水如今何在也。歲月如梭，白首相看擬奈何。　故人重見，世事年來千萬變。官況闌珊，慚愧青松守歲寒。

減字木蘭花　過吳興，李公擇生子，三日會客，作此詞戲之。

惟熊佳夢，釋氏老君親抱送。壯氣橫秋，未滿三朝已食牛。　犀錢玉果，利市平分霑四坐。多謝無功，此事如何到得儂。

胡仔《苕溪漁隱叢話》前集卷三八：《漫叟詩話》云：東坡最善用事，既顯而易讀，又切當。（略）賀人洗兒詞云：「犀錢玉果（略）。」南唐時，宮中嘗賜洗兒果，有近臣謝表云：「猥蒙寵數，深愧無功。」李主曰：「此事卿安得有功。」尤爲親切。苕溪漁隱曰：《世說》，元帝生子，普賜群臣，殷羡謝曰：「皇子誕育，普天同慶。臣無勳焉，而猥頒賚。」中宗曰：「此事豈可使卿有勳耶。」二事相類，聊録于此。但「深愧無功」，此語東坡乃用南唐事也。

傅藻《東坡紀年録》：（熙寧七年甲寅）過吳興，李公擇生子，作《減字木蘭花》。

王文誥《蘇文忠公詩編注集成總案》卷一一：（熙寧七年甲寅九月）李常生子方三日，作《減字木蘭花》。

減字木蘭花　得書

曉來風細，不會鵲聲來報喜。卻羡寒梅，先覺春風一夜來。　香牋一紙，寫盡回文機上意。欲卷重開，讀遍千回與萬回。

減字木蘭花　送別

天台舊路，應恨劉郎來又去。別酒頻傾，忍聽陽關第四聲。　　劉郎未老，懷戀仙鄉重得到。只恐因循，不見如今勸酒人。

減字木蘭花

雙龍對起，白甲蒼髯煙雨裏。疏影微香，下有幽人晝夢長。　　湖風清軟，雙鵲飛來爭噪晚。翠颭紅輕，時下淩霄百尺英。

楊繪《時賢本事曲子集》：錢塘西湖有詩僧清順居其上，自名藏春塢。門前有二古松，各有淩霄花絡其上。順常晝卧其下。時子瞻爲郡，一日，屏騎從過之，松風騷然，順指落花覓句，爲賦此詞。

王文誥《蘇文忠公詩編注集成總案》卷三二：（元祐五年庚午五月）過藏春塢，爲清順作《減字木蘭花》詞。

減字木蘭花　贈小鬟琵琶

琵琶絶藝，年紀都來十一二。撥弄幺絃，未解將心指下傳。　主人瞋小，欲向東風先醉倒。已屬君家，且更從容等待他。

減字木蘭花　立春

春牛春杖，無限春風來海上。便與春工，染得桃紅似肉紅。　春幡春勝，一陣春風吹酒醒。不似天涯，捲起楊花似雪花。

傅藻《東坡紀年錄》：（元符二年己卯）立春日，作《減字木蘭花》。

王文誥《蘇文忠公詩編注集成總案》卷四二：（紹聖五年戊寅）正月立春日，作《減字木蘭花》詞。

減字木蘭花　雪詞

雲容皓白，破曉玉英紛似織。風力無端，欲學楊花更耐寒。　相如未老，梁苑猶能陪俊少。莫惹閒愁，且折江梅上小樓。

減字木蘭花　花

玉房金蕊，宜在玉人纖手裏。淡月朦朧，更有微微弄袖風。　溫香熟美，醉慢雲鬟垂兩耳。多謝春工，不是花紅是玉紅。

減字木蘭花　春月

春庭月午，搖蕩香醪光欲舞。步轉迴廊，半落梅花婉娩香。　輕雲薄霧，總是少年行樂處。不似秋光，只與離人照斷腸。

《中山詩話》：蘇公居潁，春夜對月。王夫人曰：「春月可喜，秋月使人愁耳。」公謂前未及也，遂作詞曰：「不似秋光，只與離人照斷腸。」老杜云：「秋月解傷神。」語簡而益工也。

趙令時《侯鯖錄》卷四：元祐七年正月，東坡先生在汝陰，州堂前梅花大開，月色少霽。先生王夫人曰：「春月色勝如秋月色，秋月色令人悽慘，春月色令人和悅，何如召趙德麟輩來飲此花下。」先生大喜曰：「吾不知子能詩邪！此眞詩家語耳。」遂相召與二客飲，用是語作《減字木蘭花》詞。

傅藻《東坡紀年錄》：（元祐七年壬申）二月十五夜，與德麟小酌聚星堂，作《減字木蘭花》。

毛晉《後山詞跋》：宋人好著詩話，未有著詞話者。惟後山，集中略載一二。（略）蘇公居潁春夜對月，王夫人曰：「春月可喜，秋月使人愁耳。」公謂前未及也，遂作詞曰：「不似秋光，只與離人照斷腸。」

沈雄《古今詞話·詞評》上卷《蘇軾東坡詞》：東坡知潁州時，月下梅花盛開。王夫人曰：「春月色勝如秋月色，何如召德麟輩飲于花下。」東坡喜曰：「誰謂夫人不能詩，此眞詩家語也。」作《字木蘭花》以紀之：「輕風薄霧（略）。」

王文誥《蘇文忠公詩編注集成總案》卷三四：（元祐七年壬申正月）二十五日聚星堂前梅花大開，月色鮮霽，招趙令時飲花下，作《減字木蘭花》詞。

減字木蘭花　贈勝之

天然宅院，賽了千千幷萬萬。說與賢知，表德元來是勝之。　今來十四，海裏猴兒奴子是。要賭休癡，六隻骰兒六點兒。

李治《敬齋古今黈》拾遺卷一：東坡贈勝之《減字木蘭花》云：「要賭休癡，六隻骰兒六點兒。」東坡以爲六只皆六點，此色乃沒賽也。然此句中間少一「皆」字意，卻便是六隻骰兒都計六點而已，而纔得俗所謂六個神，乃色之最少者耳。只欠一字，辭理俱詘。

王明清《揮麈後錄》卷七：徐得之君猷，陽翟人，韓康公婿也。知黃州日，東坡先生遷謫于郡，君猷周旋之不遺餘力。其後君猷死于黃，東坡作祭文、挽詞甚哀。又與其弟書云：「軾始謫黃州，舉眼無親，君猷一見，相待如骨肉，此意豈可忘哉。」君猷後房甚盛，東坡常聞堂上絲竹，詞中謂「表德元來字勝之」者，所最寵也。東坡北歸，過南都，則其人已歸張樂全子厚之恕矣。厚之開燕，東坡復見之，不覺掩面號慟，妾乃顧其徒大笑。東坡每以語人，爲蓄婢之戒。

減字木蘭花　琴

神閒意定，萬籟收聲天地靜。玉指冰絃，未動宮商意已傳。　悲風流水，寫出寥寥千古意。歸去無眠，一夜餘音在耳邊。

減字木蘭花

銀箏旋品，不用纏頭千尺錦。妙思如泉，一洗閒愁十五年。　爲公少止，起舞屬公公莫起。風裏銀山，擺撼魚龍我自閒。

減字木蘭花　贈君猷家姬

柔和性氣，雅稱佳名呼懿懿。解舞能謳，絕妙年中有品流。　眉長眼細，淡淡梳妝新綰髻。懊惱風情，春著花枝百態生。

葉申薌《本事詞》卷上《蘇軾贈妓詞》：坡公喜于吟詠，詞集中亦多歌席酬贈之作。（略）又贈君猷家姬懿懿《減蘭》云：「柔和性氣（略）。」

減字木蘭花

鶯初解語，最是一年春好處。微雨如酥，草色遙看近卻無。休辭醉倒，花不看開人易老。莫待春回，顛倒紅英間綠苔。

減字木蘭花

江南遊女，問我何年歸得去。雨細風微，兩足如霜挽紵衣。江亭夜語，喜見京華新樣舞。蓮步輕飛，遷客今朝始是歸。

減字木蘭花　贈徐君猷三侍人　嫵卿

嬌多媚煞，體柳輕盈千萬態。殢主尤賓，斂黛含顰喜又瞋。徐君樂飲，笑謔從伊情意恁。

臉嫩敷紅，花倚朱闌裹住風。

葉申薌《本事詞》卷上《蘇軾贈妓詞》：坡公喜于吟詠，詞集中亦多歌席酬贈之作。（略）又贈黃君猷三侍姬，則有《減蘭》三闋，與嫵卿云：「嬌多媚煞（略）。」

減字木蘭花 勝之

雙鬟綠墜，嬌眼橫波眉黛翠。妙舞蹁躚，掌上身輕意態妍。曲窮力困，笑倚人旁香喘噴。老大逢歡，昏眼猶能仔細看。

葉申薌《本事詞》卷上《蘇軾贈妓詞》：坡公喜于吟詠，詞集中亦多歌席酬贈之作。（略）又贈黃守徐君猷三侍姬，則有《減蘭》三闋，（略）與勝之云：「雙鬟綠墜（略）。」

減字木蘭花 慶姬

天真雅麗，容態溫柔心性慧。響亮歌喉，遏住行雲翠不收。妙詞佳曲，囀出新聲能斷續。

重客多情，滿勸金巵玉手擎。

《春渚紀聞》卷六：張無盡過黃州，而黃州徐君猷有四侍人，適張夫人攜其一往婿家爲浴兒之會，無盡因爲戲語云：「厥有美妾，良由令妻。」公即續之爲小賦云：「道得徵章鄭趙，姓稱孫姜閻齊。浴兒于玉潤之家，一夔足矣；侍坐于冰淸之側，三英粲兮。」既暮而張夫人還，乃閻姬也，最爲徐所寵。公復書絕句云：「玉筍纖纖揭綉簾，一心偸看綠羅尖。使君三尺氈頭帽，須信從來只有簷。」

葉申薌《本事詞》卷上《蘇軾贈妓詞》：坡公喜于吟詠，詞集中亦多歌席酬贈之作。（略）又贈黃守徐君猷三侍姬，則有《減蘭》三闋，（略）與慶姬云：「天眞雅麗（略）。」

王文誥《蘇文忠公詩編注集成總案》卷二一：（元豐五年壬戌十二月）張商英過黃州，會于徐大受座上，作《減字木蘭花》詞。

減字木蘭花

空牀響琢，花上春禽冰上雹。醉夢尊前，驚起湖風入坐寒。　轉關鑊索，春水流絃霜入撥。月墮更闌，更請宮高奏獨彈。

減字木蘭花

五月二十四日，會於无咎之隨齋。主人汲泉置大盆中，漬白芙蓉，坐客翛翛然，無復有病暑意。

回風落景，散亂東牆疏竹影。滿坐清微，入袖寒泉不溼衣。　夢回酒醒，百尺飛瀾鳴碧井。雪灑冰麾，散落佳人白玉肌。

傅藻《東坡紀年錄》：（元祐七年壬申）五月，（略）二十四日會无咎隨齋，汲泉漬白芙蓉，不復有病暑意，作《減字木蘭花》。

減字木蘭花　以大琉璃杯勸王仲翁

海南奇寶，鑄出團團如栲栳。曾到崑崙，乞得山頭玉女盆。　絳州王老，百歲癡頑推不倒。海口如門，一派黃流已電奔。

減字木蘭花

憑誰妙筆，橫掃素縑三百尺。天下應無，此是錢塘湖上圖（蘇軾）。　一般奇絕，雲淡天高秋夜月。費盡丹青，只這些兒畫不成（仲殊）。

楊湜《古今詞話》：東坡守錢塘，劉巨濟赴處州，道過錢塘，東坡留飲於中和堂，僧仲殊與焉。時堂之屏有西湖圖，東坡遽索牋管作《減字木蘭花》曰：「憑誰妙筆，橫掃一素縑三百尺。天下應無，此是錢塘湖上圖。」以後疊屬巨濟，辭遜再三，遂以屬仲殊，繼曰：「一般奇絕，雲淡天高秋夜月。費盡丹青，只這些兒畫不成。」東坡大稱賞之。

胡仔《苕溪漁隱叢話》後集卷三七：《復齋漫錄》云：「元豐末，張詵樞言龍圖之守杭也，一日，宴客湖上，劉涇巨濟、僧仲殊在焉，樞言命即席賦詩曲，巨濟先唱云：「憑誰妙筆，橫掃素縑三百尺。天下應無，此是錢塘湖上圖。」仲殊遽云：「一般奇絕，雲淡天高秋夜月。費盡丹青，只這些兒畫不成。」」

又：（前引《古今詞話 》）苕溪漁隱曰：此詞首句云：「憑誰妙筆，橫掃素縑三百尺。」則是初無此西湖圖，姑言之耳。《詞話》乃云「中和堂屏有西湖圖」，可見其附會爲說，全與詞意不合。以此驗之，其以爲東坡作，亦必妄言，當以《復齋》爲正也。

浣溪沙 新秋

風捲珠簾自上鉤，蕭蕭亂葉報新秋。獨攜纖手上高樓。　缺月向人舒窈窕，三星當戶照綢繆。香生霧縠見纖柔。

方勺《泊宅編》卷上：秦觀字少游，嘗眷蔡州一妓陶心者，作《浣沙溪》，詞中二句：「缺月向人舒窈窕，三星當戶照綢繆。」缺月三星，蓋「心」字。愛其善狀物，故書之。此乃誤記東坡詞耳。少游詞云「一鉤殘月帶三星」也。

浣溪沙 游蘄水清泉寺，寺臨蘭溪，溪水西流。

山下蘭芽短浸溪，松間沙路淨無泥。蕭蕭暮雨子規啼。　誰道人生無再少，門前流水尚能西。休將白髮唱黃雞。

《東坡志林》卷一：黃州東南三十里爲沙湖，亦曰螺師店，予買田其間。因往相田得疾，聞麻橋人龐安常善醫而聾，遂往求療。安常雖聾，而穎悟絕人，以紙畫字，書不數字，輒深了人意。予戲之曰：「予以手爲口，君以眼爲耳，皆一時異人也。」疾愈，與之同遊清泉寺，寺在蘄水郭門外二里許，有王逸少洗筆泉，水極甘，下臨蘭溪，溪水西流，予作歌云（略）。是日劇飲而歸。

陸游《入蜀記》卷四：八月十七日過回風磯，無大山，蓋江邊石漬耳。然水緊浪湧，過舟甚艱。過蘭溪，東坡先生所謂「山下蘭芽短侵溪」者。

曾敏行《獨醒雜志》卷二：徐公師川嘗言，東坡長短句有云：「山下蘭芽短侵溪，松間沙路淨無泥。」白樂天詩云：「柳橋晴有絮，沙路潤無泥。」淨、潤兩字，當有能辨之者。

先著、程洪《詞潔輯評》卷一：坡公韻高，故淺淺語亦覺不凡。

許昂霄《詞綜偶評・宋詞》：（松間沙路淨無泥，瀟瀟暮雨子規啼）何減「兩邊山木合，終日子規啼」耶？（休將白髮唱黃雞）香山詩：「聽唱黃雞與白日。」

陳廷焯《白雨齋詞話》卷六《東坡浣溪沙》：東坡《浣溪沙》（遊蘄水清泉寺）云：「誰道人生難再少，君看流水尚能西。休將白髮唱黃雞。」愈悲鬱，愈豪放，愈忠厚。令我神往。（原註：寺前水西流。）

王文誥《蘇文忠公詩編注集成總案》卷二一：（元豐五年壬戌三月）疾愈，與龐醫游清泉寺，飲王羲之洗筆泉，儻徉蘭溪之上，作《浣溪紗》詞。

浣溪沙　漁父

西塞山邊白鷺飛，散花洲外片帆微。桃花流水鱖魚肥。　自庇一身青篛笠，相隨到處綠蓑衣。斜風細雨不須歸。

曾慥《樂府雅詞》卷中：張志和《漁父詞》云（略）。東坡云：「玄眞語極麗，恨其曲度不傳，加數語以《浣溪沙》歌之云（略）。」山谷見之，擊節稱賞，且云：「惜乎『散花』與『桃花』重疊，又漁舟少有使帆者。」乃取張、顧二詞，合爲《浣溪沙》云：「新婦磯頭眉黛愁，女兒浦口眼波秋。驚魚錯認月沉鈎。　青篛笠前無限事，綠蓑衣底一時休。斜風細雨轉船頭。」東坡跋云：「魯直此詞，清新婉麗，問其最得意處，以山光水色替卻玉肌花貌，眞得漁父家風也。然纔出新婦磯，便入女兒浦，此漁父無乃太浪瀾乎？」

向子諲《酒邊詞》卷下《浣溪沙》序：《漁父詞》，張志和兄松齡所作也，有招玄眞子歸隱之意。居士爲姑蘇郡守，浩然有歸志，因廣其聲，爲《浣溪沙》，示姑蘇諸友。其詞云：「樂在煙波釣是閑，草堂松桂已勝攀。梢梢新月幾回彎。　一碧太湖三萬頃，幾在相對洞庭山。狂風浪起且須還。」

《能改齋漫錄》卷二《張志和漁父詞爲浣溪沙定風波》：東坡、山谷、徐師川，既以張志和

《漁父》詞塡爲《浣溪沙》、《鷓鴣天》，其後好事者相繼而作。

陸游《入蜀記》卷四：（乾道六年八月）十六日，過新野峽，有石瀨茂林，始聞秋鶯。沙際水牛至多，往往數十爲群，吳中所無也。地屬興國軍大冶縣，當是土產所宜爾。（略）自過小孤，臨江峰嶂，無出其右。磯一名西塞山，即玄眞子《漁父詞》所謂「西塞山前白飛」者。

王若虛《滹南詩話》卷二：蘇、黃各因玄眞子《漁父詞》增爲長短句，而互相譏評。山谷又取船子和尚詩爲《訴衷情》，而冷齋亦載之。予謂此皆爲蛇畫足耳，不作可也。

劉熙載《藝概》卷四《詞曲概》：張志和《漁歌子》「西塞山前白鷺飛」一闋，風流千古。東坡嘗以其成句用入《鷓鴣天》，又用于《浣溪沙》，然其所足成之句，猶未若原詞之妙通達化也。黃山谷亦嘗以其詞增爲《浣溪沙》，且誦之，有矜色焉。

萬澍《詞律》卷一《漁歌子》附：山谷增句作《鷓鴣天》，東坡增句作《浣溪沙》，蓋本調音律失傳，故加字歌之。然坡止加潤玄眞之語，谷則增入「朝廷尙覓玄眞子，何處如今更有詩」二句于「青蒻笠」之上，語氣不倫，可謂蛇足。

浣溪沙

十二月二日，雨後微雪，太守徐君猷攜酒見過，坐上作《浣溪沙》三首。明日酒過，雪大作，又作二首。

覆塊青青麥未蘇，江南雲葉暗隨車。臨皋煙景世間無。　　雨腳半收檐斷線，雪林初下瓦疏珠。歸來冰顆亂黏鬚。

傅藻《東坡紀年錄》：（元豐四年辛酉）十二月二日，雨後微雪，君猷攜酒見過，作《浣溪沙》。

王文誥《蘇文忠公詩編注集成總案》卷二一：（元豐四年辛酉）十一月二日雨後微雪，徐大受攜酒臨皋，坐上作《浣溪紗》詞。

浣溪沙　前韻

醉夢醺醺曉未蘇，門前轣轆使君車。扶頭一琖怎生無。　　廢圃寒蔬挑翠羽，小槽春酒凍眞珠。清香細細嚼梅鬚。

王文誥《蘇文忠公詩編注集成總案》卷二一：（元豐四年辛酉十一月二日）明日酒醒雪大作，和前詞。

浣溪沙　前韻

雪裏餐氈例姓蘇，使君載酒爲回車。天寒酒色轉頭無。　薦士已聞飛鶚表，報恩應不用蛇珠。醉中還許攬桓鬚。

浣溪沙　再和前韻

半夜銀山上積蘇，朝來九陌帶隨車。濤江煙渚一時無。　空腹有詩衣有結，溼薪如桂米如珠。凍吟誰伴撚髭鬚。

浣溪沙　前韻

萬頃風濤不記蘇，雪晴江上麥千車。但令人飽我愁無。　翠袖倚風縈柳絮，絳脣得酒爛櫻珠。尊前呵手鑷霜鬚。

浣溪沙　九月九日二首

珠檜絲杉冷欲霜，山城歌舞助凄涼。且餐山色飲湖光。　共挽朱轓留半日，強揉青蕊作重陽。不知明日爲誰黃。

浣溪沙　和前韻

霜鬢眞堪插拒霜，京絃危柱作伊涼。暫時流轉爲風光。　未遣淸尊空北海，莫因長笛賦山陽。金釵玉腕瀉鵝黃。

浣溪沙　有感

傳粉郎君又粉奴，莫教施粉與施朱。自然冰玉照香酥。　有客能爲神女賦，憑君送與雪兒書。夢魂東去見桑榆。

浣溪沙 詠橘

菊暗荷枯一夜霜，新苞綠葉照林光。竹籬茅舍出青黃。　香霧噀人驚半破，清泉流齒怯初嘗。吳姬三日手猶香。

浣溪沙

公守湖，辛未上元日，作會於伽藍中，時長老法惠在坐。時有獻𧿹伽花綵甚奇，謂有初春之興。因作二首，寄袁公濟。

雪頷霜髯不自驚，更將翦綵發春榮。羞顏未醉已先赬。　莫唱黃雞并白髮，且呼張丈喚殷兄。有人歸去欲卿卿。

王文誥《蘇文忠公詩編注集成總案》卷三三：（元祐六年辛未）游伽藍院，寄袁轂《浣溪紗》詞。

浣溪沙 前韻

料峭東風翠幕驚，云何不飲對公榮。水晶盤瑩玉鱗赬。花影莫孤三夜月，朱顏未稱五年兄。翰林子墨主人卿。

浣溪沙 徐門石潭謝雨道上作五首

照日深紅暖見魚，連溪綠暗晚藏烏。黃童白叟聚睢盱。麋鹿逢人雖未慣，猨猱聞鼓不須呼。歸家說與采桑姑。

傅藻《東坡紀年錄》：（元豐元年戊午）三月，（略）謝雨，道中作《浣溪沙》。

王文誥《蘇文忠公詩編注集成總案》卷一六：（元豐元年戊午三月）時方春旱，（略）禱既應，赴潭謝雨，道中作《浣溪紗》詞。

浣溪沙

旋抹紅妝看使君，三三五五棘籬門。相挨踏破蒨羅裙。老幼扶攜收麥社，烏鳶翔舞賽神村。道逢醉叟卧黃昏。

浣溪沙

麻葉層層檾葉光，誰家煮繭一村香。隔籬嬌語絡絲娘。垂白杖藜擡醉眼，捋青擣麨軟飢腸。問言豆葉幾時黃。

浣溪沙

簌簌衣巾落棗花，村南村北響繰車。牛衣古柳賣黃瓜。酒困路長惟欲睡，日高人渴漫思茶。敲門試問野人家。

曾季貍《艇齋詩話》：東坡在徐州，作長短句云：「半依古柳賣黃瓜。」今本作「牛衣古柳賣黃瓜」，非，予嘗見東坡墨蹟作「半衣」，乃知「牛」字誤也。

胡仔《苕溪漁隱叢話》前集卷五六引《高齋詩話》：東坡長短句云：「村南村北賣黃瓜。」參寥詩云：「隔村彷彿聞機杼，知有人家住翠微。」秦少游云：「菰蒲深處疑無地，忽有人家笑語聲。」三詩大同小異，皆奇句也。

王士禎《花草蒙拾·春曉亭子》：「牛衣古柳賣黃瓜」，非坡仙無此胸次。

浣溪沙

軟草平莎過雨新，輕沙走馬路無塵。何時收拾耦耕身。　日暖桑麻光似潑，風來蒿艾氣如薰。使君元是此中人。

浣溪沙　春情

道字嬌訛苦未成，未應春閣夢多情。朝來何事綠鬟傾。　綵索身輕長趁燕，紅窗睡重不聞鶯。困人天氣近清明。

《草堂詩餘》續集卷上天羽居士評：首句卻生。

賀裳《皺水軒詞筌・子瞻春閨詞》：蘇子瞻有銅琶鐵板之譏，然其《浣溪紗（春閨）》曰：「綵索身輕常趁燕，紅窗睡重不聞鶯。」如此風調，令十七八女郎歌之，豈在「曉風殘月」之下。

沈雄《古今詞話・詞話》卷上《歐黃麗語》：弇州曰：永叔、長公，極不能作麗語，而亦有之。永叔如「當路游絲縈醉客，隔花啼鳥喚行人」，長公如「綵索身輕長趁燕，紅窗睡重不聞鶯」，勝人百倍。

又《詞品》上卷《句法》：人謂東坡惟唱「大江東去」，至如「綵索身輕」等語，使十七八女郎歌之，又豈在「曉風殘月」之下。

浣溪沙　菊節

縹緲危樓紫翠間，良辰樂事古難全。感時懷舊獨淒然。　璧月瓊枝空夜夜，菊花人貌自年年。不知來歲與誰看。

浣溪沙　春情

桃李溪邊駐畫輪，鷓鴣聲裏倒清尊。夕陽雖好近黃昏。　香在衣裳妝在臂，水連芳草月連雲。幾時歸去不銷魂。

浣溪沙　荷花

四面垂楊十里荷，問云何處最花多。畫樓南畔夕陽和。　天氣乍涼人寂寞，光陰須得酒消磨。且來花裏聽笙歌。

浣溪沙　贈閭丘朝議，時還徐州

一別姑蘇已四年，秋風南浦送歸船。畫簾重見水中仙。　霜鬢不須催我老，杏花依舊駐君顏。夜闌相對夢魂間。

王文誥《蘇文忠公詩編注集成總案》卷一五：（熙寧十年丁巳八月）閭邱公顯過彭城，作《浣溪紗》詞。

浣溪沙　有贈

惟見眉間一點黃，詔書催發羽書忙。從教嬌淚洗紅妝。上殿雲霄生羽翼，論兵齒頰帶風霜。歸來衫袖有天香。

浣溪沙　憶舊

長記鳴琴子賤堂，朱顏綠髮映垂楊。如今秋鬢數莖霜。聚散交遊如夢寐，升沈閑事莫思量。仲卿終不避桐鄉。

浣溪沙　春情

風壓輕雲貼水飛，乍晴池館燕爭泥。沈郎多病不勝衣。沙上不聞鴻雁信，竹間時聽鷓鴣啼。此情惟有落花知。

黄氏《蓼園詞評·浣溪沙（風壓輕雲貼水飛）》：按此作其在被謫時乎？首尾自喻。「燕爭泥」喻别人得意，「沈郎」自比。「未聞鴻雁」，無佳信息也。「鷓鴣啼」，聲凄切也。通首婉惻。

浣溪沙

紹聖元年十月二十三日，與程鄉令侯晉叔、歸善簿譚汲同游大雲寺。野飲松下，設松黄湯，作此詞。

羅襪空飛洛浦塵，錦袍不見謫仙人。攜壺藉草亦天真。　玉粉輕黄千歲藥，雪花浮動萬家春。醉歸江路野梅新。

傅藻《東坡紀年録》：（紹聖元年甲戌十月）二十三日，與程鄉令侯晉叔、歸善簿譚汲游大雲寺。野飲萬家春于松下，設松黄湯，作《浣溪沙》。

王文誥《蘇文忠公詩編注集成總案》卷三八：（紹聖元年甲戌十月）十三日（略）游大雲寺，

野飲松下，設松黃湯，作《浣溪紗》詞。

浣溪沙 重九舊韻

白雪清詞出坐間，愛君才器兩俱全。異鄉風景卻依然。可恨相逢能幾日，不知重會是何年。茱萸仔細更重看。

浣溪沙 元豐七年十二月二十四日，從泗州劉倩叔游南山。

細雨斜風作曉寒，淡煙疏柳媚晴灘。入淮清洛漸漫漫。雪沫乳花浮午盞，蓼茸蒿筍試春盤。人間有味是清歡。

王文誥《蘇文忠公詩編注集成總案》卷二四：（元豐七年甲子十二月）二十四日同劉倩叔游都梁山，作《浣溪紗》詞。

浣溪沙　送梅庭老赴潞州學官

門外東風雪灑裾，山頭回首望三吳。不應彈鋏爲無魚。上黨從來天下脊，先生元是古之儒。時平不用魯連書。

浣溪沙　徐州藏春閣園中

慚愧今年二麥豐，千畦細浪舞晴空。化工餘力染夭紅。歸去山公應倒載，闌街拍手笑兒童。甚時名作錦薰籠。

王文誥《蘇文忠公詩編注集成總案》卷一八：（元豐二年己未三月）登藏春閣，作《浣溪紗》詞。

浣溪沙　同上

芍藥櫻桃兩鬭新，名園高會送芳辰。洛陽初夏廣陵春。紅玉半開菩薩面，丹砂濃點柳枝脣。尊前還有箇中人。

王文誥《蘇文忠公詩編注集成總案》卷三五：（元祐七年壬申四月）潁州西湖成，和趙令時韻。賞芍藥櫻桃，作《浣溪紗》詞。

浣溪沙　贈楚守田待制小鬟

學畫鴉兒正妙年，陽城下蔡困嫣然。憑君莫唱短因緣。　霧帳吹笙香嫋嫋，霜庭按舞月娟娟。曲終紅袖落雙纏。

《草堂詩餘》續集卷上天羽居士評：風華。

葉申薌《本事詞》卷上《蘇軾贈妓詞》：坡公喜于吟詠，詞集中亦多歌席酬贈之作。其贈楚守田待制小鬟，則有《浣溪沙》兩闋，一云：「學畫鴉兒正妙年（略）。」

浣溪沙　和前韻

一夢江湖費五年，歸來風物故依然。相逢一醉是前緣。　遷客不應常眊矂，使君爲出小嬋娟。翠鬟聊著小詩纏。

傅藻《東坡紀年錄》：（元豐元年戊午）又藏春園贈田楚州小鬟，（略）作《浣溪沙》。

葉申薌《本事詞》卷上《蘇軾贈妓詞》：坡公喜于吟詠，詞集中亦多歌席酬贈之作。其贈楚守田待制小鬟，則有《浣溪沙》兩闋，（略）二云：「一夢江湖費五年（略）。」

王文誥《蘇文忠公詩編注集成總案》卷二四：（元豐七年甲子十一月）待問席上贈小鬟，作《浣溪紗》詞。

浣溪沙 端午

輕汗微微透碧紈，明朝端午浴芳蘭。流香漲膩滿晴川。 綵線輕纏紅玉臂，小符斜挂綠雲鬟。佳人相見一千年。

浣溪沙 感舊

徐邈能中酒聖賢，劉伶席地幕青天。潘郎白璧爲誰連。 無可奈何新白髮，不如歸去舊青山。恨無人借買山錢。

浣溪沙　自適

傾蓋相逢勝白頭，故山空復夢松楸。此心安處是菟裘。賣劍買牛吾欲老，乞漿得酒更何求。願爲辭社宴春秋。

浣溪沙　寓意

炙手無人傍屋頭，蕭蕭晚雨脫梧楸。誰憐季子敝貂裘。顧我已無當世望，似君須向古人求。歲寒松柏肯驚秋。

浣溪沙　即事

畫隼橫江喜再遊，老魚跳檻識清謳。流年未肯付東流。黃菊籬邊無悵望，白雲鄉裏有溫柔。挽回霜鬢莫教休。

浣溪沙　端午

入袂輕風不破塵，玉簪犀璧醉佳辰。一番紅粉爲誰新。團扇只堪題往事，新絲那解繫行人。酒闌滋味似殘春。

浣溪沙

幾共查梨到雪霜，一經題品便生光。木奴何處避雌黃。北客有來初未識，南金無價喜新嘗。含滋嚼句齒牙香。

浣溪沙

山色橫侵蘸暈霞，湘川風靜吐寒花。遠林屋散尙啼鴉。夢到故園多少路，酒醒南望隔天涯。月明千里照平沙。

浣溪沙

縹緲紅妝照淺溪，薄雲疏雨不成泥。送君何處古臺西。廢沼夜來秋水滿，藏林深處晚鶯啼。行人腸斷草凄迷。

傅藻《東坡紀年錄》：（元豐元年戊午）送顔梁，作《浣溪沙》。

浣溪沙 送葉淳老

陽羨姑蘇已買田，相逢誰信是前緣。莫教便唱水如天。我作洞霄君作守，白頭相對故依然。西湖知有幾同年。

浣溪沙 方響

花滿銀塘水漫流，犀槌玉板奏涼州。順風環佩過秦樓。遠漢碧雲輕漠漠，今宵人在鵲橋頭。一聲敲徹絳河秋。

《草堂詩餘》續集卷上天羽居士評：織女事，感慨歌者。

沈雄《古今詞話·詞品》上卷《用字》：方響，蘇東坡有《浣溪沙》詞，專詠方響者，「犀槌玉版奏涼州，一聲敲徹絳河秋」是也。按梁始爲方響以代磬，用鐵爲之。廉郊彈琵琶，池內躍出方響一片，物類相感如此。

雙荷葉

雙溪月，清光偏照雙荷葉。雙荷葉，紅心未偶，綠衣偷結。　背風迎雨流珠滑，輕舟短棹先秋折。先秋折，煙鬟未上，玉杯微缺。

吳聿《觀林詩話》：東坡名賈耘老之妾爲雙荷葉，初不曉所謂。他日，傳趙德麟家所收泉南老人《雜記》，記此事云：「兩髻並前如雙荷葉，故以名之。」如荷葉髻，見溫飛卿詞：「裙拖安石榴，髻嚲偏荷葉。」

傅藻《東坡紀年錄》：（元豐元年己未）耘老小妓號雙荷葉，作詞。

皁羅特髻

采菱拾翠

采菱拾翠，算似此佳名，阿誰消得。采菱拾翠，稱使君知客。千金買，采菱拾翠，更羅裙，滿把珍珠結。采菱拾翠，正髻鬟初合。　眞箇、采菱拾翠，但深憐輕拍。一雙手，采菱拾翠，繡衾下、抱著俱香滑。采菱拾翠，待到京尋覓。

鄒祇謨《遠志齋詞衷·詞體不可解》：宋人諸體亦有不可驟解者，如蘇長公之《皁羅特髻》（中調）連用七「采菱拾翠」字。

沈雄《古今詞話·詞品》上卷《福唐體》：《藝苑卮言》曰：陶淵明《止酒》用二十四「止」字，梁元帝春日用二十二「春」字，一時游戲，不足多尚。然如宋詞，東坡之《皁羅特髻》，連用七「採菱拾翠」字，書舟之《四代好》，連用八「好」字，亦有不可解奢，何獨福唐體而疑之。

李佳《左庵詞話》卷下《東坡戲作》：東坡《皀羅特髻》詞，疊用「採菱拾翠」字，凡七句。或此調有此格，抑坡老游戲爲之，無可考證。但此體只可偶作，究屬無味。

焦循《雕菰樓詞話·唐宋人詞用韻》：毛大可稱詞本無韻，是也。偶檢唐、宋人詞，如（略）蘇軾《皀羅特髻》用得（職）、客（陌）、結（屑）、合（合）、滑（黠）、覓（錫）。

調笑令

漁父，漁父，江上微風細雨。青蓑黃蒻裳衣，紅酒白魚暮歸。歸暮，歸暮，長笛一聲何處。

調笑令

歸雁，歸雁，飲啄江南南岸。將飛卻下盤桓，塞外春來苦寒。寒苦，寒苦，藻荇欲生且住。

荷華媚　荷花

霞苞電荷碧，天然地，別是風流標格。重重青蓋下，千嬌照水，好紅紅白白。　每悵望，明月清風夜，甚低迷不語，妖邪無力。終須放，船兒去，清香深處住，看伊顏色。

劉熙載《藝概》卷四：東坡《定風波》云：「尚餘孤瘦雪霜姿。」《荷華媚》云：「天然地別是風流標格。」「雪霜姿」，「風流標格」，學坡詞者，便可從此領取。

馮煦《蒿庵論詞·論蘇軾詞》：興化劉氏熙載，所著劉熙載《藝概》，於詞多洞微之言，而論東坡尤爲深至。（略）《荷華媚》云「天然地別是風流標格」，雪霜姿、風流標格，學東坡詞者，便可從此領取。（略）觀此可以得東坡矣。

李調元《雨村詞話》卷一《夭邪》：東坡《荷花媚》詞有句云：「妖邪無力。」按：妖應作夭，音歪。出白樂天《長慶集》詩自注。今俱作妖，刻誤也。

青玉案 和賀方回韻，送伯固歸吳中故居

三年枕上吳中路，遣黃耳，隨君去。若到松江呼小渡，莫驚鷗鷺，四橋盡是，老子經行處。輞川圖上看春暮，常記高人右丞句。作箇歸期天已許，春衫猶是，小蠻針線，曾溼西湖雨。

胡仔《苕溪漁隱叢話》前集卷五九《長短句》：苕溪漁隱曰：又世傳《江城子》、《青玉案》二詞，皆東坡所作。然《西清詩話》謂《江城子》乃葉少蘊作，《桐江詩話》謂《青玉案》乃姚進道作。

況周頤《蕙風詞話》卷二《東坡青玉案》：東坡詞《青玉案》，用賀方回韻，送伯固歸吳中，歇拍云：「作箇歸期天應許。春衫猶是，小蠻針線，曾溼西湖雨。」上三句，未爲甚豔。「曾溼西湖

雨」是清語，非豔語。與上三句相連屬，遂成奇豔、絕豔，令人愛不忍釋。坡公天仙化人，此等詞猶爲非其至者，後學已未易摹昉其萬一。

江城子

前瞻馬耳九仙山，碧連天，晚雲閒。城上高臺，眞箇是超然。莫使匆匆雲雨散，今夜裏，月嬋娟。　小溪鷗鷺靜聯拳，去翩翩，點輕煙。人事淒涼，回首便他年。莫忘使君歌笑處，垂柳下，矮槐前。

傅藻《東坡紀年錄》：（熙寧九年丙辰）十二月移知徐州，（略）作《江神子》。

王文誥《蘇文忠公詩編注集成總案》卷一四：（熙寧九年丙辰十月）晚登超然臺望月，作《江神子》詞。

江城子

墨雲拖雨過西樓，水東流，晚煙收。柳外殘陽，回照動簾鉤。今夜巫山眞箇好，花未落，酒新籟。美人微笑轉星眸，月華羞，捧金甌。歌扇縈風，吹散一春愁。試問江南諸伴侶，誰似我，醉揚州。

江城子

膩紅勻臉襯檀脣，晚妝新，暗傷春。手撚花枝，誰會兩眉顰。連理帶頭雙口口，留待與，箇中人。淡煙籠月繡簾陰，畫堂深，夜沈沈。誰道口口，口繫得人心。一自綠窗偷見後，便憔悴，到如今。

一斛珠

洛城春晚，垂楊亂掩紅樓半。小池輕浪紋如篆，燭下花前，曾醉離歌宴。自惜風流雲雨散，關山有限情無限，待君重見尋芳伴。爲說相思，目斷西樓燕。

楊愼《詞品》卷一《塡詞用韻宜諧俗》：沈約之韻未必悉合聲律，而今詩人守之如金科玉條。此無他，今之詩學李、杜，李、杜學六朝，往往用沈韻，故相襲不能革也。若作塡詞，自可通變。

如朋字與蒸同押，打字與等同押。塡字、畫字，與怪、壞同押，乃是鴂舌之病，豈可以爲法耶。元人周德淸作《中原音韻》，一以中原之音爲正，偉矣。然予觀宋人塡詞，亦已有開先者。蓋眞見在人心目，有不約而同者。俗見之膠固，豈能眯豪傑之目哉。試舉數詞于右：東坡《一斛珠》云：「洛城春晚（略）。」

陸鎣《問花樓詞話・古今韻》：韻書非古也，漢魏以來，韻無專書，韻以通而甚寬。宋元以下，韻有成例，韻以繁而易舛。楊升庵謂沈韻爲鴂舌之書，誠有激乎其言之也。（略）東坡《一斛珠》用韻酌古準今，以正沈韻之失，學者所當隅反。

天仙子

走馬探花花發未，人與化工俱不易。千回來繞百回看，蜂作婢。鶯爲使，穀雨清明空屈指。
白髮盧郎情未已，一夜翦刀收玉蕊。尊前還對斷腸紅，人有淚，花無意。明日酒醒應滿地。

畫堂春　寄子由

柳花飛處麥搖波，晚湖淨鑑新磨。小舟飛棹去如梭，齊唱采菱歌。　平野水雲溶漾，小樓風日晴和。濟南何在暮雲多，歸去奈愁何。

占春芳

紅杏了，夭桃盡，獨自占春芳。不比人間蘭麝，自然透骨生香。　對酒莫相忘，似佳人，兼合明光。只憂長笛吹花落，除是寧王。

何薳《春渚紀聞》卷六《東坡事實》：蔣子家藏先生于吳餞上手書一詞，是爲余杭通守時字，云：「紅杏了（略）。」既不知曲名，常以問先生門下士及伯達與仲虎、叔平諸孫，皆云未見之也。又不知「兼合明光」是何等事，或云酴醾也。

浪淘沙

昨日出東城，試探春情。牆頭紅杏暗如傾。檻內群芳芽未吐，早已回春。　綺陌斂香塵，雪霽前村，東君用意不辭辛。料想春光先到處，吹綻梅英。

王文誥《蘇文忠公詩編注集成總案》卷七：熙寧五年壬子正月，城外探春，作《浪淘沙》詞。

祝英臺近

挂輕帆，飛急槳，還過釣臺路。酒病無聊，攲枕聽鳴艣。斷腸簇簇雲山，重重煙樹。回首望，孤城何處。　閒離阻，誰念縈損襄王，何曾夢雲雨。舊恨前歡，心事兩無據。要知欲見無由，癡心猶自，倩人道、一聲傳語。

漁父

漁父飲，誰家去，魚蟹一時分付。酒無多少醉爲期，彼此不論錢數。

漁父

漁父醉，蓑衣舞，醉裏欲尋歸路。輕舟短棹任斜橫，醒後不知何處。

漁　父

漁父醒，春江午，夢斷落花飛絮。酒醒還醉醉還醒，一笑人間今古。

漁　父

漁父笑，輕鷗舉，漠漠一江風雨。江邊騎馬是官人，借我孤舟南渡。

醉翁操

琅琊幽谷，山水奇麗，泉鳴空澗，若中音會。醉翁喜之，把酒臨聽，輒欣然忘歸。既去十餘年，而好奇之士沈遵聞之往游，以琴寫其聲，曰《醉翁操》，節奏疏宕，而音指華暢，知琴者以爲絕倫。然有其聲而無其辭。翁雖爲作歌，而與琴聲不合。又依楚詞作《醉翁引》，好事者亦倚其辭以製曲。雖粗合韻度，而琴聲爲詞所繩約，非天成也。後三十餘年，翁既捐館舍，遵亦沒久矣。有廬山玉澗道人崔閑，特妙於琴。恨此曲之無詞，乃譜其聲，而請於東坡

居士以補之云

琅然，清圜，誰彈。響空山，無言，惟翁醉中知其天。月明風露娟娟，人未眠，荷蕢過山前，曰有心也哉此賢。醉翁嘯詠，聲和流泉。醉翁去後，空有朝吟夜怨。山有時而童巔，水有時而回川，思翁無歲年。翁今爲飛仙，此意在人間，試聽徽外三兩絃。

曾鞏《跋蘇軾醉翁操後》：余與子瞻皆歐陽公門下士也，公作《醉翁引》，既獲見之矣。公沒後，子瞻復按譜成《醉公操》，不徒詞與琴協，即公之風流餘韻，亦于此可想焉。後人展此，庶尚見公與子瞻之相契者深也。南豐曾鞏記。

蘇軾《書醉翁操後》（《蘇軾文集》七一）：二水同器，有不相入。二琴同手，有不相應。沈君信手彈琴而與泉合，居士縱筆作詞而與琴會，此必有眞同者矣。本覺法眞禪師，沈君之子也，故書以寄之。願師宴坐靜室，自以爲琴，而以學者爲琴工。有能不謀而同三令無際者，願師取之。元祐七年四月二十四日。

黃庭堅《跋子瞻醉翁操》（《山谷題跋》卷二）人謂東坡作此文，因難以見巧，故極工。余則以爲不然，彼其老于文章，故落筆皆超逸絕塵耳。黃庭堅題。

王闢之《澠水燕談錄》卷七《歌詠》：慶曆中，歐陽文忠公謫守滁州，有琅琊幽谷，山川奇麗，鳴泉飛瀑，聲若環佩，公臨聽忘歸。僧智仙作亭其上，公刻石爲記，以遺州人。既去十年，太常博士沈遵，好奇之士，聞而往遊，其山水秀絶，以琴寫其聲爲《醉翁吟》，蓋宮聲三疊。後會公河朔，遵援琴作之，公歌以遺遵，並爲《醉翁引》以叙其事，然調不主聲，爲知琴者所惜。後三十餘年，公薨，遵亦殁。其後廬山道人崔閑，遵客也，妙於琴理，常恨此曲無詞，乃譜其聲，請於東坡居士子瞻，以補其闕。然後聲詞皆備，遂爲琴中絶妙，好事者爭傳。（略）方其補詞，閑爲弦其聲，居士倚爲詞，頃刻而就，無所點竄。遵之子爲比丘，號本覺眞禪師。

《蘇詩紀事》卷中：詞亦娟娟可喜，果是天才，說得有妙理，使人一唱三歎。

沈雄《古今詞話·詞辨》下卷《醉翁操》：沈雄曰：按前解卒章曰「有心哉此賢」，作泛音，怨字叶平聲。汪水雲謂不若「朝禽夜猿」也，曾改之。但辛稼軒送范先之琴曲，抑又不同耳。

許寶善《自怡軒詞選凡例》：一、宋賢能自製腔，如東坡之《醉翁操》，白石之《石湖仙》、《暗香疏影》，夢窗之《霜花腴》、《西子妝慢》之類，只宜照原詞平仄填之，不可妄爲出入。

吳衡照《蓮子居詞話》卷一：《醉翁操》本琴曲，今入詞，傳詞亦止蘇、辛兩首。

王文誥《蘇文忠公詩編注集成總案》卷二一：（元豐五年壬戌十二月）爲崔閑作《醉翁操》。

劉體仁《七頌堂詞繹》：檃括體不可作也，不獨《醉翁操》如嚼蠟，即子瞻改琴詩，琵琶字不見，畢竟是全首說夢。

鄭文焯《大鶴山人詞話》：讀此詞，髯蘇之深于律可知。

張宗橚《紀林紀事・詞譜》：此本琴曲，所以蘇詞不載。自辛稼軒編入詞中，後遂沿爲詞調。在宋人中，亦只有辛詞一首。

張德瀛《詞徵》卷一《醉公操》：《醉翁操》乃琴詞泛聲。歐陽文忠初作醉翁亭于滁州，既爲之記，時太常博士沈遵游焉，爲作《醉翁吟》三疊，寫以琴。然有聲無詞，故文忠復爲《醉翁述》以補之。或病其琴聲爲詞所繩約，殆非天成。後三十餘年，有廬山玉澗道人崔閑，工鼓琴，請于蘇東坡爲之詞，律呂和協。辛稼軒「長松之風」一闋，其和章也。元明人無賦是調者，惟于本朝得三闋焉，其一爲陳砥中作，見《松風閣琴譜》。其一爲凌次冲作，見《梅邊吹笛譜》。其一爲女史吳蘋香作，見《花簾詞》。

奉安神宗皇帝御容赴景靈宮導引歌詞

帝城父老，三歲望堯心。天遠玉樓深，龍顏髣並笙簫遠，腸斷屬車音。離宮春色瑣瑤林，雲闕海沈沈。遺民猶唱當時曲，秋雁起汾陰。

王文誥《蘇文忠公詩編注集成總案》卷二八：（元祐二年丁卯三月）赴景靈宮導引歌詞。

迎奉神宗皇帝御容赴西京會聖宮應天禪院奉安導引歌詞

經文緯武，十有九年中。遺烈震羌戎。渭橋夾道千君長，猶是建元功。西瞻溫洛與神崧，蓮宇照瓊宮。人間俯仰成今古，流澤自無窮。

王文誥《蘇文忠公詩編注集成總案》卷二九：（元祐二年丁卯十月）導引歌辭。

瑤池燕

飛花成陣，春心困。寸寸，別腸多少愁悶。無人問，偷啼自揾，殘妝粉。　抱瑤琴、尋出新韻。玉纖趁，南風來解幽慍。低雲鬟，眉峰斂暈，嬌和恨。

蘇軾《雜書琴曲十二首·瑤池燕》（《蘇軾文集》卷七一）：琴曲有《瑤池燕》，其詞既不甚佳，而聲亦怨咽。或改其詞作《閨怨》云：「飛花成陣（略）。」此曲奇妙，季常勿妄以與人。

趙令畤《侯鯖錄》卷三：東坡云：琴曲有《瑤池燕》，其詞不協，而聲亦怨咽。變其詞作《閨怨》，寄陳季常去，此曲奇妙，勿妄與人云。

丁紹儀《聽秋聲館詞話》卷四《蘇易簡越江吟》：蘇易簡《越江吟》云：「非煙非霧瑤池宴（略）。」與東坡、方回詞，句讀如一，惟起句少押一韻而已。《詞律》脫「誰見」二字，致分句參差，失注二韻。並誤「春雲」爲「青雲」，遂謂無可查考。而另以東坡詞爲《瑤池宴》，且易「宴」爲「燕」。按賀詞云：「瓊鈎褰幔（略）。」東坡詞云：「飛花成陣（略）。」三詞本一調，《瑤池宴》三字，即因易簡詞首句爲名，紅友分而二之，失考矣。詞僅五十一字，而叶十二韻，繁音促節，最不易塡。易簡不以工詞名，不謂倉卒應制之作，精穩乃爾

焦循《雕菰樓詞話・唐宋人詞用韻》：毛大可稱詞本無韻，是也。（略）蘇軾《瑤池燕》用陣（震）、困（願）、問（關）、粉（吻）。

張德瀛《詞徵》卷五《瑤池燕》：東坡《瑤池燕》詞，《侯鯖錄》及《古今樂錄》並載焉。曾端伯以爲廖明略作者，誤也。《瑤池燕》一調，與《越江吟》略同，其音則與《點絳脣》相叶。

踏青遊

口火初晴，綠遍禁池芳草。鬪錦繡，火城馳道。踏青遊，拾翠惜，襪羅弓小。蓮步裊，腰支佩蘭輕妙，行過上林春好。今困天涯，何限舊情相惱。念搖落，玉京寒早。任劉郎，目斷蓬

山難到。仙夢杳，良宵又過了，樓臺萬家清曉。

踏莎行

山秀芙蓉，溪明罨畫，眞遊洞穴滄波下。臨風慨想斬蛟靈，長橋千載猶橫跨。　解珮投簪，求田問舍，黃雞白酒漁樵社。元龍非復少時豪，耳根洗盡功名話。

踏莎行

這個禿奴，修行忒煞，雲山頂上空持戒。一從迷戀玉樓人，鶉衣百結渾無奈。　毒手傷人，花容粉碎，空空色色今何在。臂間刺道若相思，這回還了相思債。

《事林廣記》癸集卷一三：靈隱寺有僧名了然，不遵戒行，常宿娼妓李秀奴家，往來日久，衣鉢爲之一空。秀奴絕之，僧迷戀不已，乘醉往秀奴家，不納，因擊秀奴，隨手而斃。縣官得實，具申州司，時內翰蘇子瞻治郡，一見大罵曰：「禿奴，有此橫爲，送獄院推勘。」則見僧臂上刺字云「但願同生極樂國，免教今世苦相思」之句。及見款狀招伏，即行結斷，舉筆判成一詞，名《踏莎行》（略）。判訖，押赴市曹處斬。

清平調引

陌上花開蝴蝶飛，江山猶是昔人非。遺民幾度垂垂老，遊女還歌緩緩歸。

清平調引

陌上山花無數開，路人爭看翠輧來。若爲留得堂堂去，且更從教緩緩迴。

陳旅《跋東坡帖》（《安雅堂集》卷一三）：先生平生風節與夫出處欣戚之槩，可以見於翰墨之間矣。海會寺所寫及《陌上花》，皆熙寧六年八月廿日作。《陌上花》無鑱削之迹，亦以見當時人心有不可奪者。《南華齋僧書》，讀之令人流涕。使先生至于如此者，眞無人心者也。

沈雄《古今詞話・詞辨》上卷《清平調》：吳越王妃每歲歸臨安，王以書遺之云：「陌上花開，可緩緩歸矣。」吳人用其語爲《緩緩歌》，蘇東坡爲易其詞歌之：「陌上山花無數開，路人爭看翠𫞩來。」即名《陽關曲》，是古《清平調》也。

又：楚詞有《清調》、《平調》、《清平相和曲》。《教坊記》作《陽關曲》，即王維《送元二使安西》「渭城朝雨浥清塵」也。寇萊公、蘇長公俱有是曲，又作《緩緩歌》。

清平調引

生前富貴草頭露，身後風流陌上花。已作遲遲君去魯，更歌緩緩妾回家。

蘇詞總評

劉攽《見蘇子瞻所作小詩因寄》：千里相思無見期，喜聞樂府短長詩。靈均此秘未曾睹，郢客探高空自奇。不怪少年爲狡獪，定應師法授微辭。吳娃齊女聲如玉，遙想明眸顰黛時。

彭乘《墨客揮犀》：子瞻嘗自言平生有三不如人，謂著棋、喫酒、唱曲也。然三者亦何用如人？子瞻之詞雖工而多不入腔，正以不能唱曲耳。

《後山詩話》：退之以文爲詩，子瞻以詩爲詞，如教坊雷大使之舞，雖極天下之工，要非本色。今代詞手，惟秦七黃九爾，唐諸人不逮也。

胡仔《苕溪漁隱叢話》前集卷四二引《王直方詩話》：東坡嘗以所作小詞示無咎、文潛，曰：「何如少游？」二人皆對云：「少游詩似小詞，先生小詞似詩。」

又引《呂氏童蒙訓》：老杜歌行，最見次第，出入本末。而東坡長短句，波瀾浩大，變化不測，如作雜劇，打猛諢入，卻打猛諢出也。

又後集卷三三：《復齋漫錄》云：無咎評本朝樂章，不見諸集，今錄於此云：世言柳耆卿曲俗，非也。如《八聲甘州》云「漸霜風悽慘，關河冷落，殘照當樓」，此唐人語不減高處矣。歐陽永叔

《浣溪沙》云「堤上遊人逐畫船，拍堤春水四垂天，綠楊樓外出鞦韆」。要皆絕妙，然只出一字，自是後人道不到處。東坡詞，人謂多不諧音律，然居士詞橫放傑出，自是曲中縛不住者。魯直間作小詞，固高妙，然不是當家語，自是着腔子唱好詩。晏元獻不蹈襲人語，而風調閑雅。如「舞低楊柳樓心月，歌盡桃花扇影風」，知此人不住三家村也。張子野與柳耆卿齊名，而時以子野不及耆卿。然子野韻高，是耆卿所乏處。近世以來，作者皆不及秦少游，如「斜陽外，寒鴉萬點，流水遶孤村」，雖不識字，亦知是天生好言語。

王灼《碧鷄漫志》卷二：東坡先生以文章餘事作詩，溢而作詞曲，高處出神入天，平處尚臨鏡笑春，不顧儕輩。或曰：「長短句中詩也。」爲此論者，乃是遭柳永野狐之毒。詩與樂府同出，豈當分異？若從柳氏家法，正自不分異耳。晁無咎、黃魯直皆學東坡韻製，得七八。黃晚年閒放于狹邪，故有少疎蕩處。後來學東坡者，葉少蘊、蒲大受亦得六七，其才力比晁、黃差劣。蘇在庭、石耆翁入東坡之門矣，短氣跼步，不能進也。趙德麟、李方叔皆東坡客，其氣味殊不近，趙婉而李俊，各有所長。晚年皆荒醉汝潁京洛間，時時出滑稽語。

又：長短句雖至本朝盛，而前人自立，與眞情衰矣。東坡先生非心醉於音律者，偶爾作歌，指出向上一路，新天下耳目，弄筆者始知自振。今少年妄謂東坡移詩律作長短句，十有八九，不學柳耆卿，則學曹元寵。雖可笑，亦勿用笑也。

李清照《詞論》：至晏元獻、歐陽永叔、蘇子瞻，學際天人，作爲小歌詞，直如酌蠡水于大海，然皆句讀不葺之詩爾，又往往不諧音律者，何耶？

胡寅《題酒邊詞》：詞曲者，古樂府之末造也；古樂府者，詩之傍行也。詩出於《離騷》、《楚詞》，而《離騷》者，變《風》變《雅》之怨而迫、哀而傷者也。其發乎情則同，而止乎禮義則異，名其曰「曲」，以其曲盡人情耳。方之《曲藝》，猶不逮焉，其去《曲禮》則猶遠矣。然文章豪放之士鮮不寄意於此者，隨亦自掃其跡，曰「謔浪游戲而已」也。唐人爲之最工者。柳耆卿後出，掩衆製而盡其妙，好之者以爲不可復加。及眉山蘇氏一洗綺羅香澤之態，擺脫綢繆宛轉之度，使人登高望遠，舉首高歌，而逸懷浩氣超然乎塵垢之外，于是《花間》爲皁隸，而柳氏爲臺輿矣。薌林居士，步趨蘇堂而嚌其胾者也。

曾慥《東坡詞拾遺跋》：東坡先生長短句既鏤板，復得張賓老所編，並載于蜀本者悉收之。江山秀麗之句，樽俎戲劇之詞，搜羅幾盡矣。傳之無窮，想像豪放風流之不可及也。紹興辛未孟冬，至游居士曾慥題。

陸游《老學庵筆記》卷一六：世言東坡不能歌，故所作樂府多不協律。晁以道謂紹聖初與東坡別于汴上，東坡酒酣，自歌《陽關曲》。則公非不能歌，但豪放不善裁以就聲律耳。試取東坡諸詞歌之，曲終，覺天風海雨逼人。

陳應行《于湖先生雅詞序》：蘇明允不工於詩，歐陽永叔不工於賦，曾子固短於韻語，黃魯直短於散語，蘇子瞻詞如詩，秦少游詩如詞，才之難全也，豈前輩猶不免耶！

汪莘《方壺詩餘自序》：唐宋以來詞人多矣，其詞主乎淫，謂不淫非詞也。余謂詞何必淫？顧所寓何如爾。余於詞所愛喜者三人焉，蓋至東坡而一變，其豪妙之氣，隱隱然流出言外，天然絕世，不假振作；二變而爲朱希眞，多塵外之想，雖雜以微塵，而其清氣自不可沒；三變而爲辛稼軒，乃寫其胸中事，尤好稱淵明，此詞之三變也。

柴望《涼州鼓吹自序》：詞起於唐而盛於宋，宋作尤莫盛於宣、靖間，美成、伯可，名自堂奧，俱號稱作者。近世姜白石一洗而更之，「暗香」、「疏影」等作，當別家數也。大抵詞以雋永委婉爲尙，組織塗澤次之，呼嗥叫嘯抑末也。

兪德鄰《奧屯提刑樂府序》：樂府，古詩之流也。麗者易失之淫，雅者易鄰於拙，其麗以則者鮮矣。自《花間集》後迄宋之世，作者殆數百家，雕鏤組織，牢籠萬態，恩怨爾汝，于于喁喁，佳趣政自不乏，然才有餘德不足，識者病之。獨東坡大老以命世之才，游戲樂府，其所作者皆雄渾奇偉，不專爲目珠睫鉤之泥，以故昌大囂庶，如協八音，聽者忘疲。渡江以來，稼軒辛公，其殆庶幾者，下是折楊皇荂，誨淫蕩志，不過使人嗑然一笑而已。疆土旣同，乃得見遺山元氏之作，爲之起敬。

孫兢《竹坡老人詞序》：昔口口先生蔡伯評近世之詞，謂蘇東坡辭勝乎情，柳耆卿情勝乎辭，辭情兼稱者，惟秦少游而已。世以爲善評。

劉辰翁《辛稼軒詞序》：詞至東坡，傾蕩磊落，如詩如文，如天地奇觀，豈與群兒雌聲學語較工拙，然猶未至用經用史，牽《雅》《頌》入鄭衛也。

茹天成《重刻絕妙詞選引》：自漢武立樂府官采詩，以四方之聲，合八音之調，而樂府之名所由始。歷世以來，作者不乏。上追三代，下逮六朝，凡歌詞可以被之管絃者，通謂之樂府。至唐人作長短句詞，乃古樂府之濫觴也。太白倡之，仲初、樂天繼之。及宋之名流，益以詞爲尚。如東坡、少游輩，才情俊逸，籍籍人口，往往象題措語，不失樂府之遺意。然多散在各家之集，求其彙而傳之者，惟玉林黃叔暘所選爲備。自盛唐迄宋宣和間爲十卷，自宋中興以後，又爲十卷。凡七百餘年，得人二百三十，詞千三百五十。詞家之精英，可謂盡富盡美矣。

費袞《梁谿漫志》卷四：東坡詞源如長江大河，洶涌奔放，瞬息千里，可駭可愕。而于用事對偶，精妙切當，人不可及。

曾丰《知稼翁詞集序》：本朝太平二百年，樂章名家紛如也。文忠蘇公文章妙天下，長短句特緒餘耳，猶有與道德合者。（略）黃太史相多，大以爲非口食煙火人語；余恐不食煙火之人口所出，僅塵外語，於禮義遑計歟。

沈義父《樂府指迷》：近世作詞者，不曉音律，乃故爲豪放不羈之語，遂借東坡、稼軒諸賢自諉。諸賢之詞，固豪放矣，不豪放處，未嘗不協律也。

湯衡《張紫微雅詞序》：昔東坡見少游《上巳遊金明池詩》有「簾幙千家錦繡垂」之句，曰：「學士又入《小石調》矣。」世人不察，便謂其詩似詞，不知坡之此言，蓋有深意。夫鏤玉雕瓊，裁花剪葉，唐末詞人非不美也，然粉澤之工，反累正氣。東坡慮其不幸而溺乎彼，故援而止之，惟恐不及。其後元祐諸公，嬉弄樂府，寓以詩人句法，無一毫浮靡之氣，實自東坡發之也。

傳共《注坡詞序》：東坡□□□□天下，其爲長短句數百章，世以其名尙□□□□閨窗婦弱，亦知愛玩。然其寄意幽渺，指事深遠，片詞隻字，皆有根柢。是以世之玩者，未易識其佳處。譬猶瓌奇珍怪之寶，來於異域，光彩照耀，人人駭矚，而能辨質其名物者蓋寡矣。展玩雖□□□□□，玆可慨焉。

元好問《新軒樂府序》：唐歌詞多宮體，又皆極力爲之。自東坡一出，情性之外不知有文字，眞有一洗萬古凡馬空氣象。雖時作宮體，亦豈可以宮體概之？人有言，樂府本不難作，從東坡放筆後便難作。此殆以工拙論，非知坡者。所以然者，《詩》三百所載小夫賤婦幽憂無聊賴之語，時猝爲外物感觸，滿心而發，肆口而成者爾。其初果欲被管弦，諧金石，經聖人手，以與六經並傳乎？小夫賤婦且然，而謂東坡翰墨游戲，乃求與前人角勝負，誤矣。自今觀之，東坡聖處，非有意於文字之爲工，不得不然之爲工也。坡以來，山谷、晁無咎、陳去非、辛幼安諸公，俱以歌詞取稱，吟詠性情，留連光景，淸壯頓挫，能起人妙思。亦有語意拙直，不自緣飾，因病成妍者，皆自坡發之。

朱弁《風月堂詩話》卷上：東坡以詞曲爲詩之苗裔，其言良是。然今之長短句比之古樂府歌詞，雖云同出於詩，而祖風已掃地矣。晁無咎晚年，因評小晏幷黃魯直、秦少游詞曲，嘗曰：「吾欲託興於此，時作一首以自遣，政使流行，亦復何害？譬如鷄子中元無骨頭也。」

趙師岃《聖求詞序》：世謂少游詩似曲，子瞻曲似詩，其然乎？至荆公《桂枝香》詞，子瞻稱之：「此老眞野狐精也！」詩詞各一家，惟荆公備衆作，艷體雖樂府柔麗之語，亦必工緻，眞一代奇材。後數十年，當宣和末，有呂聖求者，以詩名，諷詠中率寓愛君憂國意，不但弄筆墨淸新俊逸而已。

王若虛《滹南詩話》卷二〇：晁無咎云：「眉山公之詞短于情，蓋不更此境耳。」陳後山曰：「宋玉不識巫山神女，而能賦之，豈待更而後知？」是直以公爲不及于情也。嗚呼，風韻如東坡，而謂不及于情，可乎？彼高人逸士，正當如是。其溢爲小詞，而間及于脂粉之間，所謂「滑稽玩戲，聊復爾爾」者也。若乃纖艷淫媟，入人骨髓，如田中行、柳耆卿輩，豈公之雅趣也哉？公雄文大手，樂府乃其游戲，顧豈與流俗爭勝哉？蓋其天資不凡，辭氣邁往，故落筆皆絕塵耳。

兪彥《爰園詞話·宋詞非愈變愈下》：唐詩三變愈下，宋詞殊不然。歐、蘇、秦、黃，足當高、岑、王、李。南渡以後，矯矯陡健，即不得稱中宋、晚宋也。惟辛稼軒自度粱肉不勝前哲，特出奇險爲珍錯供，與劉後村輩俱曹洞旁出。學者正可欽佩，不必反唇并捧心也。

又《柳詞之所本》：子瞻詞無一語着人間煙火，自比大羅天上一種，不必與少游、易安輩較體裁耳。

何良俊《草堂詩餘序》：作者既多，中間不無味于音節，如蘇長公者，人猶以「鐵綽板唱大江東去」譏之，他復何言耶！

沈際飛《草堂詩餘序》：以參差不齊之句，寫鬱勃難狀之情，則尤至也。彼瓊玉高寒，量移有地；花鈿殘醉，釋褐自天；甚而桂子荷香，流播金人，動念投鞭，一時治忽因之。

尤侗《詞苑叢談序》：詞之系宋，猶詩之系唐也。唐詩有初盛中晚，宋詞亦有之。唐之詩由六朝樂府而變，宋之詞由五代長短句而變。約而次之，小山、安陸，其詞之初乎；淮海、清眞，其詞之盛乎；石帚、夢窗，似得其中；碧山、玉田，風斯晚矣。唐詩以李、杜爲宗，而宋詞，蘇、陸、辛、劉有太白之風；秦、黃、周、柳得少陵之體，此又劃疆而理，聯騎而馳者也。

王士禛《倚聲集序》：詩餘者，古詩之苗裔也。語其正則南唐二主爲之祖，至漱玉、淮海而極盛，高、史其嗣響也；語其變則眉山導其源，至稼軒、放翁而盡變，陳、劉其餘波也。有詩人之詞，唐蜀五代諸人是也；有文人之詞，晏、歐、秦、李諸君子是也；有詞人之詞，柳永、周美成、康與之之屬是也；有英雄之詞，蘇、陸、辛、劉是也。至是聲音之道乃臻極致，而詩之爲功，雖百變而不窮。

王士禛《花草蒙拾・坡詞豪放》：名家當行，固有二派。蘇公自云：「吾醉後作書，覺酒氣拂拂，從十指間出。」黃魯直亦云：「東坡書挾海上風濤之氣。」讀坡詞當作如是觀。瑣瑣與柳七較錙銖，無乃爲髯公所笑。

鄒祗謨《梅村詞序》：詞者，詩之餘也，乃詩人與詞人，有不相兼者。如李、杜，皆詩人也，然太白《菩薩蠻》、《憶秦娥》爲詞開山，而子美無之也。溫、李皆詩人也，然飛卿《玉樓春》、《更漏子》，爲詞擅場，而義山無之也。歐、蘇以文章大手，降體爲詞，東坡《大江東去》，卓絕千古，而六一婉麗，實妙于蘇。介甫偶然涉筆，而子固無之。眉山一家，老泉、子由無之。以辛幼安之豪氣，而人謂其不當以詩名而以詞名。豈詩與詞若有分量，不可得而逾者乎？

又《衍波詞序》：蓋聞之弇州曰：「《花間》者，《世說》之靡也；《草堂》者，《文選》之變也。」而余以爲不然。《花間》句雕字琢，調或未諧，句無不致，是昌谷之靡也。《草堂》音協調流，句或未妍，體無不秀，是西崑之變也。至所云字必色飛，語必魂絕，則美出自然，誠非緣借矣。嘗試論前代諸家：文成之于元獻，猶蘭亭之似梓澤也；新都之于盧陵，猶弘治之似伯玉也；琅琊之于眉山，猶小令之似大令也；公謹之于稼軒，猶宣武之似司空也。逮黄門舍人之于屯田待制，直如曹、劉之于蘇、李，遂覺後來益工。然未有如吾阮亭者也。

江春《乾隆刊本白石詩詞序》：荀卿子有言：藝之至者，不能兩而工。王良、韓哀善御而不能爲車，奚仲，天下之善爲車者也；甘蠅、養由基善射而不能爲弓，倕，天下之善爲弓者也。是故工於詩者不必兼於詞，工於詞者或不能長於詩，比比然矣。然吾觀唐之李太白、白樂天、溫飛卿，宋之歐陽永叔、蘇子瞻，皆詩詞兼工者，古或有其人焉。其在南渡，則白石道人實起而繼之。其詩初學江西，已而自出機杼，清婉拔俗，其絕句則駸駸乎半山矣。其詞則一屏靡曼之習，清空精妙，夐絕前後。以禪宗論，白石爲曹溪六祖能，竹屋、夢窗、梅溪、玉田之流，則江西讓、南嶽思之分支也。蓋自唐、五代、北宋之南渡，而白石始得其宗，截斷衆流，獨標新旨，可謂長短句之至工者矣。南渡詩家向數尤、蕭、范、陸，白石爲蕭氏弟子；今《石湖》、《劍南集》布海內，延之《梁溪集》傳世寥寥，千巖雖賴入室傳衣有人，後世推其紹述所自，然遺詩放佚殆盡。乃知古人之集，其得存於後，亦有幸有不幸焉，可爲太息者也。

汪琬《姚氏長短句序》：李太白，詩人之正宗也，而工於詞。歐陽永叔、蘇子瞻，數百年以來所推文章大家也，而工於詞。至於黃魯直、秦少游、周美成之屬，亦無不詩詞兼擅者。古之名公鉅卿，下訖騷人墨士，既以其遠且大者舒而見之於詩矣，顧又出其餘力組織纖艷之文，流連閨房之境，倚聲而發之，用以侑杯酌、佐笙簫，號爲「詩餘」。未有能詩而不能其餘者也。

毛奇齡《中州吳孫庵詞集序》：古有詩無詞，唐有詩亦有詞，然如無詞者，宋則有詞而無詩。（略）若夫宋人以詞傳，若張先，若秦觀，若周若柳，若晏同叔，皆不善他體。歐陽永叔、蘇子瞻即善他體矣，歐詞不減張，而小孫于秦、蘇，則遂有起而誚之者。

又《詞潔發凡》：若蘇長公《赤壁懷古》，是《念奴嬌》調，其云「千古風流人物」，「人道是，三國周郎赤壁」，「捲作千堆雪」，「雄姿英發」，「一樽還酹江月」；鮮于伯璣亦有是詞云「雙劍千年初合」，「放出群龍頭角」，「極目春潮闊」，「年年多病如削」；張于湖是調有云「更無一點風色」，「着我扁舟一葉」，「妙處難與君說」，「穩泛滄浪空闊」，「萬象爲賓客」，「不知今夕何夕」，則是既通物、月與屑與錫，又通覺、藥與曷與合，而又合通陌、職與曷與屑與葉與緝。是一入聲，而一十七韻展轉雜通，無有定紀。

夏樹芳《刻宋名家詞序》：夫詞至宋人，而詞始霸。曼衍繁昌，至宋而詞之名始大備。其人韶令秀世，其詞復鮮艷殢人，有新脫而無因陳，有圓倩而無沾滯，有纖麗而無冗長，有峭拔而無鈎棘。一時之以賡和名家，而鼓吹中原，不啻肩摩于世云。（略）余得而下上之，轆轤酣暢，若同叔之玄超，小山之流媚，柳屯田之翻空廣調，六一居士之清遠多風，幾最按拍。加以坡翁之卓絕，山谷之蕭疏，淮海之搴芳，東堂之振藻，亟爲引商。

賀貽孫《詩筏》：李易安云：「王介甫、曾子固文章似西漢，若作一小歌詞，則人必絕倒，不可讀。而歐陽永叔、蘇子瞻詞，乃句讀不葺之詩耳。」又嘗記宋人有云：「昌黎以文爲詩，東坡以詩爲詞。」甚矣詞家之難也！余謂易安所譏介甫、子固、永叔三人甚當，但東坡詞氣豪邁，自是別調，差不如秦七、黃九之到家耳。東坡自言平日不喜唱曲，故不中音律，是亦一短。以詩爲詞，難爲東坡解嘲，若以爲「句讀不葺之詩」，抑又甚矣。（略）大率宋人以詞自負，故所言類此。然遂欲以此評詩，不免隔靴搔癢。

樊增祥《微雲榭詞選自叙》：他若子瞻天才，夐絕一世；稼軒嗣響，號曰蘇辛。第縱筆一往，無復紆曲之致，要眇之音，其勝者珠劍同光，而失者泥沙幷下。

《塡詞雜說·學周柳蘇辛當以離處爲合》：學周、柳，不得見其用情處。學蘇、辛，不得見其用氣處。當以離處爲合。

張惠言《詞選序》：宋之詞家，號爲極盛，然張先、蘇軾、秦觀、周邦彥、辛棄疾、姜夔、王沂孫、張炎，淵淵乎文有其質焉。其蕩而不反，傲而不理，枝而不物，柳永、黃庭堅、劉過、吳文英之倫，亦名引一端，以取重于當世。

田同之《西圃詞說・曹學士論詞》：魏塘曹學士云：「詞之爲體如美人，而詩則壯士也。如春華，而詩則秋實也。如夭桃繁杏，而詩則勁松貞柏也。」罕譬最爲明快。然詞中亦有壯士，蘇、辛也。亦有秋實，黃、陸也。亦有勁松貞柏，岳鵬舉、文文山也。選詞者兼收並採，斯爲大觀。若專尚柔媚，豈勁松貞柏反不如夭桃繁杏乎？

又《陳眉公論張柳蘇辛詞各有優劣》：陳眉公曰：「幽思曲想，張、柳之詞工矣，然其失則俗而膩也。傷時弔古，蘇、辛之詞工矣，然其失則莽而俚也。兩家各有其美，亦各有其病。」斯爲詞論之至公。

又《宋徵璧論宋詞七家》：華亭宋尚木徵璧曰：「吾於宋詞得七人焉，曰永叔秀逸，子瞻放誕，少游清華，子野娟潔，方回鮮清，小山聰俊，易安妍婉。」

又《鄒祇謨論檃括體與回文體》：詞有檃括體，有迴文體。迴文之就句迴者，自東坡、晦庵始也。其通體迴者，自義仍始也。

又《王元美論正宗與變體》：李氏、晏氏父子、耆卿、子野、美成、少游、易安，至矣，詞之正宗也，溫、韋豔而促，黃九精而刻，長公麗而壯，幼安辨而奇，又其次也，詞之變體也。

俞樾《玉可庵詞存序》：余于詞非所長，而遇好詞輒喜誦之。嘗謂吳夢窗之七寶樓臺，照人眼目；蘇學士之天風海雨，逼人而來。雖各極其妙，而詞之正宗則貴清空，不貴餖飣；貴微婉，不貴豪放。《花間》、《尊前》，其規矱固如是也。

陳其年《詞選序》：東坡、稼軒諸長調，又駸駸乎如杜甫之歌行，西京之樂府也。蓋天之生才不盡，文章之體格亦不盡。

許玉瑑《蘇辛詞合刻敘》：且詞之爲學，賦情各殊，按律有定。蘇、辛以忠愛之旨，寫憂樂之懷，固與姜、張諸家刻畫宮徵，判然異軌。然鄧林之蔭甚美，弗取其疏；楚畹之蘭競芬，宜汰其似。缺者補之，違者正之。證法界于華嚴，聽秋聲于江上。此一幸也。玉瑑未躋唐述，罔識虞初。竊念是書，來自里門。龍威丈人之藏，鷄次渡江之典，沿流討源，實所珍異。且銅琶餘韻，青兕前身，尤足鼓濠梁之化機，蕩鄭衛之細響。

周濟《宋四家詞選序論》：蘇辛並稱，東坡天趣獨到處，殆成絕詣。而苦不經意，完璧甚少。稼軒則沉著痛快，有轍可循。南宋諸公無不傳其衣鉢，固未可同年而語也。

又《介存齋論詞雜著·應歌應社詞》：北宋有無謂之詞以應歌，南宋有無謂之詞以應社。然美成《蘭陵王》，東坡《賀新涼》，當筵命筆，冠絕一時。

又《東坡韶秀》：人賞東坡粗豪，吾賞東坡韶秀。韶秀是東坡佳處，粗豪則病也。

又《蘇軾每事俱不用力》：東坡每事俱不十分用力，古文書畫皆爾，詞亦爾。

又《蘇辛並稱》：世以蘇辛並稱，蘇之自在處，辛偶能到；辛之當行處，蘇必不能到。二公之詞，不可同日語也。

《清眞先生遺事尙論三·清眞爲詞中老杜》：（周清眞）先生於詩文無所不工，然尙未盡脫古人蹊逕。平生著述，自以樂府爲第一。詞人甲乙，宋人早有定論，惟張叔夏病其意趣不高遠。然北宋人如歐、蘇、秦、黃，高則高矣，至精工博大，殊不逮先生。故以宋詞比唐詩，則東坡似太白，歐、秦似摩詰，耆卿似樂天，方回、叔原，則大曆十子之流。南宋惟一稼軒可比昌黎。而詞中老杜，則非先生不可。昔人以耆卿比少陵，猶爲未當也。

況周頤《蕙風詞話》卷一《明以後詞纖庸少骨》：東坡、稼軒其秀在骨，其厚在神。初學看之，但得其粗率而已。其實二公不經意處，是眞率，非粗率也。余至今未敢學蘇、辛也。

又卷二《秦少游卓然名家》：有宋熙、豐間，詞學稱極盛。蘇長公提倡風雅，爲一代山斗。黃山谷、秦少游、晁無咎，皆長公客也。山谷、無咎皆工倚聲，體格于長公爲近。唯少游自闢蹊徑，卓然名家。

又卷三《元遺山鷓鴣天》：遺山之詞，亦渾雅，亦博大，有骨幹，有氣象。以比坡公，得其厚矣，而雄不逮焉者。豪而後能雄，遺山所處，不能豪，尤不忍豪。牟端明《金縷曲》云：「撲面胡塵渾未掃，強歡顏，還有軒昂否。」知此可與論遺山矣。設遺山雖坎坷，猶得與坡公同，則其詞之所造，容或尙不止此。其《水調歌頭》賦三門津「黃河九天上」云云，何嘗不崎崛排奡。坡公之所不可及者，尤能于此等處不露筋骨耳。

又《耶律文正鷓鴣天》：耶律文正《鷓鴣天》歇拍云：「不知何限人間夢，並獨沈思到酒邊。」高渾之至，淡而近于穆矣。庶幾合蘇之淸、辛之健而一之。

又《劉文靖詞樸厚》：文忠詞，以才情博大勝。

《滌水亭雜識》：詞雖蘇辛並稱，而辛實勝蘇。蘇詩傷學，詞傷才。

況周頤《蕙風詞話》附錄引夏敬觀評：稼軒學東坡者，東坡乃眞能不率，稼軒則不無稍率者。又：「夢窗與蘇、辛二公，實殊流而同源。其見爲不同，則夢窗緻密其外耳。」夏敬觀評：夢窗與東坡、稼軒實不同源，東坡以詩爲詞者也。稼軒學東坡，夢窗學淸眞，東坡、淸眞不同源也。以二派相互調劑則可，謂之同源則不可。

蔣兆蘭《詞說·詞家兩派》：宋代詞家，源出於唐五代，皆以婉約爲宗。自東坡以浩瀚之氣行之，遂開豪邁一派。南宋辛稼軒，運深沉之思於雄傑之中，遂以蘇辛並稱。他如龍洲、放翁、後村諸公，皆嗣響稼軒，卓卓可傳者也。嗣茲以降，詞家顯分兩派，學蘇辛者所在皆是。至淸初陳迦陵，納雄奇萬變於令慢之中，而才力雄富，氣概卓犖。蘇辛派至此可謂竭盡才人能事。後之人無可措手，不容作，亦不必作也。

又《淸季詞人》：淸初諸公，猶不免守《花間》、《草堂》之陋。小令競趨側艷，慢詞多效蘇、辛。

宋翔鳳《樂府餘論・詞曲一事》：《能改齋漫錄》載徐師川云：「張志和漁父詞，東坡以爲語清麗，恨其曲度不傳，加數語以《浣溪沙》歌之。」則古人之詞，必有曲度也。人謂蘇詞多不諧音律，則以聲調高逸，驟難上口，非無曲度也。

又《詞曲一事》：宋元之間，詞與曲一也。以文寫之則爲詞，以聲度之則爲曲。晁無咎評東坡詞，謂「曲子中縛不住」，則詞皆曲也。

馮金伯《詞苑萃編》卷一《檃括體與回文體》引俞少卿云：詞有檃括體，有迴文體。迴文之就句回者，自東坡、晦庵始也。

又卷九《子瞻詞多不如腔》引《皇甫牧玉匣記》云：子瞻常自言生平生不如人，謂著棋、吃酒、唱曲也。然三者亦何用如人。子瞻之詞雖工，而多不入腔，蓋以不能唱曲故耳。

《詞學集成》卷五《宋詞各造其極》：蔡小石（宗茂）《拜石詞序》云：「詞勝於宋，自姜、張以格勝，蘇、辛以氣勝，秦、柳以情勝，而其派乃分。然幽深窅眇，語巧則纖；跌宕縱橫，語粗則淺。異曲同工，要在各造其極。」詒案：此以蘇、辛、秦、柳與姜、張幷論，究之格勝者，氣與情不能逮。

又《詞非至南宋而敝》：華亭宋尙木（徵璧）曰：「吾於宋詞得七人焉：曰永叔，其詞秀逸。曰子瞻，其詞放誕。曰少游，其詞清華。曰子野，其詞娟潔。曰方回，其詞新鮮。曰小山，其詞聰俊。曰易安，其詞妍婉。」

又《常州派專尊美成》：汪稚松云：「茗苛《詞選》，張皋文先生意在尊美成，而薄姜、張。至蘇、辛僅爲小家，朱、厲又其次者。其詞貴能有氣，以氣承接，通首如歌行然。又要有轉無竭，全用縮筆包舉時事，誠是難臻之詣。」（詒）案：常州派近爲詞家正宗，然專尊美成。今取美成詞讀之，未能造斯境也。

又《詞有詩文不能造之境》：郭頻伽云：「詞家者流，源出於國風，其本濫於齊梁。自太白以至五季，非兒女之情不道也。宋之樂用於慶賞飲宴，於是周、秦以綺靡爲宗，史、柳以華縟相尙，而體一變。蘇、辛以高世之才，橫絕一時，而憤末廣厲之音作。姜、張祖騷人之遺，盡洗穠艷，而清空婉約之旨深。自是以後，雖有作者，欲別見其道而無由。然寫其心之所欲出，而取其性所近，千曲萬折，以赴聲律，則體雖異，而其所以爲詞者無不同也。」

又卷七《曹琯玉壺買春詞序》：吳縣曹稼山琯《玉壺買春詞序》：（略）海以大之有蘇，淵以沈之有張，濤以雄之有稼軒，平以遠之有竹屋，瀫紋蜃氣以綺之有夢窗，纏綿菀結以赴之有石帚。

郭麐《靈芬館詞話》卷一《詞有四派》：東坡以橫絕一代之才，凌厲一世之氣，間亦倚聲，竟若不屑。雄詞高唱，別爲一宗。辛、劉則粗豪太甚。

沈祥龍《論詞隨筆》：唐人詞，風氣初開，已分兩派：太白一派，傳爲東坡，諸家以氣格勝，于詩近江西；飛卿一派，傳爲屯田諸家，以才華勝，于詩近西崑。後雖迭變，總不越此二者。

吳衡照《蓮子居詞話》卷一《溥南論坡詞》：王從之若虛，自號慵夫，稾城人。金承安二年進士。博學好持論，多爲名流所推服。生平論詩，大抵本其舅周德卿昂之說，不喜涪翁而尊坡公，嘗言：「坡公，孟子之流，涪翁則揚子《法言》而已。」著有《滹南詩話》，間及詩餘，亦往往中肯。云陳後山謂坡公以詩爲詞，大是妄論。蓋詞與詩只一理，自世之末作，習爲纖艷柔脆，以投流俗人之好。高人勝士，或亦以是相矜，日趨於委靡，遂謂其體當然，而不知其弊至於此也。顧或謂先生慮其不幸而溺焉，故援而止之，特寓以詩之法。斯又不然。公以文章餘事作詩，又溢而作詞，其揮霍遊戲所及，何矜心作意於其間哉。要其天資高，落筆自超凡耳。此條論坡公詞極透徹。胥翁樂府之妙，得滹南而論定也。

又卷四《朱彝尊論南宋詞》：詞至南宋，始極其工。秀水創此論，爲明季人孟浪言詞者救病刀圭，意非不足。夫北宋也，蘇之大，張之秀，柳之艷，秦之韻，周之圓融，南宋諸老，何以尚茲。又《蘇辛並稱》：蘇辛並稱，辛之于蘇，亦猶詩中山谷之視東坡也。東坡之大與白石之高，殆不可以學而至。

陸鎣《問花樓詞話・蘇辛周柳》：詞家言蘇、辛、周、陸、柳，猶詩歌稱李、杜，駢體舉庾、徐，以爲標幟云爾。無論三唐五季，佳詞林立。即論兩宋，盧陵翠樹，元獻清商，秦少游山抹微雲，張子野樓頭畫角，竹屋之幽蒨，花影之生新，其見於《草堂》、《花間》，不下數百家。雖藻采孤騫，而源流攸別。安得有綜博之士，權輿三李，斷代南渡，爲唐宋詞派圖？爰黜淫哇，以崇雅制，詞學其日昌矣乎。

李佳《左庵詞話》卷上：詞以意趣爲主，意趣不高不雅，雖字句工穎，無足尙也。意能迥不猶人最佳。東坡詞最有新意，白石詞最有雅意。

謝章鋌《雙鄰詞鈔序》：詞也者，意內而言外也。言勝意，翦彩之花也；意勝言，道情之曲也。顧與其言勝，無寧意勝，意勝而情深。「梧桐樹，三更雨，不道離情正苦。一葉葉，一聲聲，空階滴到明。」羌無故實，其感人有甚于「手裏鸚鵡，胸前鳳凰」者矣。「何處合成愁，離人心上秋」、「便芭蕉不雨也蕭蕭」，都無點綴，其移情更有甚于檀欒金碧，婀娜蓬萊者矣。是故詞貴清空，嫌質實。然而五石之瓠，非不彭然也，淸空則淸空矣，一往而盡焉。東坡詞詩，稼軒詞論，其流弊又有不厭衆口者矣。蓋言之不易稱也如是。

又《賭棋山莊詞話》卷二：詠物詞雖不作可也，別有寄託如東坡之詠雁，獨寫哀怨如白石之詠蟋蟀，斯最善矣。至如史邦卿之詠燕，劉龍洲之詠指足，縱工摹繪，已落言詮。

又卷三《姜夔傳》：論曰：（略）洎乎天水徵祥，斯學不墜。元祐、慶曆，代不乏人。晏元獻之辭致婉約，蘇長公之風情爽朗。豫章、淮海，掉鞅於詞壇；子野、美成，聯鑣於藝苑。幽索如屈、宋，悲壯如蘇、李，固已同祖風騷，力求正始。君子正其文，瞽師調其器，厥功所存，良可嘉歎。然而畛域猶存，涯度未遠。爭價一句之奇，儷采百字之偶，大成之集，遺以來喆。若夫學士微雲，郎中三影，尙書紅杏之篇，處士春草之什。柳屯田曉風殘月，文潔而體淸；李易安落日暮雲，慮周而藻密。綜述性靈，敷寫器象，蓋駸駸乎《大雅》之林矣。南宋以還，玄風益著，雖周、柳之纖麗，辛、劉之雄放，風氣所競，不可相強。而求紅牙之哲匠，問綺袖之專門，幾於家習偷聲，戶精協律，有房中之妙奏，非風雅之罪人。賀方回腸斷於東山，康伯可風柔於應制，花庵既光價於東南，東浦亦騰輝于河朔，詞流之變，於斯極焉。既而白石歸吳，移情絲竹，經正者緯成，理足者詞暢。清眞濫觴於其前，夢窗推波於其後，學者宗尚，要非溢美。其後竹屋、玉田、梅谿、碧山之儔，遞相祖習，轉益多師，洗《草堂》之纖穠，演黃初之眇論，後有作者，可以止矣。

又卷九《竹垞論詞》：竹垞曰：「世人言詞，必稱北宋，然詞至南宋始極其工，至宋季而始極其變。」此爲當時孟浪言詞者發，其實北宋如晏、柳、蘇、秦，可謂之不工乎？且竹垞之與李十九論詞也，亦曰慢詞宜師南宋，而小令宜師北宋矣。

又《蘇辛藩籬獨闢》：晏、秦之妙麗，源於李太白、溫飛卿。姜、史之清眞，源於張志和、白香山。惟蘇、辛在詞中，則藩籬獨闢矣。讀蘇、辛詞，知詞中有人，詞中有品，不敢自爲菲薄，然辛以畢生精力注之，比蘇尤爲橫出。吳子律曰：「辛之於蘇，猶詩中山谷之視東坡也，東坡之大，殆不可以學而至。」此論或不盡然。蘇風格自高，而性情頗歉，辛卻纏綿惻悱。且辛之造語俊於蘇。若僅以大論也，則室之大不如堂，而以堂爲室，可乎？

又卷一一《宋人尚艷詞》：定遠曰：長短句肇于唐季，脂粉輕薄，端人雅士蓋所不尚。又曰：魯公作相，有曲子相公之言，一時以爲耻。坡公謂秦太虛乃學柳七作曲子，秦愕然以爲不至是，是艷詞非宋人所尙也。（其說俱詳《鈍吟文稿》）夫詞始於太白，盛於飛卿，何嘗不是唐季。宋人亦何嘗不尙艷詞，功業如范文正，文章如歐陽文忠，檢其集，艷詞不少。蓋曼衍綺靡，詞之正宗，安能盡以鐵板銅琵相律？惟其艷而淫而澆而俗而穢，則力絕之。至耆卿亦有高處，如「漸霜風凄緊、關河冷落，殘照當樓」，此亦何減古人？定遠徒見元人之雜曲，明人之崑腔，即講求南北宋亦涉獵《草堂》汚下選本，目未睹前輩典型，故有此卮言也。亦知詞固有興觀羣怨，事父事君，而與雅頌同文者乎？

又卷一二《兩宋詞評》：北宋多工短調，南宋多工長調。北宋多工軟語，南宋多工硬語。然二者偏至，終非全才。歐陽、晏、秦，北宋之正宗也。柳耆卿失之濫，黃魯直失之傖。白石、高、史，南宋之正宗也。吳夢窗失之澀，蔣竹山失之流。若蘇、辛自立一宗，不當儕於諸家派別之中。

劉熙載《藝概》卷四《詞曲概》：詞品喩諸詩，東坡、稼軒，李、杜也；耆卿，香山也；夢窗，義山也；白石、玉田，大歷十子也。其有似韋蘇州者，張子野當之。

又：東坡詞頗似老杜詩，以其無意不可入，無事不可言也。若其豪放之致，則時與太白爲近。

又：太白《憶秦娥》，聲情悲壯，晚唐、五代，惟趨婉麗，至東坡始能復古。後世論詞者，或轉以東坡爲變調，不知晚唐、五代乃變調也。

又：東坡《與鮮于子駿書》云：「近卻頗作小詞，雖無柳七郎風味，亦自成一家。」一似欲爲耆卿之詞而不能者。然坡嘗譏秦少游《滿庭芳》詞學柳七句法，則意可知矣。

又：東坡詞具神仙出世之姿，方外白玉蟾諸家，惜未詣此。

又：東坡詞在當時少與同調，不獨秦七、黃九，別成兩派也。晁无咎坦易之懷，磊落之氣，差堪驂靳，然懸崖撒手處，无咎莫能追躡矣。

又：蘇、辛皆至情至性人，故其詞瀟灑卓犖，悉出于溫柔敦厚。世或以粗獷譏蘇、辛，固宜視蘇、辛爲別調者哉。

又：王敬美論詩云：「河下輿隸須驅遣，另換正身。」胡明仲稱眉山蘇氏詞「一洗綺羅香澤之態，擺脫綢繆宛轉之度，使人登望遠，舉首高歌，而逸懷浩氣，超乎塵埃之表。」此殆所謂正身者耶？

馮煦《蒿庵論詞》：興化劉氏熙載所著劉熙載《藝概》，於詞多洞微之言，而論東坡尤爲深至。如云：「東坡詞頗似老詩，以其無意不可入，無事不可言也。若其豪放之致，則時與太白爲近。」又云：「東坡《定風波》云『尚餘孤瘦雪霜姿』，《荷華媚》云『天然地別是風流標格』，雪霜姿、風流標格，學東坡詞者，便可從此領取。」又云：「詞以不犯本位爲高，東坡《滿庭芳》『老去君恩未報，空回首，彈鋏悲歌』，語誠慷慨，然不若《水調歌頭》『我欲乘風歸去，又恐瓊樓玉宇，高處不勝寒』，尤覺空靈蘊藉。」觀此可以得東坡矣。

顧起綸《花庵詞選跋》：唐人作長短詞，乃古樂府之濫觴也。李太白首倡「憶秦娥」，凄婉流麗，頗臻其妙，爲千載詞家之祖。至王仲初「古調笑」，融情會景，猶不失題旨。白樂天始調換頭，去題漸遠，揆之本來，詞體稍變矣。騷雅名流，雋語競爽，蘇長公輩，才情各擅所長。其風流餘蘊，籍籍人口。厥後，元季樂府之盛，慨又不出史邦卿蹊徑耳。于時家握靈蛇，非蛟伯巨臂，儔能探其啥邪？

汪懋麟《東坡詞一卷》：詞自晚唐五代以來，以清切婉麗爲宗。至柳永而一變，如詩家之有白居易；至軾而又一變，如詩家之有韓愈，遂開南宋辛棄疾等一派。尋源溯流，不能不謂之別格，然謂之不工則不可。故至今日，尙與花間一派并行而不能偏廢。

譚獻《篋中詞序》：至于塡詞，僕少學焉。（略）李白、溫岐，文士爲之；昇元、靖康，君王爲之；將相大臣，范仲淹、辛棄疾爲之；文學侍從，蘇軾、周邦彥爲之；南士遺民，王沂孫、唐珏之徒，皆作者也。昔人之論賦曰「懲一而勸百」，又曰：「曲終而奏雅」。麗淫麗則，辨于用心；無小非大，皆曰立言，惟詞亦有然矣。

《詞壇叢話·賀周詞勝諸家》：昔人謂東坡詞勝於情，耆卿情勝於詞，秦少游兼而有之。然較之方回、美成，恐亦瞠乎其後。

陳廷焯《白雨齋詞話》卷一《宋詞不盡沉鬱》：唐五代詞，不可及處，正在沉鬱。宋詞不盡沉鬱，然如子野、少游、美成、白石、碧山、梅溪諸家，未有不沉鬱者。即東坡、方回、稼軒、夢窗、玉田等，似不必盡以沉鬱勝，然其佳處，亦未有不沉鬱者。詞中所貴，尙未可以知耶。

又《蘇辛不相似》：蘇辛並稱，然兩人絕不相似。魄力之大，蘇不如辛。氣體之高，辛不逮蘇遠矣。東坡詞寓意高遠，運筆空靈，措語忠厚，其獨至處，美成、白石亦不能到。昔人謂東坡詞非正聲，此特拘于音律言之，而不究本原之所在。眼光如豆，不足與之辯也。

又《東坡詞人不易學》：太白之詩，東坡之詞，皆是異樣出色。只是人不能學，烏得議其非正聲。

又《蔡伯世論詞極陋》：蔡伯世云：「子瞻辭勝乎情，耆卿情勝乎辭，辭情相稱者，惟少游而已。」此論陋極。東坡之詞，純以情勝，情之至者，詞亦至。只是情得其正，不似耆卿之喁喁兒女私情耳。論古人詞，不辨是非，不別邪正，妄為褒貶，吾不謂然。

又《東坡少游皆情餘于詞》：東坡、少游，皆是情餘於詞，耆卿乃辭餘於情，解人自辨之。

又《少游滿庭芳諸闋》：少游《滿庭芳》諸闋，大半被放後作，戀戀故國，不勝熱中，其用心不逮東坡之忠厚。而寄情之遠，措語之工，則各有千古。

又《張綖論蘇詞似是而非》：張綖云：「少游多婉約，子瞻多豪放，當以婉約為主。」此亦似是而非，不關痛癢語也。誠能本諸忠厚，而出以沉鬱，豪放亦可，婉約亦可，否則豪放嫌其粗魯，婉約又病其纖弱矣。

又《彭駿卿論史邦卿不當其實》：如東坡、少游，豈梅溪所能壓倒？

又《張惠言不知夢窗》：張皋文《詞選》，獨不收夢窗詞，以蘇、辛為正聲，卻有巨識。

又卷三《北宋南宋不可偏廢》：國初多宗北宋，竹垞獨取南宋，分虎、符曾佐之，而風氣一變。

然北宋南宋，不可偏廢。南宋白石、梅溪、夢窗、碧山、玉田輩，固是高絕，北宋如東坡、少游、方回、美成諸公，亦豈易及耶？況周、秦兩家，實爲南宋導其先路。數典忘祖，其謂之何。

又卷五《彭駿孫詞藻所論多左》：彭駿孫《詞藻》四卷，品論古人得失，欲使蘇、辛、周、柳兩派同歸。不知蘇、辛與周、秦，流派各分，本原則一。若柳則傲而不理，蕩而忘返，與蘇、辛固不能強合，視美成尤屬岐途。

又《蓮子居詞話論北宋詞家淺陋》：《蓮子居詞話》云：「蘇之大，張之秀，柳之艷，秦之韻，周之圓融，何以尚茲。」此論殊屬淺陋。謂北宋不讓南宋則可，而以秀艷等字尊北宋則不可。如徒曰秀艷圓融而已，則北宋豈但不及南宋，並不及金元矣。至以耆卿與蘇、張、周、秦並稱，而不數方回，亦爲無識。又以秀字目子野，韻字目少游，圓融字目美成，皆屬不切。即以大字目東坡，艷字目耆卿，亦不甚確。大抵北宋之詞，周、秦兩家皆極頓挫沉鬱之妙。而少游託興尤深，美成規模較大，此周、秦之異同也。子野詞于古雋中見深厚，東坡詞則超然物外，別有天地。而江南賀老，寄興無端，變化莫測，亦豈出諸人下哉？此北宋之雋，南宋不能過也。若耆卿詞，不過長于言情，語多淒秀，尚不及晏小山，更何能超越方回，而與周、秦、蘇、張並峙千古也？

又《別調集序》：猛起奮末，誠蘇、辛之罪人。盡態逞姸，亦周、姜之變調。

又卷六《喬笙巢評少游詞》：喬笙巢云：「少游詞寄慨身世，閒雅有情思。酒邊花下，一往而深，而怨誹不亂，悄乎得小雅之遺。」又云：「他人之詞，詞才也。少游，詞心也。得之於內，不可以傳。雖子瞻之明儁，耆卿之幽秀，猶若有瞠乎後者，況其下耶。」此與莊中白之言頗相合。淮海何幸，有此知己。

又《兩宋詞家各有獨至處》：兩宋詞家各有獨至處，流派雖分，本原則一。惟方外之葛長庚，閨中之李易安，別於周、秦、姜、史、蘇、辛外，獨樹一幟，而亦無害其爲佳，可謂難矣。然畢竟不及諸賢之深厚，終是託根淺也。

又《蘇辛兩家不同》：東坡心地光明磊落，忠愛根於性生，故詞極超曠，而意必和平。稼軒有吞吐八荒之概，而機會不來，正則可以爲郭、李，爲岳、韓，變則即桓溫之流亞。故詞極豪雄，而意極悲鬱。蘇、辛兩家，各自不同。後人無東坡胸襟，又無稼軒氣概，漫爲規模，適形粗鄙耳。

又《學蘇辛不可不愼》：學周、秦、姜、史不成，尙無害爲雅正。學蘇、辛不成，則入於魔道矣。發軔之始，不可不憒。

又卷七《詞宜熟讀》：熟讀溫、韋詞，則意境自厚。熟讀周、秦詞，則韻味自深。熟讀蘇、辛詞，則才氣自旺。熟讀姜、張詞，則格調自高。熟讀碧山詞，則本原自正，規模自遠。本是以求風雅，何必遽讓古人。

卷八《東坡詞全是王道》：東坡詞全是王道，稼軒則兼有霸氣，然猶不悖于王也。

又《少游爲詞心》：東坡、稼軒、白石、玉田高者易見。少游、美成、梅溪、碧山高者難見。而少游、美成尤難見。美成意餘言外，而痕迹消融，人苦不能領略。少游則義蘊言中，韻流絃外。

又《著作不以多爲貴》：聲名之顯晦，身分之高低，家數之大小，只問其精與不精，不係乎著作之多寡也。子建、淵明之詩，所傳不滿百首。然較之蘇、黃、白、陸之數千百首者，相越何止萬里。詞中如飛卿、端已、正中、子野、東坡、少游、白石、梅溪諸家，膾炙人口之詞，多不過二三十闋，少則十餘闋或數闋，自足雄恃千古，無與爲敵。

《詞宜窮正始》：白石仙品也。東坡神品也，亦仙品也。夢窗逸品也。玉田雋品也。稼軒豪品也。然皆不離於正。故與溫、韋、周、秦、梅溪，碧山同一大雅，而無傲而不理之誚。後人徒恃聰明，不窮正始，終非至詣。

又《東坡派無人能繼》：東坡一派，無人能繼。稼軒同時，則有張、陸、劉、蔣輩，後起則有遺山、迦陵、板橋、心餘輩。然愈學稼軒，去稼軒愈遠，稼軒自有眞耳。不得其本，徒逐其末，以狂呼叫囂爲稼軒，亦誣稼軒甚矣。

又《唐宋名家流派不同》：唐宋名家，流派不同，本原則一。論其派別，大約溫飛卿爲一體（皇甫子奇、南唐二主附之），韋端己爲一體（朱松卿附之），馮正中爲一體（唐五代諸詞人以暨北宋晏、歐、小山等附之），張子野爲一體，秦淮海爲一體（柳詞高者附之），蘇東坡爲一體，賀方回爲一體（毛澤民、晁具茨高者附之），周美成爲一體（竹屋、草窗附之），辛稼軒爲一體（張、陸、劉、蔣、陳、杜合者附之），姜白石爲一體，史梅溪爲一體，吳夢窗爲一體，王碧山爲一體（黃公度、陳西麓附之），張玉田爲一體。其間惟飛卿、端己、正中、淮海、美成、梅溪、碧山七家，殊塗同歸。餘則各樹一幟，而皆不失其正。東坡、白石尤爲矯矯。

又《皋文蒿庵爲風雅正宗》：溫、韋創古者也，晏、歐繼溫、韋之後，面目未改，神理全非，異乎溫、韋者也。蘇、辛、周、秦之於溫、韋，貌變而神不變，聲色大開，本原則一。南宋諸名家，大旨亦不悖於溫、韋，而各立門戶，別有千古。元、明庸庸碌碌，無所短長。

又《知稼翁詞合東坡碧山爲一手》：黄公度《知稼翁詞》，氣格高遠，語意渾厚，直合東坡、碧山爲一手。所傳不多，卓乎不可企及。

又《東坡白石具有天授》：稼軒求勝於東坡，豪壯或過之，而遜其清超，遜其忠厚。玉田追蹤於白石，格調亦近之，而遜其空靈，遜其渾雅。故知東坡、白石具有天授，非人力所可到。東坡、稼軒，同而不同者也。白石、碧山，不同而同者也。

又《詩詞皆有境》：詩有詩境，詞有詞境，詩詞一理也。（略）太白之詩，東坡詞可以敵之。子昂高古，摩詰名貴，則子野、碧山，正不多讓。退之生鏊，柳州幽峭，則稼軒、玉田，時或過之。至謂白石似淵明，大晟似子美，則吾尙不謂然。然則詞中未造之境，以待後賢者尙多也。

譚獻《復堂詞話》：稼軒心胸，發其才氣，改之而下則獷。（略）大踏步出來，與眉山同工異曲。然東坡是衣冠偉人，稼軒則弓刀游俠。

張德瀛《詞徵》卷一《詞之六至》：釋皎然《詩式》謂詩有六至：至險而不僻，至奇而不差，至麗而自然，至苦而無迹，至近而意遠，至放而不迂。以詞衡之，至險而不僻者，美成也。至奇而不差者，稼軒也。至麗而自然者，少游也。至苦而無迹者，碧山也。至近而意遠者，玉田也。至放而不迂者，子瞻也。

又卷五《北宋五子》：同叔之詞溫潤，東坡之詞軒驍，美成之詞精邃，少游之詞幽艷，無咎之詞雄邈，北宋惟五子可稱大家。若柳耆卿、張子野，則又當時所翕然歎服者也。

又《蘇辛詞》：蘇辛二家，昔人名之曰詞詩詞論。愚以古詞衡之曰，不用之時全體在，用即拈來，萬象周沙界。

又《陳翼論蘇詞》：宋牧仲謂宋詩多沈僿，近少陵；元詩多輕揚，近太白。然詞之沈僿，無過子瞻。長樂陳翼論其詞云：「歌赤壁之詞使人抵掌激昂，而有擊楫中流之心。歌《哨遍》之詞，使人甘心澹泊，而有種菊東籬之興。」可謂知言。

又卷六《清初三派》：汪蛟門謂宋詞有三派，歐、晏正其始，秦、黃、周、柳、姜、史之徒極其盛，東坡、稼軒放乎其言之矣。

陳銳《褒碧齋詞話》：宋以後無詞，猶之唐以後無詩，詞故詩之餘也。晏、范、歐、蘇、後山、山谷、放翁，皆極一時之盛。

胡薇元《歲寒居詞話・評辛棄疾詞》：（辛棄疾）于倚聲家爲雄豪一派，世稱蘇、辛，然坡翁奮筆直寫。

沈祥龍《論詞隨筆・唐詞分二派》：唐人詞，風氣初開，已分二派。太白一派，傳爲東坡，諸家以氣格勝，于詩近江西。飛卿一派，傳爲屯田，諸家以才華勝，于詩近西崑。後雖迭變，總不越此二者。

又《詞有婉約有豪放》：詞有婉約，有豪放，二者不可偏廢，在施之各當耳。房中之奏，出以豪放，則情致絕少纏綿。塞下之曲，行以婉約，則氣象何能恢拓？蘇、辛與秦、柳，貴集其長也。

又《不能以繩尺律東坡》：東坡詞獨樹一幟，妙絕古今，雖非正聲，然自是曲子內縛不住者。不獨耆卿、少游不及，即求之美成、白石，亦難以繩尺律之也。後人以繩尺律之，吾不知海上三山，彼亦能以丈尺計之否耶。

又《東坡詞別有天地》：東坡詞，一片去國流離之思，哀而不傷，怨而不怒，寄慨無端，別有天地。

魯超《今詞初集題辭》：吾友梁汾常云：詩之體至唐而始盡，然不得以五七言律絕句爲古詩之餘也；樂府之變，得宋詞而始盡，然不得以長短句之小令、中調、長調爲古樂府之餘也。詞且不附庸于樂府，而謂肯寄閏于詩耶？（略）余惟詩以蘇、李爲宗，自曹、劉迄鮑、謝，盛極而衰，至隋時，風格一變，此有唐之正始所自開也。詞以溫、韋爲則，自歐、秦迄姜、史，亦盛極而衰，至明末，才情復暢，此昭代之大雅所由振也。

《海綃說詞·通論·源流正變》：宋詞既昌，唐音斯暢。二晏濟美，六一專家。爰逮崇寧，大晟立府，製作之事，用集美成。此猶治道之隆於成康，禮樂之備於公日，監殷監夏，無間然矣。東坡獨崇氣格，箴規柳秦，詞體之尊，自東坡始。

許賡颺《四印齋合刊雙白詞序》：自群雅音淪，《花間》實倚聲之祖；大晟論定，《片玉》以協律爲工。建炎而還，作者尤盛，竹齋、竹屋，梅谿、梅津，公謹以「漁笛」按腔，君特以「夢窗」名集。花庵有選，蘋雲競歌。然好爲纖纖者，不出乎秦、柳；力矯靡曼者，自比於蘇、辛。求其並有中原，後先特立，堯章、叔夏，實爲正宗。此仇氏山村、鄭氏所南所由揚彼前旌，推爲極軌也。

蔡宗茂《拜石山房詞鈔序》：詞盛于宋代，自姜、張以格勝，蘇、辛以氣勝，秦、柳以情勝，而其派乃分。然幽深窅眇，語巧則纖；跌宕縱橫，語粗則淺。異曲同工，要在各造其極而已。

樊志厚《人間詞甲稿序》：夫自南宋以後，斯道之不振久矣。元明及國初諸老，非無警句也，（略）凡姜、張清雋，蘇、辛豪宕，秦、柳妍麗，固已提袂而合唱，無俟改弦而更張已。然不免乎局促者，氣困于雕琢也。嘉道以後之詞，非不諧美也，然無救于淺薄者，意竭于摹擬也。君之于詞，于五代喜李後主、馮正中。于北宋喜永叔、子瞻、少游、美成。于南宋除稼軒、白石外，所嗜蓋鮮矣。尤痛詆夢窗、玉田。謂夢窗砌字，玉田壘句，一雕琢，一敷衍，其病不同，而同歸于淺薄，六百年來詞之不振，實自此始。

沈曾植《菌閣瑣談》：「東坡以詩爲詞，如雷大使之舞，雖極天下之工，要非本色」，此《後山談叢》語也。然考蔡絛《鐵圍山叢談》，稱上皇在位，時屬升平，手藝之人有稱者，棋則有劉仲甫、晉士明，琴則有僧梵如、僧全雅，教坊琵琶則有劉繼安，舞則雷中慶，世皆呼之爲雷大使，笛則孟水清，此數人者，視前代之技皆過之。然則雷大使乃教坊絕技，謂非本色，將外方樂乃爲本色乎？

趙執信《坡仙詞》：五日登州守，千秋《海市》詩。蛟龍留勝跡，雨雪滿荒祠。才覺乾坤盡，名將日月垂。丹青餘想像，漂泊識鬚眉。島翠堆虛牖，簷絲罥斷碑。仙靈幾延佇，山鬼強攀追。黯淡蒼苔敢，凋殘碧樹枝。壽陵歸國步，鄰舍捧心姿。徧選丹厓字，誰爲黃絹詞。寒山公獨在，坐卧我於斯。酒酹滄波遠，吟躭夕照遲。方平有靈駕，貴負執鞭期。

張宗橚《詞林紀事》卷五引胡元任評：東坡詞皆絕去筆墨畦徑間，直造古今不到處，眞可使人一唱而三歎。

又引張叔夏評：東坡詞清麗舒徐處，高出人表，周、秦諸人所不能到。

又引樓敬思評：東坡老人，故自靈氣仙才，所作小詞冲口而出，無窮清新，不獨寓以詩人句法，能一洗綺羅香澤之態也。

又引許嵩廬評：子瞻自評其文云：「如萬斛泉源，不擇地皆可出。」唯詞亦然。

張其錦《梅邊吹笛譜序》：詞者，詩之餘也。昉于唐，沿于五代，具于北宋，盛于南宋，衰于元，亡于明。以詩譬之，慢詞如七言，小令如五言。慢詞北宋爲初唐，秦、柳、蘇、黃如沈、宋，體格雖具，風骨未遒。

《海日樓叢鈔》引《筆記・宋詞三家》：汪叔耕（莘）《方壺詩餘自叙》云：「唐宋以來詞人多矣，其詞主于淫，謂不淫非詞也。余謂詞何必淫，亦顧寓意何如爾。余于詞，所喜愛三人焉。蓋至東坡而一變，其豪妙之氣，隱隱然流出言外，天然絕世，不假振作。二變而爲朱希眞，多塵外之想，雖雜以微塵，而清氣自不可沒。三變而爲辛稼軒，乃寫其胸中事，尤好稱淵明。此詞之三變也」云云。

王國維《人間詞話・詞中少陶詩薛賦氣象》：昭明太子稱陶淵明詩「跌宕昭彰，獨超衆類，抑揚爽朗，莫之與京」。王無功稱薛收賦「韻趣高奇，詞義晦遠，嵯峨蕭瑟，眞不可言」。詞中惜少此二種氣象，前者唯東坡，後者唯白石，略得一二耳。

又《東坡之詞曠稼軒之詞豪》：東坡之詞曠，稼軒之詞豪，無二人之胸襟而學其詞，猶東施之效捧心也。

又《蘇辛詞中之狂》：蘇、辛詞中之狂，白石猶不失爲狷，若夢窗、梅溪、玉田、草窗、西麓輩，面目不同，同歸于鄉願而已。

又《周柳蘇辛最工長調》：長調自以周、柳、蘇、辛爲最工。美成《浪淘沙慢》二詞，精壯頓挫，已開北曲之先聲。若屯田之《八聲甘州》，東坡之《水調歌頭》，則佇興之作，格高千古，不能以常調論也。

又《有篇有句詞家》：唐五代之詞，有句而無篇。南宋名家之詞，有篇而無句。有篇有句，唯李後主降宋後之作，及永叔、子瞻、少游、美成、稼軒數人而已。

又《白石可鄙》：東坡之曠在神，白石之曠在貌。白石如王衍，口不言阿堵物，而暗中爲營三窟之計，此其所以可鄙也。

又《清眞先生遺事尙論三·清眞爲詞中老杜》：（周清眞）先生於詩文無所不工，然尙未盡脫古人蹊逕。平生著述，自以樂府爲第一。詞人甲乙，宋人早有定論，惟張叔夏病其意趣不高遠。然北宋人如歐、蘇、秦、黃，高則高矣，至精工博大，殊不逮先生。故以宋詞比唐詩，則東坡似太白，歐、秦似摩詰，耆卿似樂天，方回、叔原，則大曆十子之流。南宋惟一稼軒可比昌黎。而詞中老杜，則非先生不可。昔人以耆卿比少陵，猶爲未當也。

又《介存論詞多獨到語》：予于詞，五代喜李後主、馮正中，而不喜《花間》。宋喜同叔、永叔、子瞻、少游，而不喜美成。南宋只愛軒稼一人，而最惡夢窗、玉田。

蔡嵩雲《柯亭詞論·自然與人工各占地位》：宋初慢詞，猶接近自然時代，往往有佳句而乏佳章。自屯田出而詞法立，清眞出而詞法密，詞風爲之丕變。如東坡之純任自然者，殆不多見矣。

又《東坡詞筆無點塵》：東坡詞，胸有萬卷，筆無點塵。其闊大處，不在能作豪放語，而在其襟懷有涵蓋一切氣象。若徒襲外貌，何異東效顰？東坡小令，清麗紆徐，雅人深致，另闢一境。設非胸襟高曠，焉能有此吐屬！

又《稼軒詞不盡豪放》：稼軒詞，豪放師東坡，然不盡豪放也。其集中，有沉鬱頓挫之作，有纏綿悱惻之作，殆皆有爲而發。其修詞亦種種不同，焉得概以「豪放」二字目之？

又《彊村詞融合蘇吳之長》：彊村慢詞，融合東坡、夢窗之長，而運以精思果力。學東坡，取其雄而去其放；學夢窗，取其密而去其晦。遂面目一變，自成一種風格，眞善學古人者。

王鵬運《半塘手稿》：北宋人詞，如潘逍遙之超逸，宋子京之華貴，歐陽文忠之騷雅，柳屯田之廣博，晏小山之疏俊，秦太虛之婉約，張子野之流麗，黃文節之雋上，賀方回之醇肆，皆可模擬，得其彷彿。唯蘇文忠公之淸雄夐乎軼塵絕迹，令人無從步趨。蓋霄壤相懸，寧止才華而已？其性情，其學問，其襟抱，舉非恆流所能夢見。詞家蘇辛並稱，其實辛猶人境也，蘇其殆仙乎！

胡徽元《天雲樓詞序》：詩餘者，古詩苗裔也。語其正，則南唐二主爲之祖；語其變，則眉山導其源。

陳菲石《聲執・行文兩要素》：行文有兩要素，曰氣曰筆。氣載筆而行，筆因文而變。（略）蘇、辛集中，固有被稱爲摧剛爲柔者。（略）東坡、稼軒音響雖殊，本原則一。

又《周濟詞辨》：其（周濟）退蘇進辛，而目東坡爲韶秀，亦非眞知東坡者。

又《宋詞舉》：蘇軾寓意高遠，運筆空靈，非粗非豪，別有天地。秦觀爲蘇門四子之一，而其爲詞，則不與晁、黃同賡蘇調。

吳梅《鄮峰眞隱大曲跋》：第宋代作者如六一、東坡往往僅作勾放樂語，而不製歌詞；鄭僅、董穎之徒則又止有歌詞，而無樂語，二者鮮有兼備焉。《鄮峰大曲》二卷，有歌詞，有樂語，且諸曲之下各載歌演之狀，尤爲歐、蘇、鄭、董諸子所未及。宋人大曲之詳，無有過於此者矣。

葉恭綽《東坡樂府箋序》：宋代詞家多矣，卓然名世者，無慮數十，擠掎規模，籠罩至今。自元訖今，仿晏、張、秦、柳、周、賀、姜、辛、吳、王，以至《花間》、《陽春》、南唐二主者，蓋靡所不有。獨未聞有眞能學蘇者，豈超絶古今，直不容人學步歟？蓋東坡之詞，純表其胸襟見識，情感興趣者也。規矩準繩，乃其餘事。故論者至以爲本色而不能以學，所謂天仙化人，殆亦此意。爲詞者不究其胸襟見識，情感興趣，而徒規矩準繩是務，宜其于蘇門無從問津也。張皋聞、周保緒頗知此意，故所作間涉藩籬。近日王幼遐、文道希益暢其説，緣是詞之體益尊而境益廣，斯實詞學興衰一大關鍵，論學者不可不察也。

張祥麟《半篋秋詞叙錄》：辛、劉之雄放，意在變風氣。【略】東坡不耐此苦，隨意爲之，其所自立者多，故不拘拘于詞中求生活。

王易《詞曲史》：坡詞高亮處，得詩中淵明之淸、太白之逸、老杜之渾，其《念奴嬌》之赤壁懷古，《水調歌頭》之中秋，固已膾炙人口矣，至其平生襟懷之淡宕，實與淵明默契。

東坡論詞

蘇軾《與鮮于子駿書》(《蘇文忠公全集》卷五三):所惠詩文,皆蕭然有遠古風味。然此風之亡也久矣,欲以求合世俗之耳目則疏矣。但時獨于閒處開看,未嘗以示人,蓋知愛之者絕少也。所索拙詩,豈敢措手,然不可不作,特未暇耳。近卻頗作小詞,雖無柳七郎風味,亦自是一家,呵呵!數日前獵郊外,所獲頗多,作得一闋,令東州壯士抵掌頓足而歌之,吹笛

又《與陳季常書》(《蘇文忠公全集》卷五三):又惠新詞,句句警拔,詩人之雄,非小詞也。但豪放太過,恐造物不容人如此快活。一枕無礙睡,輒亦得之耳。

又《與蔡景繁》(《蘇文忠公全集》卷五五):頒示新詞,此古人長短句詩也。得之驚喜,試勉繼之,晚即面呈。

又《與朱康叔書書》(《蘇文忠公全集》卷五九):董義夫相聚多日,甚歡,未嘗一日不談公美也。舊好誦陶淵明《歸去來》,常患其不入音律,近輒微加增損,作《般涉調哨遍》,雖微改其詞,而不改其意,請以《文選》及本傳考之,方知字字皆非創入也。謹作小楷一本寄上,亦請錄本與郭元弼,爲病倦,不及別書也。

又《題張子野詩集後》（《蘇文忠公全集》卷六八）：張子野詩筆老妙，歌詞乃其餘技耳。《湖州西溪》云：「浮萍破處見山影，小艇歸時聞草聲。」與余和詩云：「愁似鰥魚知夜永，懶同胡蝶爲春忙。」若此之類，皆可以追配古人。而世俗但稱其歌詞。昔周昉畫人物，皆入神品，而世俗但知有周昉士女，皆所謂未見好德如好色者歟？元豐五年四月二十一日。

又《跋黔安居士漁父詞》（《蘇文忠公全集》卷六八）：魯直作此詞，淸新婉麗。問其得意處。自言以水光山色，替却玉肌花貌。此乃眞得漁父家風也。然才出新婦磯，又入女兒浦，此漁父無乃大瀾浪乎？

楊湜《古今詞話》：《金陵懷古》，諸公寄詞于《桂枝香》，凡三十餘首，獨介甫最爲絕唱。東坡見之，不覺歎曰：「此老乃野狐精也。」

王灼《碧鷄漫志》卷二：吾友黃載萬歌詞，號《樂府廣變風》，學富才贍，意深思遠，直與唐名輩相角逐，又輔以高明之韻，未易求也。吾每對之歎息，誦東坡先生語曰：「彼嘗從事于此，然後知其難，不知者以爲苟然而已。」

《能改齋漫錄》卷一《明月逐人來詞》：樂府有《明月逐人來》詞，李太師撰譜，李持正製詞云：「星河明淡，春來深淺，紅蓮正、滿城開遍。禁街行樂，暗塵香拂面，皓月隨人近遠。天半鰲山，光動鳳樓兩觀。東風靜、珠簾不捲。玉輦待歸，雲外聞弦管，認得宮花影轉。」東坡曰：

「好個『皓月隨人近遠。』」

吳曾《能改齋漫錄》卷二《秦少游唱和千秋歲詞》：秦少游所作《千秋歲》詞，予嘗見諸公倡和親筆，乃知在衡陽作也。少游云，至衡陽呈孔毅甫使君，其詞云云，今更不載。毅甫本云次韻少游見贈，其詞云（略）。其後東坡在儋耳，姪孫蘇元老因趙秀才還自京師，以少游、毅甫贈者寄之，東坡乃次韻，錄示元老，且云：「便見其超然自得，不改其度之意。」

胡仔《苕溪漁隱叢話》卷一《東坡責後主》：東坡云：「李後主詞云：『三十餘年家國（略）』後主既爲樊若水所賣，舉國與人，故當慟哭于九廟之外，謝其民而後行，顧乃揮淚宮娥，聽教坊離曲哉。」

胡仔《苕溪漁隱詞話》卷二《東坡言如夢令本莊宗製》：苕溪漁隱曰：東坡言，《如夢令》曲名，本唐莊宗製。嫌其不雅，改云《如夢》。莊宗作此詞，卒章云：「如夢如夢，和淚出門相送。」取之以爲名。《古今詞話》云：「後唐莊宗修內苑，掘得斷碑，中有字三十二，曰：『曾宴桃園深洞，一曲舞鸞歌鳳。長記欲別時，殘月落花煙重。如如夢如，和淚出門相送。』莊宗使樂工入律歌之，名曰古記。」但詞話所記，多是臆說，初無所據，故不可信，當以坡言爲正。

胡仔《苕溪漁隱詞話》卷一《李嬰詞》：元豐間，都人李嬰調蘄水縣令，作《滿江紅》一曲，往黃州上東坡，東坡甚喜之，其詞云：「荆楚風煙，寂寞近、中秋時候。露下冷，蘭英將謝，葦花初秀。歸燕殷勤辭巷陌，鳴蛩淒楚來窗牖。又誰念江邊有神仙，飄零久。　橫琴膝，攜筇手，曠望眼，閑吟口。任紛紛萬事，到頭何有。君不見凌煙冠劍客，何人氣貌長依舊。歸去來，一曲爲君吟，爲君壽。」

《魏慶之詞話・秦少游》：少游到郴州作長短句云：「霧失樓臺（略）。」東坡絕愛其尾兩句，自書于扇曰：「少游已矣，雖萬人何贖。」

沈雄《古今詞話・詞辨》上卷《踏莎行》：《古今詞話》曰：春旅詞云：「霧失樓臺（略）。」少游《踏莎行》也。東坡獨愛其尾兩句，及聞其死，東坡曰：「少游已矣，雖萬人何贖。」黃山谷曰：「絕似劉賓客楚蜀間語。」

又《古今詞話・詞話》上卷《東坡爲詞詩稼軒爲詞論》：陳子宏曰：近日詞，惟美成、姜堯章，而以東坡爲詞詩，稼軒爲詞論。此說固當，然詞曲以委曲爲體，徒狃于風情婉孌，則亦易厭。回視蘇辛作作，豈非萬古一清風哉？

王士禎《花草蒙拾・坡公書房扇詞》：「郴江幸自繞郴山，爲誰流下瀟湘去」，千古絕唱。秦殁後，坡公嘗書此于扇云：「少游已矣，雖萬人何贖。」高山流水之悲，千載而下，令人腹痛。

馮金伯《詞苑萃編》卷一二《紀事・山抹微雲壻》引《藝苑雌黃》：程公闢守會稽，少游客焉，館之蓬萊閣。一日席上有所悅，自爾眷眷，不能忘情，因賦長短句，所謂「多少蓬萊舊事，空回首、煙靄紛紛」句。其詞極爲東坡所稱道也，取其首句，呼之爲山抹微雲君。

葉申薌《本事詞》卷上《毛滂惜分飛》：子瞻守杭時，毛澤民爲法曹，公以衆人遇之。澤民與營妓瓊芳善，囸秩滿去官，作《惜分飛》以誌別云：「淚濕闌干花着露，愁到眉峰碧取。此恨平分取，更無言語空相覷。斷雨零雲無意緒，寂寞朝朝暮暮。今夜山深處，斷魂分付潮歸去。」適子瞻宴客，瓊芳輒歌此詞。子瞻詢爲誰作，以澤民對。子瞻歎曰：「郡僚中有詞人而不知，是吾過也。」折簡追回，款洽數月。

又《秦觀贈妓詞》：秦少游在蔡州，眷營妓陶心兒，別時爲賦《南歌子》云：「玉漏迢迢盡，銀潢淡淡橫。夢回宿酒未全醒，已被鄰鷄催起，怕天明。　臂上妝猶在，襟間淚尚盈。水邊燈火漸人行，天外一鈎殘月，帶三星。」末句蓋暗藏「心」字。東坡見此詞，笑曰：「此恐他姬厮賴耳。」

又《毛滂李曲贈詞詞》：毛澤民頗工樂府，《惜分飛》一闋爲東坡所賞，聲釆遂著。

又《琴操改詞》：琴操者，錢塘營妓也，慧而知書。嘗侍宴湖上，郡倅有誤歌少游「山抹微雲」詞，作「畫角聲斷斜陽」者。琴操云：「『譙門』，非『斜陽』也。」倅戲謂曰：「汝能改作陽韻否？」琴操略不思索，即歌曰：「山抹微雲，天粘衰草，畫角聲斷斜陽。暫停征轡，聊共引離觴。多少蓬萊舊事，空回首，煙靄茫茫。孤村裏，寒鴉萬點，流水繞紅牆。　魂傷，當此際，輕分羅帶，暗解香囊。漫贏得青樓，薄倖名狂。此去何時見也，襟袖上、空有餘香。傷心處，高城望斷，燈火已昏黃。」東坡聞而賞之，後竟削髮爲尼云。

徐釚《詞苑叢談》卷三：東坡夜登燕子樓，夢盼盼，因作《永遇樂》詞云（略）。後秦少游自會稽入京，見東坡。坡云：「久別當作文甚勝。都下盛唱公『山抹微雲』之詞。」秦遜謝，坡遽云：

「不意別後，公卻學柳七。」秦答曰：「某雖無識，亦不至是。先生之言無乃過乎？」坡云：「『銷魂當此際』，非柳七詞句法乎」秦慚服。又問別作何詞，秦舉「小橋連苑橫空，下窺綉轂雕鞍驟」。坡云：「十三個字，只說得一個人騎馬樓前過。」秦問先生近著，坡云：「亦有一詞，說樓上事。」乃舉「燕子樓空，佳人何在，空鎖樓中燕。」晁無咎在座，云：「三句說盡張建封燕子樓一段事，奇哉。」

引用書目索引

引用書目四角號碼索引

〇〇二二三　齊
齊東野語　周密　一九八三年中華書局本
〇〇二六五　唐
唐子西文錄　强幼安編　歷代詩話本
〇〇二八七　庚
庚溪詩話　陳巖肖　歷代詩話續編本
〇〇七一七　甕
甕牖閒評　袁文　一九八五年上海古籍出版社本
〇〇七三二　褒
褒碧齋詞話　陳銳　詞話叢編本
〇三六五〇　誠
誠齋詩話　楊萬里　歷代詩話續編本
〇四六四一　詩
詩辯坻　毛先舒　清詩話續編本
詩話總龜　阮閱　一九八七年人民文學出版社本
詩源辯體　許學夷　一九八七年人民文學出版

社本
詩藪　胡應麟　一九七九年上海古籍出版社本
詩林廣記　蔡正孫　一九八二年中華書局本
詩人玉屑　魏慶之　一九七八年上海古籍出版
社本

〇六六八六　韻

韻語陽秋　葛立方　一九八四年上海古籍出版
社影印本

〇七六二〇　詞

詞綜偶評　許昂霄　詞話叢編本
詞徵　張德瀛　詞話叢編本
詞源　張炎　一九八一年人民文學出版社本
詞潔輯評　先著程洪　詞話叢編本
詞壇叢話　陳廷焯　詞話叢編本
詞苑叢談　徐釚　四庫全書本
詞苑萃編　馮金伯　詞話叢編本
詞品　楊慎　詞話叢編本
詞學集成　江順詒　詞話叢編本

〇八六二七　論

論詞隨筆　沈祥龍　詞話叢編本

一〇〇〇〇　一

一瓢詩話　薛雪　一九七九年人民文學出版社
本

一〇一〇〇　二

二老堂詩話　周必大　歷代詩話本

一〇一〇二　五

五總志　吳坰　知不足齋叢書本

一〇一〇三　玉

玉壺清話　釋文瑩　一九八四年中華書局本
玉照新志　王明清　四庫全書本

一〇一〇八 **靈**

靈芬館詩話　郭麐　清刻本

一〇二二七 **雨**

雨華盦詞話　陸鎣　詞話叢編本

雨村詩話　李調元　清詩話續編本

雨村詞話　李調元　詞話叢編本

一〇六〇二 **石**

石洲詩話　翁方綱　一九八二年人民文學出版社本

石林詩話　葉夢得　歷代詩話本

石林燕語　葉夢得　一九八四年中華書局本

一〇六〇四 **西**

西河詞話　毛奇齡　詞話叢編本

西　田汝成　一九五八年上海古籍出版社本

西餘　田汝成　一九五八年上海古籍出版社本

西圃詩説　田同之　清詩話續編本

一〇八〇四 **天**

天廚禁臠　釋惠洪　中華書局影明刊本

一一一八六 **項**

項氏家説　項安世　四庫全書本

一四一三一 **聽**

聽秋聲館詞話　丁紹儀　詞話叢編本

一六一三三 **環**

環溪詩話　吳沆　一九八八年中華書局本

一六六〇二 **碧**

碧鷄漫志　王灼　詞話叢編本

二 **碧**

碧溪詩話　黃徹　歷代詩話續編本

一七六二七 **邵**

邵錄　邵博　一九八三年中華書局本

邵邵氏聞見錄　邵伯溫　一九八三年中華書局
本集　樓鑰　四部叢刊本
二〇四〇七　爰
爰園詞話　俞彥　詞話叢編本
二〇四〇七　愛
愛日齋叢鈔　葉寘　守山閣叢書本
二〇四〇七　雙
雙硯齋詞話　鄧廷楨　詞話叢編本
二〇八一五　雞
雞肋編　莊綽　一九八三年中華書局本
二一二五三　歲
歲寒居詞話　胡薇元　詞話叢編本
二二〇二七　片
片玉山房詞話　孫光溎　詞話叢編本
二一二一二　能
能改齋漫錄　吳曾　一九六〇年中華書局本
二二二二七　嵩
嵩山文集　晁說之　四部叢刊續編本
二二二四七　後
後山詩話　陳師道　歷代詩話本
後村詩話　劉克莊　一九八三年中華書局本
二二四四一　艇
艇齋詩話　曾季貍　歷代詩話續編本
二二七七〇　山
山谷題跋　黃庭堅　津逮祕書本
二二九〇四　樂
樂府指迷　沈義父　一九八一年人民文學出版
社本
樂府餘論　宋翔鳳　詞話叢編本
二二九〇四　樂

欒城集　蘇轍　一九八七年上海古籍出版社本

二三二四二　傅

傅榦注坡詞　劉尚榮整理　一九九三年巴蜀書社本

二四四〇〇　升

升菴詩話　楊慎　歷代詩話續編本

二四四四七　皺

皺水軒詞筌　賀裳　詞話叢編本

二六〇〇〇　白

白雨齋詞話　陳廷焯　一九八三年人民文學出版社本

二六三三〇　憩

憩園詞話　杜文瀾　詞話叢編本

二六八〇四　吳

吳禮部詩話　吳師道　歷代詩話續編本

二七一二七　歸

歸田詩話　瞿佑　歷代詩話續編本

二七二八四　侯

侯鯖錄　趙令畤　稗海本

二八二四七　復

復堂詞話　譚獻　一九八四年人民文學出版社本

二九九八〇　秋

秋窗隨筆　馬位　清詩話本

三〇一一七　瀛

瀛奎律髓彙評　方回原編李慶甲彙編　一九八六年上海古籍出版社本

三〇三〇三　寒

寒塘詩話　蔣鴻翮　清雍正六年刊本

三〇六〇八　容

容齋隨筆　洪邁　一九七八年上海古籍出版社本

三〇九〇四　宋

宋詩話輯軼　郭紹虞　一九八〇年中華書局本

宋四家詞選　周濟　叢書集成初編本

宋學士文集　宋濂　四部叢刊本

三一一四九　滹

滹南詩話　王若虛　一九八三年人民文學出版社本

三三一八六　演

演繁露　程大昌　學津討原本

三三九〇四　梁

梁溪漫志　費袞　一九八五年上海古籍出版社本

三四一〇〇　對

對牀夜語　范晞文　歷代詩話續編本

三四三〇三　遠

遠志齋詞衷　鄒祇謨　詞話叢編本

三五一二七　清

清波雜志　周煇　一九九四年中華書局本

三五三〇八　遺

遺山先生文集　元好問　四部叢刊本

三六一〇〇　湘

湘山野錄　釋文瑩　一九八四年中華書局本

湘山野錄續錄　釋文瑩　一九八四年中華書局本

湘綺樓評詞　王闓運　詞話叢編本

三六一〇二　泊

泊宅編　方勺　一九八三年中華書局本

三七一一七　澠

澠水燕談錄　王闢之　一九八一年中華書局本

三七一九九　淥

淥水亭雜識　況周頤　詞話叢編本

三七三〇一　逸

逸老堂詩話　俞弁　歷代詩話續編本

三八一三三　冷

冷齋夜話　釋惠洪　一九八八年中華書局本

三八一五七　海

海綃翁說詞稿　陳洵　詞話叢編本

四〇一〇二　左

左庵詞話　李佳　詞話叢編本

四〇四〇〇　女

女紅餘志　龍輔　詩詞雜俎本

四〇六〇〇　古

古今詞話　沈雄　詞話叢編本

古今詞話　楊湜　詞話叢編本

古今詞論　王又華　詞話叢編本

四〇七一〇　七

七頌堂詞繹　劉體仁　詞話叢編本

四〇八〇〇　大

大鶴山人詞話　鄭文焯　詞話叢編本

四一九二〇　柯

柯亭詞話　蔡嵩雲　詞話叢編本

四二四〇〇　荆

荆溪林下偶談　吳子良　寶顏堂祕笈續集本

四三五五〇　載

載酒園詩話　賀裳　清詩話續編本

四四一八一　填

填詞雜說　沈謙　詞話叢編本

四四二〇二　蓼

蓼園詞評　黃氏　詞話叢編本

四四二二七　帶

帶經堂詩話　王士禎　一九八二年人民文學出版社本

四四二二七　蒿

蒿庵論詞　馮煦　一九八四年人民文學出版社本

四四二二八　芥

芥隱筆記　龔頤正　四庫全書本

四四三〇五　蓮

蓮子居詞話　吳衡照　詞話叢編本

四四三三三　蕙

蕙風詞話　況周頤　一九八二年人民文學出版社本

四四三九四　蘇

蘇文忠公詩編注集成總案　王文誥　清嘉慶二十四年王氏韻山堂刻本

蘇文忠公詩編注集成　王文誥　清嘉慶二十四年王氏韻山堂刻本

蘇軾文集　蘇軾　一九八六年中華書局本

四四四六〇　姑

姑溪居士文集　李之儀　粵雅堂叢書本

四四六〇〇　菌

菌閣瑣談　沈曾植　詞話叢編本

四四六〇一　耆

耆舊續聞　陳鵠　知不足齋叢書本

四四六〇二　苕

苕溪漁隱叢話　胡仔　一九六二年人民文學出版社本

四四七一二　老

老學庵筆記　陸游　一九七九年中華書局本

四四七三二　藝

藝概　劉熙載　一九八四年上海古籍出版社本

藝苑卮言　王世貞　歷代詩話續編本

四六二一二　觀

觀林詩話　吳聿　歷代詩話續編本

四六二二七　獨

獨醒雜志　曾敏行　一九八六年上海古籍出版社本

四六四八四　娛

娛書堂詩話　趙與虤　歷代詩話續編本

四七二二七　鶴

鶴林玉露　羅大經　一九八三年中華書局本

四七四〇一　聲

聲執　陳菲石　詞話叢編本

四八六四〇　敬

敬齋古今黈　李治　武英殿聚珍版叢書本

四八九三二　松

松桂堂全集　彭孫遹　四庫全書本

五〇〇〇六　中

中吳紀聞　龔明之　一九八六年上海古籍出版社本

五〇二二七　青

青箱雜記　吳處厚　一九八五年中華書局本

五〇二三〇　本

本事詞　葉申薌　詞話叢編本

五〇九〇六　東

東坡詩話錄　陳秀明　學海類編本

東軒筆錄　魏泰　一九八三年中華書局本

東園叢說　李如箎　四庫全書本

五二〇七二　拙
拙軒詞話　張侃　詞話叢編本
五五六〇〇　曲
曲洧舊聞　朱弁　知不足齋叢書本
五七〇二〇　捫
捫虱新話　陳善　寶顏堂祕笈本
五七〇五六　揮
揮麈錄　王明清　四庫全書本
六〇一〇四　墨
墨莊漫錄　張邦基　稗海本
六三三八四　默
默記　王銍　一九八一年中華書局本
六四〇四一　時
時賢本事曲子集　楊繪　詞話叢編本
六四八六〇　賭
賭棋山莊詞話　謝章鋌　詞話叢編本
六七〇六二　昭
昭昧詹言　方東樹　一九六一年人民文學出版社本
六七〇八二　吹
吹劍錄　俞文豹　一九五八年古典文學出版社本
七〇二一五　雕
雕孤樓詞話　焦循　詞話叢編本
七一七八六　頤
頤山詩話　安磐　四庫全書珍本初集
七四二三二　隨
隨園詩話　袁枚　一九六〇年人民文學出版社本
七七二一〇　風

風月堂詩話　朱弁　一九八八年中華書局本

七七六〇一　問

問花樓詞話　陸鎣　詞話叢編本

八〇〇〇　人

人間詞話　王國維　一九八二年人民文學出版社本

人間詞話刪稿　王國維　一九八二年人民文學出版社本

八〇一〇四　全

全宋文　曾棗莊劉琳主編　巴蜀書社本

全宋詩　傅璇琮等主編　北京大學出版社本

八〇二二〇　介

介存齋論詞雜著　周濟　一九八四年人民文學出版社本

八〇七三二　養

養一齋詩話　潘德輿　清詩話續編本

養吾齋集　劉將孫　四庫全書珍本初集

八八二二〇　竹

竹坡詩話　周紫芝　歷代詩話本

竹莊詩話　何汶　一九八四年中華書局本

八八七九四　餘

餘冬詩話　何孟春　學海類編本

引用書目索引字頭筆畫檢字

一畫

一……一〇〇〇〇

二畫

二……一〇一〇〇
七……四〇七一〇
人……八〇〇〇〇

三畫

大……四〇八〇〇
山……二二七七〇
女……四〇四〇〇

四畫

天……一〇八〇四
五……一〇一〇二
中……五〇〇〇六
介……八〇二二〇
升……二四四〇〇
片……二二〇二七

五畫

古……四〇六〇〇
石……一〇六〇二
左……四〇一〇二
玉……一〇一〇三
本……五〇二三〇
白……二六〇〇〇

六畫

老……四四七一二
西……一〇六〇四
曲……五五六〇〇
竹……八八二二〇
全……八〇一〇四

七畫

攻……一八一四〇
芥……四四二二八
吹……六七〇八二
吳……二六八〇四
冷……三八一三二

宋……三〇九〇四
邵……一七六二七

八畫

青……五〇二二七
松……四八九三二
苕……四四六〇二
東……五〇九〇六
雨……一〇二二七
拙……五二〇七二
庚……〇〇二八七
泊……三六一〇二
姑……四四四六〇

九畫

項……一一一八六
柯……四一九二〇
荊……四二四〇〇
昭……六七〇六二
秋……二九九八〇
侯……二七二八四
後……二二二四七
爰……二〇四〇七
風……七七二一〇

一〇畫

耆……四四六〇一
時……六四〇四一
唐……〇〇二六五
海……三八一五七
容……三〇六〇八
娛……四六四八四
能……二二二一二

一一畫

碧……一七六〇一
菌……四四六〇〇
帶……四四二二七
捫……五七〇二〇
逸……三七三〇一
褭……〇〇七三二
清……三五一二七
淥……三七一九九
梁……三三九〇四
問……七七六〇一

一二畫

敬……四八六四〇
揮……五七〇五六
傅……二三二四二

復……二八二四七
艇……二二四四一
詞……〇七六二〇
湘……三六一〇〇
寒……三〇三〇三

一三畫

填……四四一八一
蓮……四四三〇五
蒿……四四二二七
遠……三四三〇三
載……四三五五〇
歲……二一二五三
嵩……二二二二七
愛……二〇四〇七
詩……〇四六四一
誠……〇三六五〇

一四畫

碧……一六六〇二
蓼……四四二〇二
對……三四一〇〇
齊……〇〇二二三
漙……三一一四九
演……三三一八六
養……八〇七三二
隨……七四二三二

一五畫

蕙……四四三三三
賭……六四八六〇
墨……六〇一〇四
遺……三五三〇八
樂……二二九〇四
餘……八八七九四
皺……二四四四七
論……〇八六二七

一六畫

頤……七一七八六
默……六三三八四
憩……二六三三〇
獨……四六二二七
雕……七〇二一五
澠……三七一一七

一七畫

環……一六一三二
聲……四七四〇一
甕……〇〇七一七

一八畫

藝……四四七三二
歸……二七一二七
雙……二〇四〇七
雞……二〇八一五

一九畫

蘇……四四三九四
韻……〇六六八六
瀛……三〇一一七

二一畫

鶴……四七二二七

二二畫

聽……一四一三一

二三畫

欒……二二九〇四

二四畫

觀……四六二一二
靈……一〇一〇八

蘇詞首句索引

古來雲海茫茫（水龍吟）……一
楚山修竹如雲（水龍吟）……二
似花還似非花（水龍吟）……六
小舟橫截春江（水龍吟）……四
小溝東接長江（水龍吟）……五
露寒煙冷蒹葭老（水龍吟）……一六
歸去來兮，吾歸何處（滿庭芳）……一六
香靉雕盤（滿庭芳）……一七
蝸角虛名（滿庭芳）……一八
三十三年，今誰存者（滿庭芳）……一九
三十三年，飄流江海（滿庭芳）……二〇
歸去來兮，清溪無底（滿庭芳）……二〇
落日繡簾捲（水調歌頭）……二三
安石在東海（水調歌頭）……二六
明月幾時有（水調歌頭）……二七
昵昵兒女語（水調歌頭）……三四
憂喜相尋（滿江紅）……三六
江漢西來（滿江紅）……三七
東武南城（滿江紅）……三八
清潁東流（滿江紅）……三九
天豈無情（滿江紅）……四〇
我夢扁舟浮震澤（歸朝歡）……四〇
大江東去（念奴嬌）……四一
憑高眺遠（念奴嬌）……五三

今歲花時深院（雨中花）……………………五四
邃院重簾何處（雨中花）……………………五五
嫩臉羞娥（雨中花慢）……………………五五
孤館燈青（沁園春）……………………五五
無情流水多情客（勸金船）……………………五七
今年春淺臘侵年（一叢花）……………………五七
霜餘已失長淮闊（木蘭花令）……………………五八
知君仙骨無寒暑（木蘭花令）……………………五八
梧桐葉上三更雨（木蘭花令）……………………六〇
元宵似是歡遊好（木蘭花令）……………………六〇
經旬未識東君信（木蘭花令）……………………六〇
高平四面開雄壘（木蘭花令）……………………六一
公子眼花亂發（西江月）……………………六一
小院朱闌幾曲（西江月）……………………六二
怪此花枝怨泣（西江月）……………………六三
聞道雙銜鳳帶（西江月）……………………六三
點點樓頭細雨（西江月）……………………六四
龍焙今年絕品（西江月）……………………六四
別夢已隨流水（西江月）……………………六五
世事一場大夢（西江月）……………………六五
莫歎平原落落（西江月）……………………六六
玉骨那愁瘴霧（西江月）……………………六六
照野瀰瀰淺浪（西江月）……………………七〇
三過平山堂下（西江月）……………………七一
昨夜扁舟京口（西江月）……………………七三
馬趁香微路遠（西江月）……………………七三
碧霧輕籠兩鳳（西江月）……………………七三
細馬遠馱雙侍女（臨江仙）……………………七四
詩句端來磨我鈍（臨江仙）……………………七五
我勸髯張歸去好（臨江仙）……………………七五
自古相從休務日（臨江仙）……………………七六
忘卻成都來十載（臨江仙）……………………七六

尊酒何人懷李白（臨江仙）……………七七
九十日春都過了（臨江仙）……………七七
四大從來都遍滿（臨江仙）……………七七
一別都門三改火（臨江仙）……………七八
多病休文都瘦損（臨江仙）……………七八
夜飲東坡醒復醉（臨江仙）……………七九
冬夜夜寒冰合井（臨江仙）……………八〇
誰道東陽都瘦損（臨江仙）……………八〇
昨夜渡江何處宿（臨江仙）……………八一
千古龍蟠并虎踞（漁家傲）……………八一
送客歸來燈火盡（漁家傲）……………八二
皎皎牽牛河漢女（漁家傲）……………八二
一曲陽關情幾許（漁家傲）……………八三
些小白鬚何用染（漁家傲）……………八三
臨水縱横回晚鞚（漁家傲）……………八三
林斷山明竹隱牆（鷓鴣天）……………八四
笑撚紅梅嚲翠翹（鷓鴣天）……………八四
羅帶雙垂畫不成（鷓鴣天）……………八五
銀塘朱檻麴塵波（少年遊）……………八六
去年相送（少年遊）……………八六
玉肌鉛粉傲秋霜（少年遊）……………八七
兩兩輕紅半暈顋（定風波）……………八八
莫聽穿林打葉聲（定風波）……………八九
與客攜壺上翠微（定風波）……………八九
莫怪鴛鴦繡帶長（定風波）……………九〇
千古風流阮步兵（定風波）……………九〇
雨洗娟娟嫩葉光（定風波）……………九一
好睡慵開莫厭遲（定風波）……………九一
月滿苕溪照夜堂（定風波）……………九二
常羨人間琢玉郎（定風波）……………九三
晚景落瓊杯（南鄉子）……………九五
寒雀滿疏籬（南鄉子）……………九五

不到謝公臺（南鄉子）……九五
霜降水痕收（南鄉子）……九六
回首亂山橫（南鄉子）……九八
冰雪透香肌（南鄉子）……九九
東武望餘杭（南鄉子）……一〇〇
涼簟碧紗廚（南鄉子）……一〇〇
裙帶石榴紅（南鄉子）……一〇一
旌旆滿江湖（南鄉子）……一〇一
天與化工知（南鄉子）……一〇一
寒玉細凝膚（南鄉子）……一〇二
悵望送春杯（南鄉子）……一〇二
何處倚闌干（南鄉子）……一〇三
未倦長卿遊（南鄉子）……一〇三
繡鞅玉鐶遊（南鄉子）……一〇三
千騎試春遊（南鄉子）……一〇四
山與歌眉斂（南歌子）……一〇四
古岸開青葑（南歌子）……一〇六
雨暗初疑夜（南歌子）……一〇六
日出西山雨（南歌子）……一〇七
帶酒衝山雨（南歌子）……一〇七
日薄花房綻（南歌子）……一〇七
海上乘槎侶（南歌子）……一〇八
苒苒中秋過（南歌子）……一〇八
師唱誰家曲（南歌子）……一〇九
欲執河梁手（南歌子）……一〇九
山雨瀟瀟過（南歌子）……一一〇
紫陌尋春去（南歌子）……一一〇
衞霍元勳後（南歌子）……一一一
笑怕薔薇罥（南歌子）……一一一
寸恨誰云短（南歌子）……一一二
紺綰雙蟠髻（南歌子）……一一二
琥珀裝腰佩（南歌子）……一一三

見說東園好（南歌子）……一一三
雲鬢裁新綠（南歌子）……一一四
紅粉莫悲啼（好事近）……一一四
湖上雨晴時（好事近）……一一五
煙外倚危樓（好事近）……一一五
緱山仙子（鵲橋仙）……一一五
乘槎歸去（鵲橋仙）……一一六
春已老（望江南）……一一六
春未老（望江南）……一一七
蜀客到江南（卜算子）……一一七
缺月挂疏桐（卜算子）……一一八
碧山影裏小紅旗（瑞鷓鴣）……一二七
城頭月落尚啼烏（瑞鷓鴣）……一二八
白酒新開九醞（十拍子）……一二八
清淮濁汴（清平樂）……一二九
誰作桓伊三弄（昭君怨）……一二九
玉龜山（戚氏）……一三〇
笑勞生一夢（醉蓬萊）……一三二
乳燕飛華屋（賀新郎）……一三三
江南臘盡（洞仙歌）……一三九
冰肌玉骨（洞仙歌）……一三九
有情風（八聲甘州）……一四七
美人如月（三部樂）……一四九
綠槐高柳咽新蟬（阮郎歸）……一五〇
暗香浮動月黃昏（阮郎歸）……一五〇
一年三度過蘇臺（阮郎歸）……一五一
歌停檀板舞停鸞（阮郎歸）……一五一
夢中了了醉中醒（江神子）……一五二
翠蛾羞黛怯人看（江神子）……一五三
鳳凰山下雨初晴（江神子）……一五三
老夫聊發少年狂（江神子）……一五五
天涯流落思無窮（江神子）……一五五

相逢不覺又初寒（江神子）……一五六
黃昏猶是雨纖纖（江神子）……一五七
玉人家在鳳凰山（江神子）……一五八
十年生死兩茫茫（江神子）……一五九
花褪殘紅青杏小（蝶戀花）……一五九
一顆櫻桃樊素口（蝶戀花）……一六二
雨後春容清更麗（蝶戀花）……一六二
簌簌無風花自嚲（蝶戀花）……一六三
燈火錢塘三五夜（蝶戀花）……一六三
簾外東風交雨霰（蝶戀花）……一六四
自古漣漪佳絕地（蝶戀花）……一六四
雲水縈回溪上路（蝶戀花）……一六五
別酒勸君君一醉（蝶戀花）……一六五
泛泛東風初破五（蝶戀花）……一六六
春事闌珊芳草歇（蝶戀花）……一六七
記得畫屏初會遇（蝶戀花）……一六八
昨夜秋風來萬里（蝶戀花）……一六八
雨霰疏疏經潑火（蝶戀花）……一六八
蝶懶鶯慵春過半（蝶戀花）……一六九
多情多感仍多病（采桑子）……一六九
淺霜侵綠（千秋歲）……一七〇
島邊天外（千秋歲）……一七〇
暑籠晴（蘇幕遮）……一七一
長憶別時（永遇樂）……一七一
明月如霜（永遇樂）……一七二
綺席纔終（行香子）……一七五
三入承明（行香子）……一七六
清夜無塵（行香子）……一七七
昨夜霜風（行香子）……一七八
攜手江村（行香子）……一七八
一葉舟輕（行香子）……一七九
北望平川（行香子）……一八〇

繡簾高捲傾城出（菩薩蠻）……………………一八一
碧紗微露纖纖玉（菩薩蠻）……………………一八二
秋風湖上蕭蕭雨（菩薩蠻）……………………一八二
玉童西迓浮丘伯（菩薩蠻）……………………一八三
天憐豪俊腰金晚（菩薩蠻）……………………一八三
娟娟缺月西南落（菩薩蠻）……………………一八四
玉笙不受朱脣暖（菩薩蠻）……………………一八五
畫檐初挂彎彎月（菩薩蠻）……………………一八五
風迴仙馭雲開扇（菩薩蠻）……………………一八六
城隅靜女何人見（菩薩蠻）……………………一八六
買田陽羨吾將老（菩薩蠻）……………………一八六
落花閒院春衫薄（菩薩蠻）……………………一八七
火雲凝汗揮珠顆（菩薩蠻）……………………一八八
嶠南江淺紅梅小（菩薩蠻）……………………一八八
翠鬟斜幔雲垂耳（菩薩蠻）……………………一八八
柳庭風靜人眠晝（菩薩蠻）……………………一八九
井桐雙照新妝冷（菩薩蠻）……………………一八九
雪花飛暖融香頰（菩薩蠻）……………………一八九
娟娟侵鬢妝痕淺（菩薩蠻）……………………一九〇
塗香莫惜蓮承步（菩薩蠻）……………………一九一
玉鐶墜耳黃金飾（菩薩蠻）……………………一九一
溼雲不動溪橋冷（菩薩蠻）……………………一九二
三度別君來（生查子）……………………一九二
金爐猶暖麝煤殘（翻香令）……………………一九三
莫怪歸心甚速（烏夜啼）……………………一九三
定場賀老今何在（虞美人）……………………一九三
歸心正似三春草（虞美人）……………………一九四
湖山信是東南美（虞美人）……………………一九四
波聲拍枕長淮曉（虞美人）……………………一九五
持杯遙勸天邊月（虞美人）……………………一九六
冰肌自是生來瘦（虞美人）……………………一九七
深深庭院清明過（虞美人）……………………一九七

見説岷峨悽愴（河滿子）……一九八
爲米折腰（哨遍）……一九八
睡起畫堂（哨遍）……二〇二
我輩情鍾（點絳脣）……二〇四
不用悲秋（點絳脣）……二〇四
莫唱陽關（點絳脣）……二〇五
醉漾輕舟（點絳脣）……二〇五
月轉烏啼（點絳脣）……二〇六
閒倚胡牀（點絳脣）……二〇七
紅杏飄香（點絳脣）……二〇七
滿院桃花（殢人嬌）……二〇八
白髮蒼顏（殢人嬌）……二〇九
別駕來時（殢人嬌）……二〇九
錢塘風景古來奇（訴衷情）……二一〇
海棠珠綴一重重（訴衷情）……二一〇
小蓮初上琵琶弦（訴衷情）……二一一
水涵空（更漏子）……二一一
柳絲長（更漏子）……二一二
春夜闌（更漏子）……二一二
平時十月幸蘭湯（華清引）……二一三
華胥夢斷人何處（桃源憶故人）……二一三
醉醒醒醉（醉落魄）……二一三
分攜如昨（醉落魄）……二一四
蒼頭華髮（醉落魄）……二一四
輕雲微月（醉落魄）……二一五
秋帷裏（謁金門）……二一五
秋池閣（謁金門）……二一五
今夜雨（謁金門）……二一六
水垢何曾相受（如夢令）……二一六
自淨方能淨彼（如夢令）……二一七
爲向東坡傳語（如夢令）……二一七
手種堂前桃李（如夢令）……二一八

城上層樓疊巘（如夢令）……二一八
曾宴桃源深洞（如夢令）……二一八
暮雲收盡溢清寒（陽關曲）……二一八
受降城下紫髯郎（陽關曲）……二二二
濟南春好雪初晴（陽關曲）……二二二
鄭莊好客（減字木蘭花）……二二四
雲鬢傾倒（減字木蘭花）……二二五
閩溪珍獻（減字木蘭花）……二二六
賢哉令尹（減字木蘭花）……二二六
玉觴無味（減字木蘭花）……二二七
春光亭下（減字木蘭花）……二二七
惟熊佳夢（減字木蘭花）……二二七
曉來風細（減字木蘭花）……二二八
天台舊路（減字木蘭花）……二二九
雙龍對起（減字木蘭花）……二二九
琵琶絕藝（減字木蘭花）……二三〇
春牛春杖（減字木蘭花）……二三〇
雲容皓白（減字木蘭花）……二三一
玉房金蕊（減字木蘭花）……二三一
春庭月午（減字木蘭花）……二三一
天然宅院（減字木蘭花）……二三三
神閒意定（減字木蘭花）……二三四
銀箏旋品（減字木蘭花）……二三四
柔和性氣（減字木蘭花）……二三四
鶯初解語（減字木蘭花）……二三五
江南遊女（減字木蘭花）……二三五
嬌多媚煞（減字木蘭花）……二三五
雙鬟綠墜（減字木蘭花）……二三六
天真雅麗（減字木蘭花）……二三六
空牀響琢（減字木蘭花）……二三七
回風落景（減字木蘭花）……二三八
海南奇寶（減字木蘭花）……二三八

憑誰妙筆（減字木蘭花）……二三九
風捲珠簾自上鉤（浣溪沙）……二四〇
山下蘭芽短浸溪（浣溪沙）……二四〇
西塞山邊白鷺飛（浣溪沙）……二四二
覆塊青青麥未蘇（浣溪沙）……二四三
醉夢醺醺曉未蘇（浣溪沙）……二四四
雪裏餐氈例姓蘇（浣溪沙）……二四五
半夜銀山上積蘇（浣溪沙）……二四五
萬頃風濤不記蘇（浣溪沙）……二四五
珠檜絲杉冷欲霜（浣溪沙）……二四六
霜鬢真堪插拒霜（浣溪沙）……二四六
傳粉郎君又粉奴（浣溪沙）……二四六
菊暗荷枯一夜霜（浣溪沙）……二四七
雪頷霜髯不自驚（浣溪沙）……二四七
料峭東風翠幕驚（浣溪沙）……二四八
照日深紅暖見魚（浣溪沙）……二四八
旋抹紅妝看使君（浣溪沙）……二四九
麻葉層層檾葉光（浣溪沙）……二四九
簌簌衣巾落棗花（浣溪沙）……二四九
軟草平莎過雨新（浣溪沙）……二五〇
道字嬌訛苦未成（浣溪沙）……二五〇
縹緲危樓紫翠間（浣溪沙）……二五一
桃李溪邊駐畫輪（浣溪沙）……二五二
四面垂楊十里荷（浣溪沙）……二五二
一別姑蘇已四年（浣溪沙）……二五二
惟見眉間一點黃（浣溪沙）……二五三
長記鳴琴子賤堂（浣溪沙）……二五三
風壓輕雲貼水飛（浣溪沙）……二五三
羅襪空飛洛浦塵（浣溪沙）……二五四
白雪清詞出坐間（浣溪沙）……二五五
細雨斜風作曉寒（浣溪沙）……二五五
門外東風雪灑裾（浣溪沙）……二五六

慚愧今年二麥豐（浣溪沙）……二五六
芍藥櫻桃兩鬬新（浣溪沙）……二五六
學畫鴉兒正妙年（浣溪沙）……二五七
一夢江湖費五年（浣溪沙）……二五七
輕汗微微透碧紈（浣溪沙）……二五八
徐邈能中酒聖賢（浣溪沙）……二五八
傾蓋相逢勝白頭（浣溪沙）……二五九
炙手無人傍屋頭（浣溪沙）……二五九
畫隼橫江喜再遊（浣溪沙）……二五九
入袂輕風不破塵（浣溪沙）……二六〇
幾共查梨到雪霜（浣溪沙）……二六〇
山色橫侵蘸暈霞（浣溪沙）……二六〇
縹緲紅妝照淺溪（浣溪沙）……二六一
陽羨姑蘇已買田（浣溪沙）……二六一
花滿銀塘水漫流（浣溪沙）……二六一
雙溪月（雙荷葉）……二六二
采菱拾翠（皁羅特髻）……二六三
漁父（調笑令）……二六四
歸雁（調笑令）……二六四
霞苞電荷碧（荷華媚）……二六四
三年枕上吳中路（青玉案）……二六五
前瞻馬耳九仙山（江城子）……二六六
墨雲拖雨過西樓（江城子）……二六六
膩紅勻臉襯檀脣（江城子）……二六七
洛城春晚（一斛珠）……二六七
走馬探花花發未（天仙子）……二六八
柳花飛處麥搖波（畫堂春）……二六八
紅杏了（占春芳）……二六九
昨日出東城（浪淘沙）……二六九
挂輕帆（祝英臺近）……二七〇
漁父飲（漁父）……二七〇
漁父醉（漁父）……二七〇

漁父醒（漁父）……………………二七一
漁父笑（漁父）……………………二七一
琅然（醉翁操）……………………二七一
帝城父老（導引歌詞）……………二七四
經文緯武（導引歌詞）……………二七五
飛花成陣（瑤池燕）………………二七五
口火初晴（踏青遊）………………二七六
山秀芙蓉（踏莎行）………………二七七
這個禿奴（踏莎行）………………二七七
陌上花開蝴蝶飛（清平調引）……二七八
陌上山花無數開（清平調引）……二七八
生前富貴草頭露（清平調引）……二七九

#《蘇文彙評》

精裝一冊定價新臺幣七〇〇元

蘇軾的各體散文、駢文都取得了很高的藝術成就，因此爲歷代文學愛好者所喜好，歷代專選或兼選蘇文的選本很多，並往往附有該文的評論、背景資料，歷代文集、詩話、文話、賦話、四六話以及各種筆記中也有不少蘇文的評論、背景資料。本書把這些資料按篇彙在一起，不涉及單篇而泛論蘇文者總附於單篇之後。詩、詞字數不多，蘇詩又幾乎篇篇有評（紀昀），故全部收了原詩原詞。文章一般較長，故只是讀者面大而資料又較多的少數名篇收原文，多數文章則只在篇名下附資料，而不收原文。所收蘇文原文文字，以《全宋文》中的〈蘇軾文〉爲準，編排順序也大體按《全宋文》分類編排。書末附有本書有評論資料的蘇文的〈篇名索引〉，以便讀者查閱所需之篇的資料。